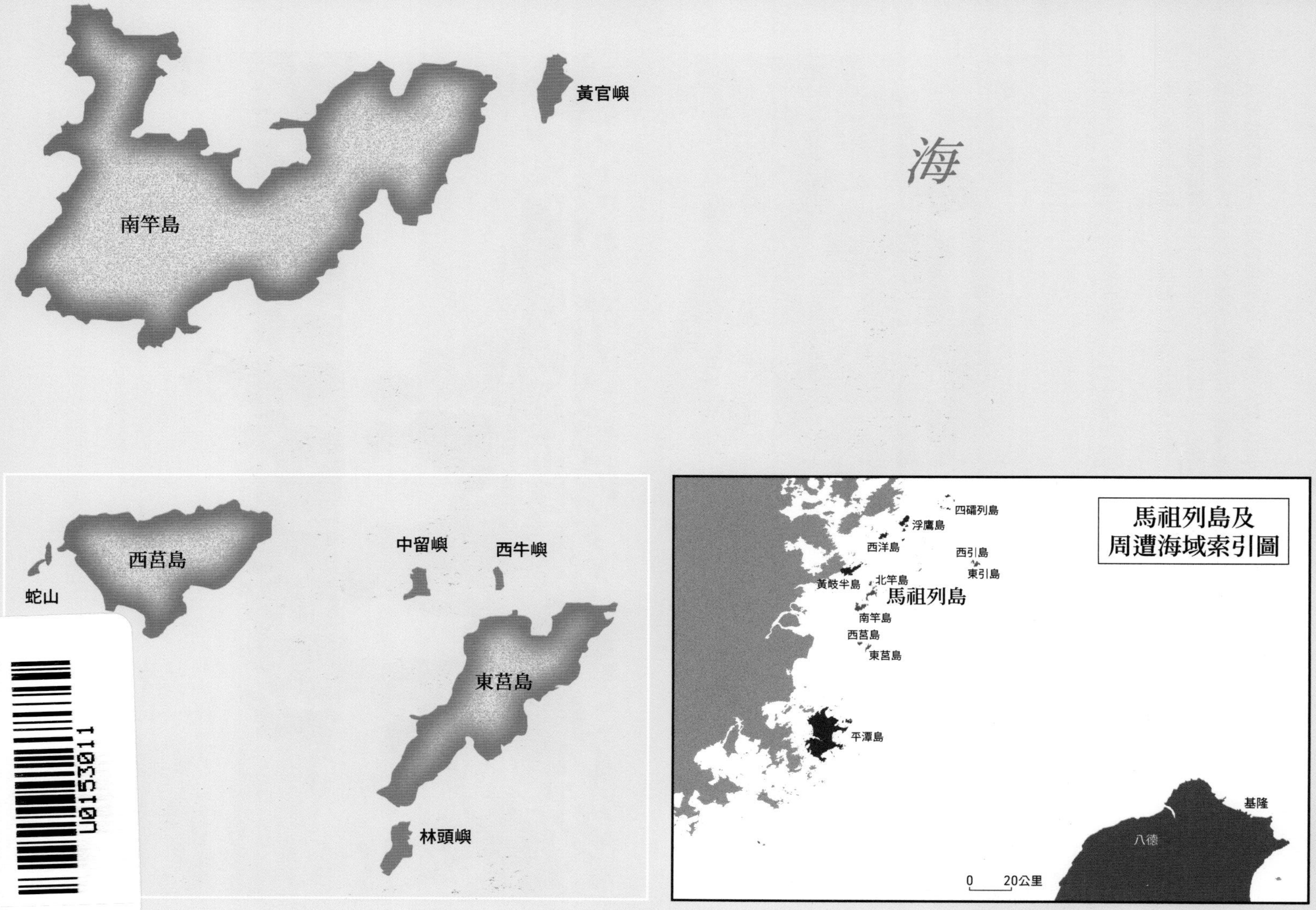
南竿島
黃官嶼
海
西莒島
蛇山
中留嶼
西牛嶼
東莒島
林頭嶼
馬祖列島及
周遭海域索引圖
四礵列島
浮鷹島
西洋島
西引島
東引島
黃岐半島
北竿島
馬祖列島
南竿島
西莒島
東莒島
平潭島
基隆
八德
0
20公里

①

②

戰地日常

①「馬祖人不會游泳」這句話初聽之下似乎是個天大的笑話。然而，在兩岸軍事對峙的年代，馬祖海域局勢極為嚴峻，海岸線布下詭雷，鐵絲網內懸掛著警示「雷區」的鐵片，港口更是嚴加門禁控管。澳口夏天雖有時可戲水，但僅限於午後兩點到五點，且常因「福建沿海局勢緊張」時開時關，通常海邊僅開放給持漁民證或採蚵證者出入，其他人一律管制進出。(連江縣政府文化處提供)

② 馬祖早年沒有私家車，靠著軍方將軍用卡車改裝成「交通車」，提供軍民搭乘，直到一九七〇年後，才有首家民營客運出現在南竿島。(攝於一九六四年，連江縣政府文化處提供)

③

④

③ 俗稱「開口笑」的海軍補給艦LST，雖然是二次世界大戰的產物，卻在戰後長年肩負起臺灣與馬祖間載客、載貨的重要任務。（攝於一九六一年，連江縣政府文化處提供）

④ 一九七〇年代起，馬祖與臺灣之間的人員接駁漸漸轉由AP艦接手，然而軍方的物資輸送，在深水碼頭落成之前，仍倚重傳統的LST進行搶灘運補。（攝於一九七九年，阮義忠攝，連江縣政府文化處提供）

⑤

⑥

⑤ 國軍進駐馬祖後，承租民間船隻作為離島之間的島際交通船，雖然軍民皆可搭乘，但開船時間往往配合長官行程任意變更。(攝於一九六二年，連江縣政府文化處提供)

⑥ 八二三炮戰爆發後，臺灣各界經常組織勞軍團前來馬祖慰問，圖為原住民組成的勞軍團，在南竿島登陸時所攝。(攝於一九六一年，連江縣政府文化處提供)

⑦

⑨

⑧

⑦⑧⑨ 一九七九年春節前夕，由臺灣電視公司組成的勞軍團，曾在北竿島坂里國小表演，許多當地孩童被吸引前去湊熱鬧。(攝於一九七九年，阮義忠攝，連江縣政府文化處提供)

⑩

⑪

⑩⑪ 位於介壽村（山隴）的軍友街，是昔日馬祖典型的商業街，主要為木構造連棟街屋，販售特產、小吃、日用品等，是軍民採購的重要去處，但在幾次大火後，現今馬祖已無此類建築。（圖⑩攝於一九六二年，圖⑪攝於一九六七年，連江縣政府文化處提供）

⑫

⑬

⑫⑬ 國軍進駐馬祖後，地方小額商業行為日益興盛，不少民眾直接在家裡做起生意。部隊休假時，街上往往擠滿人潮，生計有了著落後，各島都慢慢從傳統農漁業社會，轉型為服務軍需經濟的服務業社會。（攝於一九六二年，連江縣政府文化處提供）

⑭

⑯

⑮

⑭ 早年民間休閒活動有限，馬祖四鄉五島都有書店，南竿島尤為首善之區，出租武俠等各類小說的租書店也不少，馬祖日報社亦曾開辦馬祖書店，主要銷售國防部黎明書局出版的圖書。（攝於一九六二年，連江縣政府文化處提供）

⑮ 戰地政務時期，原是農漁業社會的馬祖，出現愈來愈多人家，改以提供軍需服務為業。家中擺張撞球檯、放張理髮椅，老宅就能做起阿兵哥生意。（攝於一九七九年，阮義忠攝，連江縣政府文化處提供）

⑯ 大量官兵駐紮前線後，為馬祖女性帶來從前沒有的工作機會。女性可以靠車縫、清洗軍服貼補家用，也能兼營租書店賺錢。其他諸如餐廳、冰果室等，都仰賴年輕女性招徠生意，無意間也改善了不少女性在家中的地位。（攝於一九七九年，阮義忠攝，連江縣政府文化處提供）

⑰

⑱

⑰ 為了規範食品雜貨的交易環境，軍方於南竿的介壽村與清水村等地設有「民享菜市場」，方便軍民交易蔬果與漁獲，是負責採買的阿兵哥必經之處。（攝於一九六二年，連江縣政府文化處提供）

⑱ 壓瓦石和五脊四坡都是馬祖常見的傳統建築特色。壓瓦石用於固定瓦片，防止強風掀起屋瓦。五脊四坡水的屋頂設計有效排水，防止積水損壞屋頂。房屋立面多為木構，結構靈活，便於應對當地氣候條件。這種建築群以澳口為單位，所以又有「一村一澳口」稱呼，意指每個村莊都有一個天然港口，方便漁民停泊船隻及社區互通。（攝於一九六二年，連江縣政府文化處提供）

⑳

⑲

㉑

⑲ 昔日馬祖舉辦婚禮結束後的第三天，新婚夫婦會歸寧回到女方娘家。盛裝的新娘子頂著頭花，一旁小男孩提著的鮸魚，是當年馬祖海域的特產。（攝於一九六四年，連江縣政府文化處提供）

⑳ 每年春夏之交，馬祖各村會舉辦補庫／半年福儀式，焚香獻金為神明補充財庫，除了祭拜廟中神明外，也會準備包子等供品，宴請孤魂野鬼。（攝於一九六四年，連江縣政府文化處提供）

㉑ 馬祖居民重視傳統禮俗，年節前的祭祀、掃除等家務事，往往讓主婦勞心費神。這戶位於南竿島的人家，當時已經通上電，同時間的東莒島，發電廠仍然尚未完工，各島之間存在著發展階段的落差。（攝於一九七九年，阮義忠攝，連江縣政府文化處提供）

前線的教育

①

① 一九五九年，南竿島復興村成立中心國校，一九六五年，新校舍建成後遷至介壽村，更名為連江縣立介壽中心國民學校，原址則改為復興國校。（攝於一九六二年，連江縣政府文化處提供）

② 

③ 

② 戰地政務初期推行「村村有學校」政策，軍方協助興建校舍、解決師資不足問題。(攝於一九六二年，連江縣政府文化處提供)

③ 連江縣中心國民學校二年級，鍾芸蘭老師教唱遊課。(攝於一九六四年，連江縣政府文化處提供)

④

⑤

⑥

④⑤⑥ 馬祖小學生的唱遊課上，常會跳土風舞，這是男孩女孩第一次牽手的時刻。孩子為了避免尷尬，有的拿著手帕，沒有手帕的就得找根樹枝，小心翼翼地避免碰到對方。（攝於一九六四年，連江縣政府文化處提供）

⑦

⑦ 過去馬祖缺乏照明，在南竿島上，雖有民間人士於一九六一年啟用了克難式的發電所，但因電力有限，每戶只能安裝幾個燈泡。室外的陽光就成了學生念書重要的光源。（攝於一九六二年，連江縣政府文化處提供）

⑧

⑨

⑧ 馬祖作為戰地，軍事思維影響日常生活甚鉅。「騎馬打仗」遊戲能達到「眾樂樂」的效果。寒冬裡，許多人靠這遊戲取暖，窮苦年代也樂在其中。（攝於一九六二年，連江縣政府文化處提供）

⑨ 馬祖孩童們少數的遊樂場（攝於一九六二年，連江縣政府文化處提供）

⑩

⑪

⑩ 一九六〇年代的四月四日兒童節，各國校都會有樂隊表演，當日有樂隊比賽，南竿島的馬祖國校、仁愛國校等校樂隊，都會到當時位於復興村的中心國校表演。(攝於一九六二年，連江縣政府文化處提供)

⑪ 一九五七年「馬祖戰地政務委員會馬祖初級中學」創校，首屆招收五十二名學生，能夠繼續升學的國小畢業生仍是少數。一九六七年，增加招生至一百八十名學生，為施行九年國民義務教育做準備，也標誌馬祖教育邁向新的階段。(攝於一九六七年，連江縣政府文化處提供)

⑬

⑫

⑭

⑫⑬⑭ 一九六二年，馬祖美軍顧問團肯寧漢少校協助提供球具、球衣，於同年三月十六日成立馬祖中學棒球隊。這支球隊是馬祖有史以來第一支棒球隊，更比臺東紅葉少棒隊早兩年成立。同年五月十三日，在馬祖中學操場舉辦一場對抗賽，由初二學生組成的「勇士」隊，出戰初一學生組成的「洋基」隊，將美國本土洋基與勇士的傳統大戰，拉到一萬英里以外的馬祖重演。

馬祖美軍顧問團，全稱馬祖防衛司令部顧問組（Matsu Defense Command Advisory Team），因字首縮寫又暱稱「泥貓」（MDCAT），曾駐防南竿島鐵板村（今仁愛村），直至一九七七年裁撤。（攝於一九六二年，連江縣政府文化處提供）

⑮

⑮ 戍守前線戰地，任何報章雜誌都是官兵的重要精神調劑。此外，軍方也鼓勵阿兵哥學習識字、書寫，在部隊內開辦識字班，教寫注音符號與國字。(攝於一九六四年，連江縣政府文化處提供)

①

②

傍海而生

① 馬祖在戰地政務時期實施宵禁及漁業管制，「軌條砦」扮演重要角色。漁民須取得口令才能出海，沿海的軌條砦也代表可能設有地雷防護，屬於禁止通行區。（攝於一九六二年，連江縣政府文化處提供）

② 漁民抬搖櫓上岸。依據澳口地形判斷，本照片應攝於南竿島鐵板村（今仁愛村），抬船者前排右一為老村長陳其灶，後方紡錘狀水泥塊則為海軍繫軍艦用，是鐵板村地標。
馬祖早年有兩種漁船，一為鎝纜（ma-lang），二為搖櫓船。鎝纜有風帆，以風為動力，適合遠洋作業兼貿易載客貨。搖櫓則單純靠人力划槳前行，較常用於近海作業。（攝於一九五九年，連江縣政府文化處提供）

③

③ 馬祖漁民的傳統作業時間，因為軍方進駐而被打亂。戰地政務期間，除了明令夜間不許捕魚外，也常因演習、高官蒞臨等突發理由，臨時管制出海。（攝於一九七九年，阮義忠攝，連江縣政府文化處提供）

④

⑤

④⑤ 一九六〇年代，馬祖蝦皮業達到全盛時期，擁有近兩千張蝦皮網，年產量高達一百四十四萬公斤。這些高品質的蝦皮不僅銷往臺灣，也出口至香港和日本。寒冷的冬天也是蝦皮產季，男性漁民在海上撈蝦皮，一籠籠挑上岸；女性則負責在村中的廣場上用鹽水煮蝦皮，然後放在編織緊密的竹蓆上曝曬。他們需時常使用耙子翻動，以確保曝曬均勻，蝦皮才不會因為製程不良，產生臭味。（攝於一九六二年，連江縣政府文化處提供）

⑦

⑥

⑧

⑥ 馬祖的漁民生活艱苦，除已被商人承包的黃魚、鯧魚外，其他雜魚和小魚的銷售面臨困難。幸而蝦油和雜魚加工業者提供出路，多少解決了雜魚滯銷問題，漁民的收入因此增加。（攝於一九六二年，連江縣政府文化處提供）

⑦ 冬汛時期，北竿島常見白帶魚、蝦皮等漁獲。（攝於一九七九年，阮義忠攝，連江縣政府文化處提供）

⑧ 南竿島福澳村，圖中男子背對鏡頭，正在整理漁網，平鋪在竹篙架上曬乾。（攝於一九六二年，連江縣政府文化處提供）

⑨

⑪

⑩

⑨ 女性在橋仔村海邊清洗魚籃，後方海上仍有男性漁民正在進行漁撈作業。由於戰地政務期間，限制僅能在白天捕魚，遂出現兩者難得同框的景象。（攝於一九七九年，阮義忠攝，連江縣政府文化處提供）

⑩ 南竿島清水村是丁香魚盛產的村落，清明節後進入捕魚季，由固定船主每年在抽籤後分配作業海域，每艘船約六名船員負責放網等工作，使用木造搖櫓船及巾著網捕魚。上岸漁獲乾燥後，按船主、網主及船員作比例分配，成為漁家主要經濟來源。豐收時，村內其他居民可免費享用新鮮的丁香魚，共享收成喜悅。（攝於一九六二年，連江縣政府文化處提供）

⑪ 漁村裡有些居民不從事捕魚或種菜，而是專門幫助漁家補網。他們每隔三五天挎著竹籃出門，籃子裡裝滿大小不一、削得尖尖的竹梭，還有彎月小刀和各種粗細的網線。（攝於一九六二年，連江縣政府文化處提供）

⑫

⑬

⑫⑬ 早年馬祖漁民捕魚後，會在漁寮處理漁網。漁寮外圍用竹籬圍起，內部搭建屋子與棚架，棚架上覆蓋類似漁網的草蓆。漁民坐在漁寮內的小板凳上修補漁網，已修補好的漁網就掛到漁寮牆上，棚下也可用來煮蝦皮、曬蝦皮、製作魚丸等。有些村沒有漁寮，漁民會挑選土層薄、不宜種植地瓜的地方，利用大石頭曝曬漁網。（攝於一九六二年，連江縣政府文化處提供）

⑭

⑭ 一九五〇年代起，農復會補助馬祖地區漁船，配置柴油引擎轉向動力化，教導漁民使用及保養引擎，首批裝有裕隆野馬引擎的漁船，被命名為「民有號」、「中興號」。(攝於一九六二年，連江縣政府文化處提供)

①

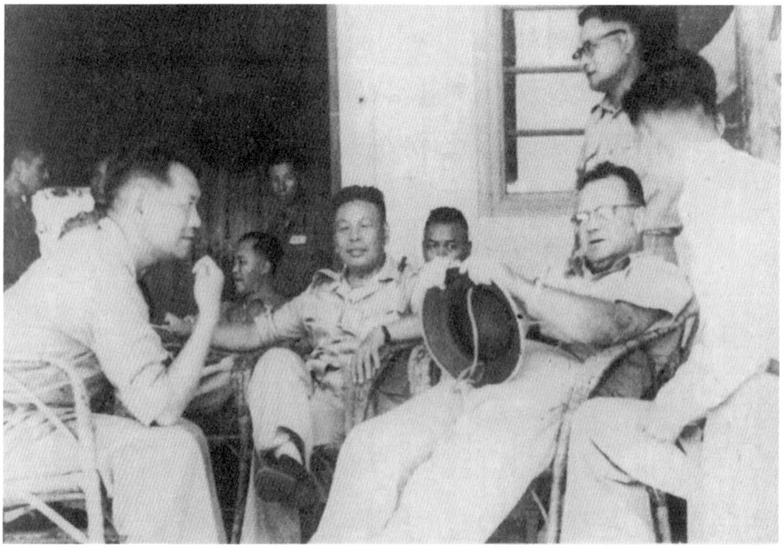
②

① 情報單位出身的王調動，一九四九年奉派擔任海保部隊司令，統率游擊隊員轉進馬祖列島，以當時仍稱白犬的西莒島為司令部，一九五四年解編前，經常騷擾、突襲福建沿海，阻絕中共海上交通。(攝於一九五一年，連江縣政府文化處提供)

② 一九五〇年韓戰爆發後，為了蒐集情報與牽制共軍，美國由中情局主持的祕密機構西方公司，派員進駐馬祖，並且提供海保部隊軍械武裝。首任連絡站站長蒙哥馬利（右），與蔣經國（中）、王調動（左）等人討論軍情。(攝於一九五一年，連江縣政府文化處提供)

③

④

③ 一九五八到一九七八年間，連江縣政府設址於南竿島仁愛村，帶動該村商業景氣一時暢旺，日後縣政府遷至介壽村新址後，仁愛村也隨之沒落。（攝於一九六二年，連江縣政府文化處提供）

④ 馬祖軍人服務站成立於一九五一年，主要提供差假官兵休憩之用，並組織敬軍勞軍活動。馬祖有許多青年學子被鼓舞從軍，眷屬也是由其協助慰問、關懷。（攝於一九六二年，連江縣政府文化處提供）

⑤

⑥
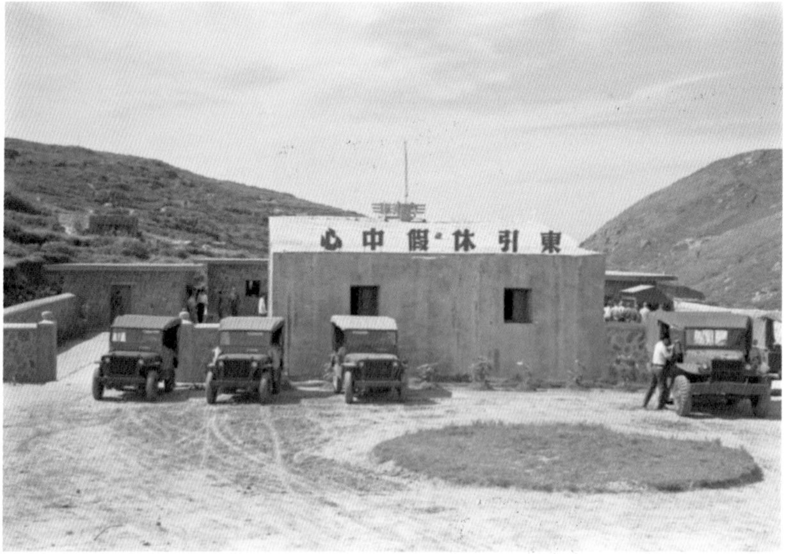

⑤ 位於南竿島的馬祖休假中心，與文康中心（中正堂）、廣播電臺合稱梅石山莊，於一九五八年正式開幕，可供駐島官兵及外賓休憩，內有食宿、理髮、球場，以及各種康樂活動空間。（攝於一九六四年，連江縣政府文化處提供）

⑥ 內有販賣部、撞球間等娛樂設施的休假中心，是東引島官兵的休閒場所。一九六六年九月，愛麗絲颱風席捲東引，民宅多為草寮，難以抵抗風雨，休假中心也曾作為臨時居所，提供給無家可歸的居民避難。（攝於一九六二年，連江縣政府文化處提供）

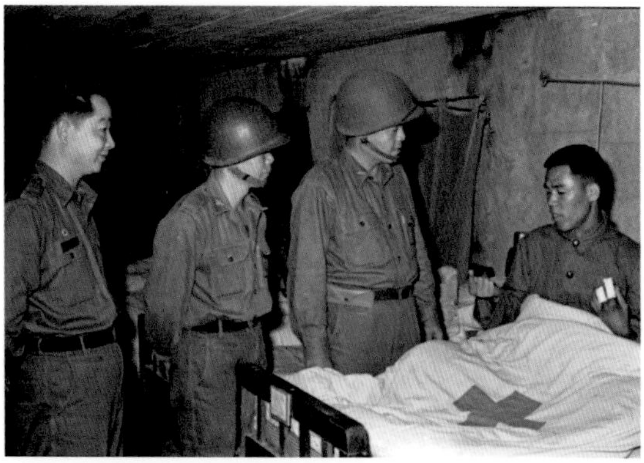

⑦

⑧

⑦ 戰地政務時期，軍醫院是戰地軍民治病、手術最重要的寄託，搶救下無數人命，各村莊衛生所的醫務工作，往往也是靠軍方派員支援。（攝於一九六四年，連江縣政府文化處提供）

⑧ 馬祖水源匱乏，在軍隊於各島興築水庫前，往往只有井水可以依賴，洗澡對軍民都是奢侈之事。若有業者能鑿出地下水源，便能開設浴室，獲得大好營利機會。（攝於一九五九年，連江縣政府文化處提供）

⑨

⑩

⑨ 早年馬祖罕有現代化道路，全靠地區官兵以圓鍬、十字鎬一鑿一斧，或是埋管以炸藥爆破，胼手胝足在岩壁中硬生生開出活路。（攝於一九五九年，連江縣政府文化處提供）

⑩ 經常面臨空襲警戒的馬祖，構築了大量防空洞等防禦工事，在八二三炮戰後的「單打雙不打」年代，成了軍民的重要生命保障。（攝於一九六二年，連江縣政府文化處提供）

⑫

⑪

⑬

⑪ 戰地政務期間，馬祖四鄉五島均設有「特約茶室」，因應男性官兵的生理需求，在此工作的女性被稱為侍應生。東引島上的特約茶室，鼎盛時期有三十多名侍應生，一九九二年時因社會壓力與法律變遷結束營業，與戰地政務同年走入歷史。(攝於一九六二年，連江縣政府文化處提供)

⑫ 特約茶室的侍應生大多來自臺灣，官方文件稱是自願就業，但亦有說法稱部分侍應生來自臺灣被取締的私娼。馬祖民眾以方言稱侍應生為「白面」，因臉上常帶妝容，與本地女性有別。(攝於一九六二年，連江縣政府文化處提供)

⑬ 婦女會是軍方輔導的漁會、農會、工會、商會等五大組織之一，戰地政務期間，主要負責改善婦女生活及革除不良習慣、發展婦女教育、輔導婦女就業、協助婦女救濟等。(攝於一九六二年，連江縣政府文化處提供)

⑭ 

⑮

⑭ 原名中興酒廠的馬祖酒廠，始於一九五六年，生產老酒、高粱酒及大麴酒，是軍方在戰地政務期間的重要財源之一。(攝於一九六四年，連江縣政府文化處提供)

⑮ 釀造老酒本為馬祖民間傳統，但在戰地政務實施後，根據菸酒公賣暫行條例，民眾禁止自行釀酒，轉由馬祖酒廠供應滿足民需。全盛時期，馬祖酒廠在南竿、北竿和東莒設有分廠，年產量超過三十七萬公升。(攝於一九六二年，連江縣政府文化處提供)

⑯

⑯ 馬祖酒廠北竿分廠作業場景，工作人員蒸好糯米後，先行攤平放涼，預備之後加入酒麴製作老酒。（攝於一九七九年，阮義忠攝，連江縣政府文化處提供）

⑰

⑱

⑰ 東引島常年受強風和海鹽侵蝕，土壤貧瘠，加上地勢陡峭，降雨量少，水分難以滲透和保持，導致東引幾乎無樹。阿兵哥站在高地，即可監視海面。（攝於一九六二年，連江縣政府文化處提供）

⑱ 馬祖與福建沿海近在咫尺，常有對岸漁民因大霧或海象不佳迷航至此。在軍事劍拔弩張的時期，軍警會將前者安置在漁民接待站，限制其行動，並趁機訊問。（攝於一九六二年，連江縣政府文化處提供）

⑲

⑲ 一九四〇至一九六〇年代的馬祖，兩岸軍事對峙情勢緊張，我方對大陸心戰項目繁多，其中施放低空氣球的做法，是把幾個氣球綁在一起，掛上宣傳品、日用品和國旗等，隨著風向飄往大陸沿海城市。不少來馬高級官員或團隊，也把施放氣球列為活動項目。（攝於一九六七年，連江縣政府文化處提供）

⑳

㉑

⑳ 鴉片戰爭後，因應沿海開港通商，商船往來的安全需求，福建沿海陸續興建數座燈塔，清同治年間，東莒燈塔正式矗立在馬祖海域，提供船隻方向指引。一九五八年八二三炮戰爆發後，該燈塔因臺海局勢緊張一度熄燈數十年，直到戰地政務解除後，這座二級古蹟才又重新復燈。（攝於一九七九年，阮義忠攝，連江縣政府文化處提供）

㉑ 北竿島芹壁村的海邊，布滿了鐵絲網以及軌條砦等防禦工事，人民的生活漸漸與大海區隔開來。當年前線戰地因發展受限、人口外流，意外保留不少傳統建築。戰地政務解除後，這些閩東式建築林立的聚落，反而成為馬祖發展觀光的一大特色賣點。（攝於一九七九年，阮義忠攝，連江縣政府文化處提供）

爭取解嚴

①

②

①② 一九八九年八月二十三日，「八二三金馬民主遊行」，五百多人走上街頭。(劉家國提供)

③

④

③④ 一九九一年五月七日開始，金馬民眾連續十一天在立法院夜宿，要求解除二度戒嚴。(劉家國提供)

目次

戰地經歷造就獨一無二的馬祖

連江縣長　王忠銘

我出生於一九五八年，是馬祖開始實施戰地政務的第三年，也就是說打從呱呱墜地的那一刻，我的世界就是一個由軍人統治的世界。因此那個世界運行的方式與秩序對我來說，就是一種與生俱來的存在，因為無從比較，自然也就理所當然。我從不覺得苦，即使現在回憶過往，我還是認為那是一個時代的必然，就跟大多數的馬祖人一樣，認命，並在命定的路上匍匐前進。

在那個普遍貧窮的年代，我的父親打過魚、當過船員、做過豆腐、也養過豬。身為家中獨子的我，雖然從來沒有挨餓過，但是父親賺的錢只夠應付日常開銷，要存錢是不可能的。直到軍方開放阿兵哥更多民間消費，我的媽媽和姊姊幫阿兵哥洗衣服、修改衣服、繡名牌，後來又經營撞球檯，家中經濟才獲得改善。

由於軍營只有戰備水，阿兵哥都會把軍服送到民間清洗，一件件臭烘烘髒兮兮的衣服，得先用鹼水泡上一整夜，隔天早上我負責把上衣和褲子的每個口袋翻出來清洗，再交由媽媽和姊姊刷洗、晾乾，最後用地瓜粉加水熨燙，才能把衣服漿得筆挺。清洗一件衣服不過賺幾塊錢，卻要耗費許多時間精力，冬天的時候更是苦不堪言，但這是我小時候最喜歡的任務，因為有時候阿兵哥會不小心把錢留在口袋，所以翻口袋就像抽獎般令人期待。

小學四年級結束的那年暑假，我自己也做上了軍人生意。每日清晨天色微白，我揹著一個放了保麗龍和一條厚布的桶子，帶上一塊媽媽為我準備的撒了砂糖的麵餅，從鐵板村走五十分鐘的山路到山隴批貨。我的買賣是當時才剛流行的冰棒，一枝批價是八毛錢，用一塊錢賣出，一天賣一百枝，就可以賺到二十元，當時一個學期的營養午餐費也不過三十元。批完貨稍事休息，我從山隴揹著裝了一百枝冰棒的桶子往回家的方向走去，沿途經過附近有阿兵哥正在構工的工地就搖鈴叫賣。那幾年剛好鐵板村旁邊的北海坑道開鑿工程正在進行，需要動員大量兵力，工程又極為艱苦，班長、排長為了慰勞小兵，常常光顧我的冰棒生意，有時候一百枝冰棒不到中午就賣完了，我就再跑一趟山隴補貨。一個暑假下來，不僅學費有了著落，存在鐵罐裡的一分一毫也都讓我覺得踏實快樂。

一九七七年我從馬祖高中畢業，因為父母年事漸高，姊姊也將出嫁，我必須挑起家中的擔子，出社會找工作。不過我沒有延續做生意的路子，而是往公部門謀職。我的第一份工作是在戶政事務所當臨時雇員，後來轉到稅捐處，並在稅捐處期間通過銓定考試考上正式公務員。之後我被轉調至教育局，因為負責教育業務，發現自己的高中學歷不夠用，就趁著暑假去臺灣讀書，師專四年、師院四年，總共花了八年才拿到大學文憑。戰地政務解除之後擔任縣長祕書期間，覺得需要再進修拓展視野，於是報考淡江大學教育政策與領導研究所週末專班，那時候只有北竿機場，星期六一早從鐵板的家出發到學校，總共要換乘七種不同交通工具才能抵達，為的只是上幾小時的課。但那時候不覺得累，人生的歷程就是這樣，只要有信心有恆心一定會達標，只是時間長短的問題，最怕的是半途而廢。

我在出生成長的南竿島完成小學到高中的學業；我的職業生涯經歷過十個不同的公職職位，曾經在官派的軍人縣長手下工作，也擔任過民選縣長的祕書、副縣長，甚至自己參選縣長。可以說從出生到現在，我人生的每個階段都在馬祖，剛好歷經了一半軍管一半民主的日子。而我感觸最深的是，官派縣長想的是如何處理眼下的事情，而我們想的是長遠的未來，馬祖可以成為什麼樣子。

當然，不可諱言的，軍管時期有諸多不合情理甚至極為粗暴的情事，司令官可以憑一己之見行事，大至以軍法處罰民眾判斷生死，小至對公務員打麻將的行為施以處分，一旦被抓不但開除甚至永不錄用；或者對在臺倡議民主的馬祖人民剝奪其返鄉的權利……。

但是當我回望那段軍管歲月，我還是願意看見它留給馬祖好的一面：因為戰地政務的保送制度，成績優異的馬祖孩子不必經過臺灣的聯考競爭，可以公費就讀師範學校、醫學院，這些受過良好教育回鄉服務的青年，成為馬祖日後自治轉型的重要人才；因為軍方各式各樣的管制、限制開發，使馬祖的自然生態得以保存，並形塑了許許多多獨特的戰地景觀，這是過去留給現在與未來的資產，也是馬祖發展觀光的依憑。

如同那句西方諺語：「上帝為你關一扇門，必定為你開另一扇窗。」也正是因為當時的經歷，造就現在獨一無二的馬祖。

推薦序

一個臺灣人的馬祖

作家　童偉格

據《戰地之框》一書所述，一九七〇年代，當初次從馬祖抵達臺灣時，「有些人印象最深的是基隆港閃爍的燈，桅燈、路燈、車燈、霓虹燈，此生從沒看過這麼多燈」。與他們的航程相反，亦可能缺乏驚奇，在從基隆港出發、初抵馬祖的多年以後，偶爾，我還會想起自己第一眼認出的福澳港——迷濛冷雨中，偌大山崖直逼波濤，沒有什麼腹地，只有幾道筆直延伸的堤岸，提示所謂「港」的存在。不知為何，眼前景象令我備感親切。下了船，在岸上，一名班長整完隊伍，從身後拖出幾口大垃圾袋，裡頭，裝滿了舊軍外套。他要我們隨機拿取，穿上。那是一種特別的軍外套，衣領帶毛，形同脖圍，理論上該能禦寒。只是，因為每件外套，都已輪穿過不知凡幾的兵眾了，穿上身時，給我一種像是圍著裹屍布的感覺：溼淋淋，冷颼颼，還可以聞到地底的氣味。就此，我們被各自帶開，尋路，散向馬祖各處海角。當時的新兵我還不知道，退伍之前，我們還將交還這同一件舊外套，而這件外套本身，非常像是關於國軍義務兵役制度的一個明喻。

是從二〇〇四年底，直到二〇〇六年初，我在馬祖的北竿島上服義務兵役。前半段役期，我是一員「野戰炮兵」，整天跟隨連隊弟兄，出沒在垃圾場、炮堡或庫房，努力戰勝我等國軍自為的荒壞。役期後半段，我則成了旅部某間石屋裡，生產文件與報表的文書兵其一。整整二十年後想來，我很懷念彼時，兩半時程交錯之際、個人職務雙重的那些日子。往往，是在群出群沒的午後，我收到支援命令，這時，我就得回寢室整裝，而後上行一段山路，去向半山腰一處瞭望臺。那是旅部營舍的入口。從那裡俯瞰，可以清楚眺見山下的北竿機場，以及周遭晶亮的大海。往往待到再出旅部時，夜暗早已吞沒一切，連機場跑道，也顯得像是海面了。

我所懷念的，自然不是上述兩相無盡的勞役——體能上的，以及心智上的。我想念的，僅僅只是對一名小兵而言，十分難得的獨行時光。在兩種義務之間，在一個人的環島公路上，你暫時什麼也不是，卻彷彿比較有權利，可以像是你自己了。像是這樣的時光。特別，是在獨自返回連隊寢室的深夜裡，當海霧上襲，浸潤全島伊時，我格外不覺得對我而言，馬祖是什麼初履乍訪的異鄉。也許，僅是因為我自己，也來自一個對多數人顯得偏遠，也貼山靠海，時不時，也會籠罩莫名雨霧的孤島型村鎮。我且也猜想，一個國家的掘礦之地與戰防之地，說到底，還是有其相似性的。這兩種聚落都封閉，皆臨時，曾居住過之人泰半會走離；未走離之人，只好親手洗鍊傷逝，憑此再造聚落，成為適合向所有人開放的風景區。

這樣的猜想，當然不可能是對馬祖的深解，而比較接近佛洛伊德所定義的「詭異」(uncanny) 體感。是這樣的：彼時的我，不知為何直覺馬祖恍如舊識，彷彿是某個早就封存在我的記憶裡，我明知「應該保持隱匿」，如今，卻對我現形了的一角故土。這樣的直覺，其實是個人識見的混淆。其實，對像我這樣的一名小兵而言，在島上，我每時每刻皆須穿著的軍服，頗具體地，就是一種貼身的阻絕。我的行動與視域必然受限，服役期間，也的確沒有那樣的餘裕，能從再更全景的角度，對此島，做出更即時、也更具解析度的認識。

二十年後，閱讀《戰地之框》，我才確知自己的役期，恰巧，也座落在馬祖自身時程的交錯之際。於是，我所親歷的空曠與奔忙，皆有其現實因由。在我抵達之前，南竿、北竿島上，各自的戰爭或和平紀念公園均甫落成；在我離開以後，第一家連鎖超商也將要開張。當我退伍未久，「馬祖防衛司令部」以及北竿的旅部，都正式走入了歷史；各種觀光與博弈藍圖，則正要覆蓋上馬祖列嶼。這麼一想，則也許，對彼時的馬祖而言，我等無名兵眾，確切看來，更像是某種自行其是的觀光客。搭乘民用船艦，我等受徵召而來。我等在島休時，湧入網咖、浴室與餐館做消費。在自劃自建的營區與辦公場所，我等湮滅、或彙整部隊積年的「業務」。最後，在部隊的集體履歷成為歷史以前，我等各自的薛西弗斯之年，恐怕，已經連自己都難以悉心記憶了。

一如本書中，陳珠龍校長所言，戰地政務用一頂保家衛國的大帽子，創造出一個扭曲的階級社會。也許果真，半個多世紀裡，我等義務役男，不外乎是同一階級建制裡，一個比較另類的底層。「另類」，因為「義務」終有期限，無論勞役如何，終有獲頒退伍令、回返日常的一天。與我等相較，馬祖日常像是事關「軍管」的無期明喻——馬祖，「這座未曾真正發生過戰爭的島嶼」，事實上無事不已遷就戰爭的可能性，而恆久地預備自身，為所謂「戰地」了。

於是，閱讀此書，很像是在交還了舊軍外套的多年以後，我才重新開始，去辨識那樣一襲對馬祖人而言，無法褪下的隱形軍裝。確切說來，這是對馬祖人無論生活在何方，必然更本真之「詭異」體感的學習識讀。是這樣的：從一個國家的臨時聚落出發，走離之人猶然留駐故土記憶；留駐之人，則未必就真能成就那般輕省的遺忘。《戰地之框》指證這般雙重的艱難。對像我這樣的一名臺灣人而言，閱讀此書，因此亦像是多年以後，我終於如實地，抵達了此「港」。

推薦序

《戰地之框》——打開馬祖列島的窗

作家　何致和

三十多年過去了，我仍記得九月七日這個日子，那是我的「到引日期」——當兵抽中外島搭船第一次踏上東引島的那一天。那是戰地政務解除的前一年，還有燈火管制和打驅離的年代。之所以忘不了這一天，是因為從「本島」到「外島」的經驗太過震撼，我和同梯大都是直到中籤才知道世界上有這個地方，感覺好像穿越來到了異世界。

我還記得當時的天氣，時值初秋，天空藍得發黑，一片雲都沒有。缺乏綠蔭的島嶼曝曬在烈日底下，蒸騰著肅殺的氣味。剛到島上的我們還搞不清楚自己身在何處，就被打散分發到島上各營連隊。原本以為可以很快適應部隊生活和熟悉這座島嶼的風俗民情，後來才知道這並不簡單，尤其是後者。一方面是出於對命運的怨恨和抗拒，一方面是和島上居民接觸的機會並不多，儘管我們在此生活兩年，但許多人一直到退伍，都和這座島嶼保持非常陌生的關係。

我算是這群倒霉鬼中的幸運者吧？到東引半年後接下了管理伙房和採買的工作，每天都可以離開營區到民間聚落採購民生物資，因此和島上居民開始有了互動。隨著時間推移，我漸漸發現這座島嶼並不只是囚禁我們兩年光陰的前線戰地，它更是許多人賴以生存的家鄉。這些人世世代代居住於此，比我們更強悍更長久地在惡劣的環境中掙扎求生，在此紮下深厚的文化肌理，讓湧浪中的孤島成為一個有靈魂的地方。

臺灣雖長年依賴金馬屏障，卻似乎沒有多少人關注這些前線島嶼，當兵前從未聽過東引的我也是其中之一。來到島上後，陣地處處可見的「獨立作戰、自立更生」標語，在我眼中看來都是「遺棄」兩字。這種被忽略的感覺，促使我在退伍後動筆書寫《外島書》，因為不只是我們，這些島嶼也如同我們這些在戰爭中可能得自生自滅的士兵一樣，好像都被世人遺忘了。我想，既然沒人留意這些偏遠小島發生的事，那麼至少可以透過我的筆，為這些被忽略的地方留下些什麼。

但我畢竟是個外人，只是一位在島上生活未滿兩年的過客。無論我對這座島嶼有多少感情，我都免除不了用他者的視角觀看，可以理解和認識的都相當表層，寫不出真正在地的感覺。那些深刻的、充滿生命血汗與恩怨情仇的故事，都埋藏在當地人日復一日的生活之中，需要被記錄與保存。我不認為自己有資格與能力替這座島嶼發聲，因此非常期待有一天，這些島嶼能夠言說自我，有在地人出來用自己的聲音和視角詮釋自己的土地。

幸運的是，隨著地方書寫意識抬頭，以及政府機關與民間團體攜手推動大力支持下，愈來愈多馬祖在地的創作者投入書寫島嶼的工作，無論用文學或藝術手法創作藝文作品，或是透過田野調查做紀實報導，都有相當亮眼的表現。通過文字、圖畫、影像和聲音，這些作品豐富了我們對這些島嶼的認知，也讓更多人看到了這片土地在歷史苦難與文化多樣性上的深度和韌性。

《戰地之框》正是其中一部佼佼之作。這本書使用報導文學方法，深入考察馬祖列島在軍管時期和戰地政務解除之後的歷史民情，透過大量人物訪談，拼湊出馬祖各島在不同時期的樣貌。書中豐富的細節與鮮活的人物描寫，可讓讀者深入瞭解這些曾經是戰爭前線的小島，在時代變遷中如何逐漸轉型，成為承載歷史與現代生活的多重空間。

本書的三位作者雖非在馬祖土生土長，但他們在馬祖定居的時間，以及投注在這些島嶼上的情感，可能都不輸給在地人。憑藉專業能力和強大的使命感，他們用在地的觀點，寫下了一個又一個在地人的故事。這些人的年齡、性別、身世和職業各自不同，對馬祖列島的認同以及對政治、歷史和命運的看法也大異其趣。儘管每個人都只是一小片拼圖，匯聚起來卻可以呈現出戰後七十年的馬祖全景畫，讓人感同身受體會到這些島嶼不該被抹滅的一切。

《戰地之框》的可讀性極高，不同背景的讀者都可以從這本書得到不同的收穫。對在地讀者來說，這本書或許是一面鏡子，透過鄉親的故事重新審視自己的家園，並在書中找到屬於自己記憶的一部分。對許許多多像我一樣曾經是個外島過客的讀者而言，這本書為我們打開了島嶼歷史與現實的窗口，讓我們解開多年前埋藏在心中的疑惑。至於那些對馬祖列島一無所知的陌生讀者，這本書可以幫助他們建立對外島的認識，明瞭這些島嶼所承載的豐富故事與歷史地理價值。

《戰地之框》是一扇打開馬祖列島的窗戶，無論從內向外還是從外向內看，都讓我們清楚凝視這些被遺忘的島嶼。它揭示了馬祖的歷史傷痕與文化韌性，描繪出人們在時代變遷中的掙扎與堅持。透過深刻的人物故事，讀者得以理解這些島嶼背後的厚重歷史，並反思我們與這片土地的連繫，將馬祖的記憶融入我們的集體意識中。

代序

我的軍管年代

劉宏文

從老照片說起

一張無意中在網路看到的照片，是我生命中最早的一張照片。我應該在照片中，但卻看不到蹤影。

那是一九五七年，美國《生活》（*Life*）雜誌記者拍的珠螺村照片。前景是現已破損的吳家大宅，二落水屋頂既長且闊。新闢的馬路橫村而過，將村子隔成上下兩落，再往前是一排臨海石屋，右側的玄天上帝廟，青石砌牆，封火山牆非常優美。大海廣闊，一艘「補給船」正駛過南、北竿之間的洋面，往馬港緩緩而去。此時尚未滿潮，一排森森朝外的軌條砦，從舢舨頭往鬼澳延伸，鋼條銳利、基座穩固，估計才完工不久。畫面中央正是我家，那時應是中午時間，村內外不見人影。三歲的我待在屋內，吃地瓜飯，玩泥巴，不知辛酸，也不知幸福。

國軍初來馬祖，補給尚未到位，穿軍服、打綁腿的「兵哥」便散入民間，島上稍具規模的大厝，幾乎都有兵力入住。我家鄰居占地甚寬，被選作「連部」，兵哥在屋前砌了兩座石墩，糊上水泥，一左一右漆上「效忠領袖」與「殺朱拔毛」標語，屋門上方的石牆，貝殼鑲嵌的國徽與「中山室」字樣，至今猶在。

那時局勢混沌，敵我猶未清楚劃分，有婦女小孩驚恐眼前的刺刀晃晃，反其道僱船往大陸避難。不久即傳出，某村漁民出海，一如既往到對岸售賣漁獲，返航後被一一揪出，無視於蓋滿鄉人手印的陳情書，無視於一家老少陷入絕境的無助，青壯之年的一家之主，被押往臺北的監獄，一去就是五年。

那時，國軍來此已經八年。馬祖正從「行政公署」時期的保甲制度，轉向村、鄰編制，「竿塘」的舊稱逐漸從日常對話中隱沒，「民防隊」「衛兵」「集合」「擦槍」「訓練」「檢查」「做衛生」這些新而陌生的語彙，頻繁出現在街頭巷尾的攀談之中。以前搖舢舨趕鮮丁香魚，到「厝裡」換白米、換柴火，現在都不能去了；即便山坡上的「草埕」，也已改頭換面，冒出碉堡、營房與坑道洞口，鐵絲網隔絕裡外，紅色的禁區牌子非常顯目；原來借住你家的「兩個聲」，現在荷槍實彈喝令你走開。

一切已經不同

鄉人這才知曉，一切已經不同。種田捕魚、靠天吃飯的日常，突然出現許多「不准」，以及因此衍生的疑惑。不准往內地趕鮮，魚獲要如何銷售？不准往山上割柴，灶口要如何生火？不准在家釀造老酒，如何度過漫漫寒冬？

在這些「不准」當中，首當其衝，受到致命影響的就是「錨纜」商家，他們載貨載人、往來內地與外頭山的海域，一夕之間斷了生路。曾有短暫時間，他們試著跨過海峽往遙遠的臺灣另闖局面，然而船隻噸位、語言溝通與有限的人脈，終究無法支應大海凶險的巨大代價。這些個因商致富，曾是島上最響亮的名字，迅速殞落、衰敗，航向歷史的終點。然而，他們砌建的番仔搭，[1]仍可見到往昔的華美；他們留下的傳說，仍在訴說曾經的輝煌。

當錨纜不再揚帆海上，從臺灣駛來的補給船（登陸艦），成了島上生養的倚賴。這批二戰後從美軍接收的中字號艦艇，底艙廣闊，承載量驚人，每隔十天半月，載來糧草、武器，也載來數以萬計年輕的士兵。船來之日，補給船有如擱淺沙灘的巨大藍鯨。軍卡、工兵趕在潮汐之間，在船艏進進出出。每個航次，進到島上的軍備與兵源，時刻都在改變島嶼的形貌與內裡，不斷將島嶼形塑為適合戰爭的型態。

1. 五脊四落水（或稱五脊四坡）閩東建築，在馬祖被稱為「番仔搭」，根據芹壁村耆老說法，「番仔搭」是當時建屋師傅參考福建沿海外國洋行、別墅的型式，改良缺點而成的新形式。當時稱外國人為「番仔」，「搭」即搭建之意。

於是，圍繞島嶼的無數岬角，鏤空補強，岩石混搭鋼筋水泥，而成以據點為名的地下城堡；海岸、山坳不時傳來炸藥爆破的悶響，一吋一吋往岩層深處挺進。軍方與民間逐漸分成兩個不同的世界。一方住碉堡據點，吃米飯饅頭；一方住石牆瓦屋，食番薯鹹魚；一方說國語，制定規則；一方講平話，聽命行事。

海保部隊

與此同時，一支先後駐守北竿、白犬，[2] 比國軍先到馬祖的反共勢力——海保部隊，[3] 進駐馬祖。

他們之中的絕大多數講「平話」，能識字，有人甚至讀到師範、當過縣長。他們從四礵、西洋、川石，一路與共產黨纏鬥，最後落腳白犬，約有數千人之眾。適時韓戰正酣，美國中情局以西方公司名義派駐白犬，他們利用海保成員的語言優勢以及沿海地緣的熟悉，提供無線電、槍炮彈藥，支使他們前往對岸突擊海防，獵取情報。

有五年時間，海保成員亡命馬祖海域，朝不保夕，但卻無薪無餉，三餐不繼。他們遂以「因糧於敵」為名，時而牽回過往船隻，卸下整艙的油料、麵粉，理由是：這些船隻運輸油糧，支援「朱毛匪幫」竊據的大陸。

2. 即東莒與西莒。

3. 全稱為「福建省海上保安第一縱隊」，又稱東海部隊。

國軍來了以後，這支服裝、配備明顯不同的部隊解散整編，一部分人加入從大陳島撤退的國軍，成為「反共救國軍」的主力；一部分人解甲歸田，往臺灣另謀生活；更有一部分人留在馬祖，成為馬祖人口中的「流亡人」。

很快的，「流亡人」因其知識、經歷，以及與共產黨鬥爭的豐富經驗，迅速成為島嶼黨政基層，包括國小校長、教師、村幹事、鄉長……，乃至於黨部、警局、縣府、政委會等機關團體，都可找到他們的身影。未進入公部門的，開糕餅店、金飾店、餐館、理髮、照相館……，延續他們在大陸習得的手藝，在馬祖娶妻生子，開展新的人生。

其中一個海保成員轉任的單位「閩北工作處」，一直隱晦不顯，且一度成為眾人口中的禁忌。他們繼續吸收在地漁人，有時越過海峽中線往對岸施放反共海漂，有時登岸如以前海保一樣蒐集情報，有時策反對岸漁民，在濃霧之際的某個無人島礁，交付情報，每件一到數百美金。

為了自身與組織的安全，他們皆以假名登錄，幸運者蒐集完情報從對岸全身而退，不幸者被識破身分，淪為階下囚；以致多年以後，當他們費盡心力重返家鄉，有人被控遭敵方收買而在自己的陣營二度入獄，有人因姓名不符，幾乎喪失為數本已不多的賠償金。

尤有甚者，「閩北工作處」以其敏銳嗅覺，對「匪諜」極為敏感。即便自己的僚屬，或是土生土長的在地人，都可能因為閱讀匪書，或因海上不當接觸，或因無意間的不滿狠話，而被羈押拷問，乃至坐牢判刑。

二〇一七年，連江縣政府文化處邀請海保老兵重返白犬，他們白髮蒼蒼，已是八十歲以上的老者。面對當年為阻擋共黨勢力而出生入死的舊日場景，不禁老淚縱橫。多年來，他們集結殘存的最後力氣，向國家請求償付那五年的浴血青春，經多次陳情，國防部公文始終以「盡力查詢，盡速見覆」「處理費時，敬祈見諒」答覆，「補償案」在立法院終因意識形態的對立，未獲通過。

那五年歲月已是馬祖歷史的一章，一代人的記憶不會被政治閹割而憑空消失。

珠螺公墓

一九六〇年，村人剛從大王廟撤離過年擺暝[4]的碗筵，空氣中猶有爆竹煙硝的喜氣。上珠螺右側山腰，突然來了百來位頭戴斗笠的工兵。父親說，他們要建軍人公墓。以一株番薯苗十元的代價，一鏟一掘地把番薯田改成階梯，從山腳一直爬升到山腰。每天都可聽到一陣尖銳的哨音，提醒村人躲到屋內，隨即一聲巨響，炸藥爆破漫天飛濺的石塊，嘩啦嘩啦地灑到屋頂，瓦片碎裂，縷縷天光透入，如無數隻空洞的、無言的眼睛。

4. 「擺暝」直譯成白話就是「排夜」，即為夜晚排放供品祭神酬神的儀式，源自於早期福州一帶的農村，元宵節遊燈時會迎各境的角頭神遶境，祈求境內平安。

公墓建好，非常巍峨壯觀，據說是仿南京中山陵形制構築。從馬路邊的廣場，三百多層階梯沿坡而上，盡頭處一棟靈堂，後方是高聳的紀念碑與衣冠墳塚，一排龍柏青蔥蓊鬱，可能是馬祖最早移植的樹種。

然而，對於村民而言，公墓的存在卻是心頭的巨大陰影。老一輩說：「犬勿吠、雞勿叫！」除了每年軍人節，衣領掛著星星、梅花的高階軍官與縣府官員，搭乘吉普車來此祭拜之外，偌大的墓園平日空無一人，成了島民的禁忌之地；也因此，當別的村莊不斷造橋鋪路，興建各式各樣的公共建築，有數十年時間，政府彷彿忘記珠螺村的存在。

一九七一年，距公墓落成僅僅八年，軍方又相中村落左側的水源，可用來電解製氫。於是，在公墓入口大門，遷移民宅，填平廣場，攔水築壩，闢建「天馬基地」，飄送氣球，作為對中國大陸政治宣傳的空飄站。如此不但改變公墓形貌，橫空出現一座山石堆砌的兵營，村民也讓出所剩不多的農地，興建氫氣製造廠、營房與倉庫。

為賠償軍人公墓與天馬基地拆遷的民宅，軍方在馬路邊興建一排四戶水泥樓房，形制與天馬基地的官兵宿舍完全一樣，在幾乎全是石牆瓦頂的民宅中，分外顯眼。房屋落成，拆遷戶欣然入住，村人十分羨慕，水泥房牆壁密實，地板平整，廚房、衛浴俱全，他們從未想到會以如此方式入住夢中的「洋灰厝」。

軍民一家

當島上軍人愈來愈多，甚至超過島民二至三倍，這是百年來從未有過的陣仗。許多人嗅到商機，自家住屋略事布置，釘幾排木架，擺幾張桌椅，掛一塊招牌，開始經營雜貨、飲食、浴室、洗衣、撞球、冰果、乃至漫畫出租等小店，林立在村落交通便捷處。

一九五六年，「戰地政務委員會」成立，確立以軍管民的體制。他們以三民主義模範縣的想像，聯合耆老，在島上幾個大村徵地蓋屋，砌建連棟式木構門面、兩排對立的兩層樓房，各式各樣的店鋪遷入後，便是馬祖最早的街市。南竿有山隴、鐵板、清水、梅石與馬祖澳，北竿則是塘岐與坂里，白犬自然在青蕃，還有東引愛麗絲颱風過後蓋的七棟國宅。新起的街市對稱、平整，大規模改變了屋宇分布的樣貌，也改變了百年來以耕以漁的生活型態。

每到例假，或部隊輪休日，年輕的軍人從島嶼最末梢處的據點湧出，沒入各村澳的街市之中。他們在此購物、吃食、沐浴、搭訕女生，或隨老士官到「軍中樂園」找尋青春的出口，短暫脫離部隊生活的困乏與疲累。當夜幕低垂，第一輛憲兵吉普車開進廣場，他們又將投入構工、訓練，與等待家書的漫長時光之中。

民間與部隊的接觸，並不只限於街市的個人消費。數萬人在島上吃喝拉撒，在在牽動島上的神經。一九六〇年代冷凍尚未普及，除了白米、麵粉、食油等大宗物質由軍方統一補給，蔬菜與豬肉幾乎都靠民間供應。龐大的消費量促成種菜、養豬成了捕魚、開店之外，民間最重要的生產方式。而軍隊伙房的廚餘、餿水，人人爭搶，即便茅廁都有農民攀山越嶺，挑回農田施肥。

於是，軍民之間互補所需，交流無可避免，並因之引發各式各樣，包括愛情在內的故事。雖然在此之前，軍隊初來馬祖之際，曾因情殺事件導致軍方不希望與民間有過多瓜葛，而有各種謠傳。諸如，不可進入某村，不可與在地女子交往，否則永留馬祖不得出境等繪聲繪影的說法。

即便有這些潛在的規範，軍隊與民間因地制宜，不時擦撞出各式各樣的火花。年輕士兵經常在店裡消費，有時因臺灣接濟未到，而向商家賒欠的狀況，所在多有；澳口哨兵與村人朝夕相見，日漸熟稔，送上兩尾黃魚，可以使得晚歸的漁船免於受罰；半打老酒，與伙房班長喝得滿臉通紅，可以包得整營餵豬的廚餘。當村裡的廟宇年久失修，只要請求協助，部隊長官無不慨然應允，砂石、水泥與穿著軍服的土水師父立刻就到。修繕完工，長官捻香三拜，祈求神明保佑，至於是否雕琢精美，是否合乎形制，那就不是他的管轄範圍了。

特別是當高階軍官看上某家女孩，追求過程導致的周邊利益，小到補給船的床位，大到拔擢升官，其中暗藏的權勢、地位及其影響，大概只有相關當事人，才能體會箇中滋味。

開啟一扇天窗

這些千絲萬縷的軍民關係，有如為島民開啟一扇天窗，得以張望島嶼以外的世界，也為日後馬祖人大舉遷臺的熱潮埋下種子。

一九六〇年代，東莒某位年輕漁民與村裡派駐的指導員結為好友，指導員鼓勵他往臺灣發展，並介紹他到親戚的鞋廠工作。在此之前，年輕漁民從未聽聞臺灣，也從未想過到外地討生活。他一人摸索往陌生之地，一九七〇年代，他在桃園的工廠已有二百多位員工，多數都是馬祖鄉親。

除此之外，馬祖女性與軍人的婚姻，有如一條看不見的命運之線，隱隱然將桃園八德牽成馬祖人的第二故鄉。

那時，年輕的馬祖女性，身邊不乏軍中追求者，面對言行舉止與馬祖男性大不相同的「兩個聲」，自然也會嚮往不一樣的人生。然而，畢竟是終身大事，自身多所遲疑之外，家中長輩反對的聲音更大。因此，一九七〇年代以前，因戀愛而嫁給軍人的年輕女子非常少見。

倒是有一些中年女性，丈夫因病、因海難不幸過世，幾個孩子嗷嗷待哺，生活頓時陷入困境。經人介紹，總會適時出現一位老士官（其實不老），他們沒有高階軍官的條件娶年輕女子，他們遠離家鄉寄身部隊，極端渴望家庭與女性的溫暖。

老士官換防調回臺灣，帶著老婆孩子住到桃園。那裡是駐守馬祖的六軍團大本營所在，他們申請到陸光四村的眷舍，安定下來之後。老士官申請退伍，到鄰近的工廠上班，太太在家做手工，照顧小孩。不久，馬祖的親戚來探望，見到此地賺錢容易、白米好吃、不必躲防空洞，一家三口工作一年就可買一戶平房，客廳、廚房、衛浴俱全，比馬祖又矮又暗的石頭房子好太多了。

更巧的是，八德「聯福」製衣廠的老闆是福州人，雖然他從未去過馬祖，但語言相通，馬祖女性國小畢業即赴臺工作，第一站就落腳聯福工廠。於是，親戚留下來了，不久親戚的親戚、朋友也來了。馬祖地方小，消息傳得很快，大家都來了。

解嚴

一九八七年，蔣經國總統宣布，臺灣地區自當年七月十五日零時起解嚴，並同時施行《動員戡亂時期國家安全法》（國安法）。在《國安法》制約之下，金門馬祖地區持續實施戰地政務，仍維持戒嚴體制。

消息傳來，立即引起金馬兩地有識之士的抗議。馬祖青年王長明與金門進步人士組成「金馬團結自救會」，於當年八月二十一日赴臺北新店福建省政府請願，提出金馬解嚴、開放觀光、實施地方自治等多項訴求。九月二十八日，東引青年劉家國等五十九位連署，提出同樣訴求。次年一月十二日，在劉家國呼籲之下，南北竿鄉親共八十三人聯合請願，要求廢止《金門、馬祖地區戰地政務實驗辦法》，成立縣議會，縣長民選，實施地方自治。發起人劉家國遭憲警跟監，於早餐店巧遇友人張文財，委託他將請願書藏於懷孕的妻子林淑芳身上，夾帶出島，向行政院、立法院、監察院等中央單位請願。

一九八九年，金馬地區青年在臺北組織「八二三大遊行」，引起臺灣社會廣泛注意，國、民兩黨委員在立法院持續施壓，一九九一年五月一日，李登輝總統宣告結束中華民國《動員戡亂時期臨時條款》，但國防部又於前一天發布金馬臨時戒嚴令，並於五月一日生效。

金馬地區二度戒嚴的宣告，引來「五〇七反金馬二度戒嚴」更大的抗爭活動，馬祖地區十二位諮詢代表原定赴立法院請願，臨行前在福澳碼頭被攔下，司令官召見，軍方甚至威脅若赴臺抗爭，立刻限制向民間的各項採購。最後僅劉家國與曹以雄蒙混出境，順利抵臺。

從五月七日，金馬人民持續在立法院群賢樓前靜坐抗議、演出行動劇，並數度與憲警激烈肢體衝突，直到五月十六日，國防部副部長陳守山接見陳情代表，做出善意回應後，陳情代表聲明：「請願結束，不代表抗爭結束。」

一九九二年十一月七日，馬祖防衛司令部發布命令：「茲宣告本縣自（民國）八十一年十一月七日零時起解除臨時戒嚴。」距離一九五六年七月十六日，長達三十六年又一百一十四天的戰地政務正式終止。

當天，山隴廣場施放一串很長的鞭炮。

有人注意到，就在前一天，《馬祖日報》刊登一篇特稿：「現在評斷戰地政務的得失，不易得到客觀的標準，但是自從實施戰地政務之後，地方商業發展起來，各項建設加速推動，特別是縣民教育大幅提高，馬祖從沒有到有，脫離貧窮，邁向進步，這些成果雖不是最好的，但在海島上已是難能可貴了。」

北竿耆老王詩如先生，年輕時捕魚、擔任過村長、開雜貨店、養豬、經營船務公司，幾乎經歷過戰地政務時期每一件大小事務。意味深長地說：「他們給了我們很多機會，我們要善加把握。」

用詞說明

馬祖：泛稱一九四九年兩岸分治後，位於福建閩江口外，三十六座由我國統治的島嶼和島礁，書中有時亦統稱為「馬祖列島」。在目前的行政區畫中，這一系列島嶼隸屬於福建省連江縣，轄有南竿、北竿、東引、莒光（含東莒、西莒兩島）四個鄉，書中故事係以這五座島嶼為主要發生背景。不管在臺灣本島或是這幾座島嶼上，民間使用馬祖一詞的頻率仍然遠遠高過連江縣。

馬祖話：馬祖話為馬祖居民的母語，學術分類上屬於閩東方言區的一個小分支，我國官方又稱之為閩東語。由於福州為此方言區的文化中心，馬祖居民的先祖，主要又由福州一帶移民而來，有時會將母語逕稱為「福州話」，儘管腔調和用語上，同福州本地稍有不同，但是溝通無礙。馬祖居民以方言介紹自己的母語時，亦會使用「平話」二字，直譯即是平常使用的話，意思近似於國語中的白話。由於實際使用上未見統一，書中各章亦會混用馬祖話、福州話、平話三個詞，僅僅在情境上有些微差異。

戰地政務時期：本詞為官方正式的制度用語，在馬祖係指一九五六到一九九二年間，由軍方設置的戰地政務委員會統轄，實施戰地政務實驗的階段，若是從國軍進駐的一九四九年算起，在馬祖民間又被稱為「軍管時期」。這段期間，我國因國共內戰、隔海對峙之故，法令上處於戒嚴時期，公民自由遭到部分限制，處於戰地政務之下的馬祖，受到的限制比起臺灣本島更加龐雜且繁複，堪稱戒嚴中的戒嚴。一九八七年臺灣與澎湖解除戒嚴，鬆綁各項禁令，國防部則以馬祖位於前線接戰地區為由，繼續實施臨時戒嚴令，直到一九九二年才同時解除臨時戒嚴令和戰地政務實驗。

※本書文字撰寫說明：黃開洋撰寫第一章、「馬祖老照片」圖說；廖億美撰寫第三、八、九章、「當代馬祖」圖說、大事記；陳泳翰撰寫第二、四、五、六、七、十章、全書圖說，及全書之潤飾與改寫。

第一章

混沌

巨大的時代棲身而來，渺小的前線島嶼百姓，誰都難以置身其外。

最後一次離開家鄉那天，林蔭狼狽得像頭喪家之犬，他跟著效忠國民黨的軍官們，準備趁半夜摸黑離開平潭島，但是後頭的共產黨軍隊追趕得又快又急，被逼到海岸邊的官兵們，還在推擠搶著登船時，後方山頭的敵軍炮火已經打了過來，一團混亂當中，許多人就這樣溺死在灘頭，其中有些是向來效忠於林蔭的屬下。

那晚的海象和天候，不管怎麼看，都透露著哀戚不祥的兆頭，風浪滔天，愁雲密布，苦雨濛濛。輪船起錨後，匆匆忙忙往北方駛離，故鄉土地在林蔭記憶中留下的最後聲響，是「混雜刺耳、慘不忍聞」[1]的炮聲、槍聲、呼號聲。

一九四九年九月二十日，四十一歲的福建省國民大會代表暨前平潭縣長林蔭，告別了家鄉父老，一個多星期後，中華人民共和國在北京的天安門廣場舉行開國大典，宣告正式成立。林蔭把一九四九這一年認定為他厄運的開始，也是新生的開始。如同大多數從大江南北逃難渡海、日後在臺灣被稱為「老芋仔」的外省籍官兵一樣，國共內戰後的兩岸分治，導致他們和故里一別就是永別，只不過林蔭比他們稍微幸運一點，接下來的十年，他和家鄉的物理距離，其實還不算太遙遠，仍有機會探聽到家族親友的近況。

林蔭的落腳之處，是位於平潭島北方、日後被統稱為「馬祖列島」的數座

1. 林蔭，《林蔭自傳》下冊（手稿，未出版），頁二二。本章取材之《林蔭自傳》，複本現藏於連江縣文獻中心。該自傳由手書而成，約十萬字，係自林蔭幼時開始補述，並按年記載所歷經之大事經過，記載至一九六〇年八月二十三日林妻過世為止。《林蔭自傳》在每年度章節末，均會有篇幅擇事點評檢討，記錄下軍事行動或是與蔣經國等政府大員會晤後的感想，是研究福建省一帶在一九四九年前後國軍情勢變遷的重要資料。《林蔭自傳》的引用與授權，在此特別感謝林文先生與黃如琴女士的同意與協助。

島嶼。福建省沿海島嶼星羅棋布，所謂的「列島」，其實只是將國民政府軍隊還能掌控的鄰近島嶼群兜在一塊，政治上的意義遠大於地理以及文化上的意義。至於其他不在控制範圍的島嶼，於國軍的說法中就成了「淪陷區」，從共軍的角度看則是「解放區」。

逃難縣長林蔭出身的平潭島，是福建省的第一大島，光是主島的面積，就是馬祖列島加總起來的九倍之大。由於地理上相距不遠，平潭島和馬祖列島，都屬於廣義上的福州文化圈，受到福建省會福州的影響甚鉅，語言上也被視為福州話的分支，雖然腔調難免有所差異，彼此之間勉強可以相通。然而，若是放到廣袤的中國大陸之中，有「三里不同調、十里不同音」之說的福建方言，不管是福州話或是閩南話，都難以和外地人相互溝通。

複雜的福建文化，有一套來自閩南族群的說法，將沿海四座大島評為「富貴貧賤」，廈門富，金門貴，東山貧，平潭賤，馬祖諸島嶼則因為面積太小，連評比的資格都搆不上。一九四九年之前，馬祖這幾座小島經常是中央政令難以企及的化外之地，如同當時福建的諸多鄉村地帶，被幾個非正規軍隊的小軍閥給割據。這些小軍閥就像十七世紀橫行於同一處海域的海盜一樣，角色亦正亦邪，曖昧不明，有時候是海賊，有時候是受招安的良民，有時候又是牆頭草，游移在國民黨、日本人，甚至是共產黨之間。林蔭在成為國民政府官派的平潭縣長之前，也曾經下海夥同其中一批人打劫商船，案發後一度逃到臺灣和日本躲避風頭。

一九四九年，兵敗如山倒的國民政府軍隊，以及像林蔭這樣仍然效忠於國民黨的武裝勢力，有部分就在馬祖列島停駐下來，暫時喘息重整旗鼓。對小島上的居民來說，如此龐大的政府軍登島，是從來沒有見過的事，他們大部分不但衣服殘破、武器簡陋，一上島就搶奪居民財物，而且與早先盤據於此的武裝勢力不同，多數操著居民們完全聽不懂的外地語言，導致民心惶惶，誤會叢生。相較之下，像林蔭這樣來自鄰近島嶼，同樣說著福州地區方言的人，雖然也是逃難落腳來此，但是語言、文化互通，比較方便溝通，多少能夠說得上話，而這種語言上的優勢，也為日後留在馬祖工作的林蔭，帶來了一些好處。

海堡當自強

這不是林蔭第一次逃離平潭島，在兵馬倥傯的二十世紀上半葉，他多次失掉地盤，卻也多次打了回去，因此這一趟來到馬祖，林蔭仍然時時刻刻抱著反攻回鄉的打算。幾股像林蔭這樣的武裝勢力，在邊陲海島上相遇，又重新聯合、組織起來，以情治系統三百多位成員為主力，組成了「福建省海上保安第一縱隊」，簡稱海保，又稱東海部隊或海堡部隊，後者寓有要當海上堡壘之意。這支總員額約莫三至四千人的海保游擊部隊，在當時被稱為「白犬」[2]的西莒島上，建立了

2. 西莒島舊名「白犬」，後又名「白肯」，肯字為「犬」的福州話音譯。白犬一名由來，最早可追溯至明代，因其形貌狀似犬隻伏臥在閩江口外。戰地政務實施後，西莒島多次更改行政區畫，從白肯鎮改為西犬鄉，後又與東犬島合併，並稱白犬鄉。一九七一年，白犬鄉易名莒光鄉，西犬和東犬兩島改稱西莒、東莒，寓有「毋忘在莒」之意，島名沿用至今。

自己的基地，並且分兵駐守在福州外海的岱山、浮鷹、西洋、四礵、東湧、東犬等島嶼，像一層保護網似的，圍住國民政府正規軍駐守的南竿島與北竿島，與福州隔海相望。

許多從福州地區逃亡出來的民眾，包括林蔭自己在平潭島的林姓族人們，都在此時陸續逃難到西莒島加入海保行列，本地民眾將這群語言相近的游擊隊員暱稱為「流亡人」。一開始，落難至此的海保成員，僅能暫時借住民宅，不管是偏房、大廳，或是處理漁獲加工的漁寮，只要有地方可以棲身，就要想辦法安頓下來，三餐也是經常有一頓沒一頓的。這批游擊部隊並沒有被國民政府算入正規軍，加入海保之後，由前縣長變成參謀長的林蔭，肩頭上的一項重大任務，就是幫底下幾乎都是福建出身的「流亡人」弟兄們，籌措薪餉、武器以及基本生活物資。

在林蔭看來，他們這群屈居福州外海的游擊部隊，是爹不疼娘不愛的一群人，箇中原因之一，和省籍頗有關係。同樣是游擊隊，與當權的蔣介石同是浙江省出身的鄉親，就能得到比較好的照顧，而一直以來都有「閩人治閩」，要求自己人管理自己人呼聲的福建人，被中央重視的程度就頗有差別。林蔭在日後留下的自傳中，如此抱怨道：

本部同志多是沿海漁民起義來歸，純出於情義並無政治的關係。按目前成員曾受黨國培養者只百分之十五，其百分之八十五純粹義民，因與政府無發生組織關係，故不能引起政府對我們的注意與重視。例如：浙江游擊裝備優良，番號之多均由政府給與，武器尚無人使用。而閩海游擊單位，只有東海、南海番號，有人尚無武器使用。究其原因，乃浙江游擊領導者多是過去風雲人物，或與當局有特殊關係。而閩海游擊領導者無此先天條件，由是朝中無人支援，故困難特多。[3]

為了解決軍需問題，林蔭只能想出多種變通之道：

初學巧婦無米難炊。受命之始舉債度日。時值海總部交由巡防處收購榕杉為擴建之用。余乃向其訂立契約，代為收購是項杉木十萬建材。在未交貨前，以余個人之信用，向其預支價款黃金五十兩，由余具條向其預借，乃得藉此而暫維持，再謀補救之道也。

理財之道不外開源節流。開源著重於貨暢其流增加收入。是時，大陸物資由本島轉運臺灣，如：木材、紙類、香菇、藥材等均可獲利。本部予以管理，抽收百分之十游擊補貼費，藉以挹注維持。同時，臺方面因大陸陷匪，撤回大亨游資尚多，而向大陳、馬祖各島開展貿易大有人在，無形給與孤島以表面臨時之繁榮。[4]

3. 林蔭，《林蔭自傳》下冊（手稿，未出版），頁四九至五〇。

也就是說，雖然在一般民眾認知中，臺海兩岸於一九四九年後就進入「漢賊不兩立」的年代，彼此之間理應不再互通有無，實際上卻不是這麼一回事。在海保游擊隊員居住的西莒島上，和大陸之間仍然經常有人員與貨物往來。像林蔭這樣有著地緣關係、語言之便的福建人，紛紛在混沌的亂世期間，私下當起了轉口貿易商，透過自己相熟的地下管道，繼續前往福建沿海收購木材、紙類、香菇和藥材。儘管國民政府陸續以行政命令和立法等方式，要求海軍、空軍對中國大陸沿岸各港口與海岸線，實施關閉和封鎖政策，但落實到實際執行的層面上，顯然還是不夠徹底，加上此時共產黨對福建沿海的掌控程度也還不夠到位，前線島嶼間的往來並沒有完全中斷。

商人固然有利可圖，然亦深具戒心多存觀望試探。余有鑒及此，先從統一管理對外貿易著手，訂定規章以資遵守。與一般商人以便利爭取其信心，而吸收外來之游資，並顧到臺灣方面來島商人之經濟政治背景關係，更須運用外交手腕，爭取同情博得好評，轉移臺方對本部之觀感視聽，不能專以財務眼光來處理臺方之商人。至於大陸商人多半鄉鄰故舊，雖然情感關係固屬可靠，但在於共匪威脅利誘之下，不得不防其為匪所利用，更須嚴加管理查核其身分意圖，並加以運用為我採取匪方情報。

4. 林蔭，《林蔭自傳》下冊（手稿，未出版），頁三六。

所謂「處變不驚莊敬自強」，運用微妙之錯雜關係，而適應目前環境也。[5]

打劫求生存

由於海保是非正規編制的游擊隊，檯面上並不隸屬於國軍支配，林蔭便利用這樣的曖昧身分，為弟兄們暫時尋得安身立命之空間。遺憾的是，這樣的空間沒有辦法維持太久，隨著共產黨的控制能力愈來愈上軌道，到了一九五二年初時，福建沿海的海上往來，已經變得困難重重，讓海保這支打游擊的隊伍，無法再做貿易生意，只能更多地效法先前的武裝勢力，再次亮出武器，操起打家劫舍的老本行。部隊弟兄將這種手段稱作「因糧於敵」——從敵人那邊奪取糧食和物資，幫助我方度過難關——儘管在共產黨與部分西莒鄉親看來，本質上就是海盜行為。

除了打劫之外，游擊隊還會運送偽造的人民幣進入福建沿海，企圖打擊共產黨新政肇建下的金融市場。耐人尋味的是，不消幾年，國軍也怕共軍「以彼之道還施彼身」，在馬祖發行了蓋上「限馬祖地區通用」字樣的新臺幣，民間稱之為「馬幣」，利用馬幣嚴格管控臺馬兩地的鈔票兌換數量，避免偽鈔循著馬祖流入臺灣民間，也在金融層面上，將馬祖本地的貨幣供給量牢牢掐緊。

5. 林蔭，《林蔭自傳》下冊（手稿，未出版），頁三六。

當時海保部隊裡的小兵若是挨餓抱怨了，長官就會撂下一句：「不是我誆你來的，是你自己來的，要食物自己去搶！」與林蔭同樣來自平潭島的海保成員林祖炘，經歷過那段刀口舔血的日子，日後感慨地回憶道：「那時候出海上任務，會配合無線電在船上聯絡，出發前會準備吃的、喝的，因為去了就不知道回不回得來，所以出發時手表、戒指都會脫下來交給別人。但是也沒有人反抗，不管講什麼都一定支持。我自己去了兩次以後就沒有再去了，心情很亂，想回家但是又不能回去。」[6]

許多海保成員是鄰近地域出身，不僅人脈還沒斷絕，對海象變化、空間地理也熟悉，「因糧於敵」的突擊得手機會自然較高，他們劫來的物資五花八門，麵粉、木材、水泥、腳踏車、菸草，甚至連鐵殼船都能搶過來，這些物資不但幫助海保部隊蓋起自己的指揮部，還有額外的大量餘裕，能夠提供黑市交易，許多來自臺灣、香港的貿易商，聞風後特地來此批貨，以物易物。因此，有別於周遭仍然處於漁業社會，因國共對峙而陷入經濟困境的島嶼，西莒島一時之間反而是百業興盛，島上村落甚至獲得「小香港」的稱號。當時臺灣島內曾經一度盛傳，臺北市出現了五千輛不知從哪來的腳踏車，據說便是這批游擊隊搶劫外國貨輪而來的贓物。

這些公然劫掠的行為，經常發生在美國人的默許之下，在海保部隊落腳西莒島後隔年，朝鮮半島爆發了韓戰，一舉扭轉美軍的戰略規畫，不僅立刻派出第七艦隊巡弋臺灣

6. 劉宏文訪談林祖炘，二〇一七年九月二十日。

海峽以為協防，也在浙江、福建沿海等地仍然效忠國民政府的小島上，成立了蒐集情報、援助游擊隊騷擾敵後的地下機構「西方公司」，[7] 西莒島就是被西方公司選中的據點之一。海保部隊接收到美方提供的湯普森衝鋒槍、卡賓槍、火箭筒等新式武器後，瞬間實力倍增，多次對大陸沿海發動突襲作戰，打劫貨輪的謀生行當，更是如虎添翼。

一起又一起明目張膽的海盜行為，經常惹來抗議，甚至還曾經鬧上聯合國，被搶劫的受害者不只中國大陸及其共產國家盟友，還包括與美國互為盟友的英國。一九五三年韓戰落幕後，美方陸續撤出部署在大陸沿海島嶼的情報人員，少了美國這面擋箭牌，國民政府內部又不得不考量到國際觀感與外交處境，只得三令五申，制止游擊隊恣意打劫，林蔭也一度被冠上「擅扣外輪」的罪名，遭到長官記過裁罰，讓他私下頗多牢騷。

在游擊自力更生的原則下，因糧於敵本不應增加政府的負擔，但政府亦不要限制游擊向敵人獵食的行動。如外輪公然為匪運輸戰略物資，且與我國斷絕外交關係，按理應當鼓勵游擊部隊向其突擊，而阻礙其海上運輸，破壞匪區的經濟。但政府復因種種的外交關係，對外輪反予以無形的保護，致陷游擊

7. 韓戰爆發後，美國在臺灣設立西方公司，以經營進出口貿易為掩護，實際上為中央情報局轄下的祕密機構，協助國府訓練游擊隊、突擊中國沿海、蒐集情報，在浙江省的大陳島、福建省的西莒島、金門島都有派駐工作人員，西莒島上的聯絡站，最多有十多名西方公司員工。韓戰結束後，西方公司階段性任務告終，前線單位陸續裁撤，最後一名負責監聽電訊的人員，也於一九五八年撤離西莒島。

部隊於無法維持的困境。[8]

「匪諜」帽子扣上來

國民政府在一九五〇年底，以別名馬祖島的南竿島為中心，成立了「馬祖行政公署」，下轄南竿、北竿、白肯（西莒）、東湧（東引）、四礵、西洋、浮鷹、岱山八區，其中除了正規軍隊駐紮的南竿和北竿外，其餘各區都是由福建子弟組成的海保部隊分兵駐守。這批游擊部隊因為妾身未明，有半數以上成員領不到國軍提供的薪餉，部隊主力所在的西莒島，尚能靠中轉貿易和打劫維生，維繫著宛如「小香港」的榮景，負責戍守其他島嶼的分支隊伍，只能憑藉著地緣關係自求多福，各自想出籌措資金的歪主意。

位於海保防線北方的東引島，是福建沿海舉足輕重的黃魚漁場，負責該區守備的游擊隊指揮官，便透過同鄉關係私下聯絡，鼓勵對岸的大陸漁民，在春天漁汛期間前來東引海域捕魚，對其收穫抽取「漁稅」，作為給養部隊的收入之一；至於防線西北方的西洋島，在被共軍攻陷前，游擊隊甚至還曾經栽種過鴉片。由於一九四九年後，兩岸不分國共，檯面上都嚴格禁止鴉片的流通與販售，西洋島上的鴉片最終流向哪裡，仍然是未解之謎，可以確定的是，至少在國軍駐守的北竿島上，民間此時仍有地下管道可以偷渡

8. 林蔭，《林蔭自傳》下冊（手稿，未出版），頁四八。

鴉片，甚至再晚個幾年，在共軍控制的福建沿海，也仍然有人能夠進出鴉片館，顯示種植鴉片即便違法，仍然是一門有厚利可圖的殺頭生意。

這些不斷遊走在模糊地帶的地下往來，長此以往延續下去，漸漸不為國軍正規部隊所樂見，尤其那段時間，又是白色恐怖盛行、案件牽連人數甚多的一九五〇年代，不管是前線或後方，都籠罩在草木皆兵、諜影幢幢之中，國民政府一方面需要透過像海保部隊這樣熟悉對岸的人打探情報、安插敵後工作人員，另一方面又擔心遭到共產黨滲透，重蹈當年快速丟掉大陸江山的慘痛教訓。

因此，儘管海保部隊主要幹部多半與情治系統有所淵源，隊上也曾公開槍決匪諜，卻仍然無法避免遭到高層懷疑，國民黨內的宣傳機構在一九五三年巡迴福建前線各島嶼後，對內提出的工作報告指稱「馬祖列島除南北竿兩地外，其餘地區環境複雜，非但匪諜隨時隨處均有活動，而民社黨（按：應為中國民主社會黨）也大有活動，尤以白肯島為最可」，[9] 其中被點名問題最嚴重的島嶼，就是海保部隊主力駐紮的西莒島。林蔭自己也差點因為屬下擅自返回大陸並且「為匪蒐集情報」，遭到檢調單位約談，雖然林蔭最後以不知情為由全身而退，但該名遭到起訴的海保部隊士兵，仍然難逃死刑。

對海保部隊的疑心病，不全然是無的放矢。當年還被稱為「白肯」或「白犬」的

9. 〈中央委員會第四組四十二年度金門馬祖等地區巡迴訓練工作總報告及建議〉，《行政院》（一九五三至一九五四），國史館藏，典藏號：014000013007A。白肯島為西莒島舊稱之一。

西莒島，仍然維持著一定程度開放，允許福建沿海居民前來投靠或依親，許多一九四九年沒有及時抽身成功的國府軍政人員，也是循著這條路線逃出，並由海保成員協助安頓、招待，作家蔣勳孩提時便是沿此途徑，與家人從福建逃來臺灣，中間曾在西莒島住過一小段時間。

這處逃亡窗口，也因此成了共產黨積極滲透的一處破口。半世紀後解密的判決書與檔案中揭露，至少有數十起以「匪諜」罪名論處的政治案件，[10]起初就是通過西莒島作為中轉站滲透進來，也有不少個案直接就留在島上加入海保部隊。其中甚至還有些「匪諜」，角色一直變來變去，好不容易逃到西莒島後，卻又被派回敵後偵查，復因刺探敵情失風被逮，再被共軍送回西莒島蒐集情報。這群人的身分在間諜、反間諜、反反間諜之間游移，供詞中多半也是聲稱受到脅迫情非得已，遺憾的是，結局往往都是死路一條。

部隊內部尚且如此杯弓蛇影，一般沒有組織單位可以依靠的老百姓，若是誤觸禁忌，也很容易無端捲入白色恐怖的迫害之中。根據當時國民政府頒布的《戡亂時期檢肅匪諜條例》，凡有匪諜嫌疑的人，或是相牽連的匪諜案件，一概交由軍法審判，其他像是《戒嚴法》等法律條文，也都用在約束人民自由，經常有人無緣無故失蹤，或是被捲入冤獄之中。巨大的時代欺身而來，渺小的前

10. 如原籍福建省長樂縣的第六軍搜索營上尉指導員李里光，偕同林祥熹等人，經由白犬島來臺後，遭指控刺探軍情、策動反叛，被判處死刑。又如原任福州水上警察局分局長之邢詒貝，於一九五〇年三月取道白犬島來臺，行前由共產黨交予通信密碼表，約定聯絡方法，要求從事策反工作，邢詒貝後任職臺南市職業介紹所助理幹事，雖無實際叛亂行為，仍以有預備意圖顛覆政府為由，於一九六〇年遭臺灣省警備司令部以《懲治叛亂條例》，判處有期徒刑十年，褫奪公權五年。

線島嶼百姓，誰都難以置身其外。

國軍正規部隊剛撤守到馬祖的頭一兩年，對漁民出海的管制還沒有日後那麼徹底及嚴格，除了西莒島海保部隊的貿易外，不少北竿島的漁民，為了多賺點錢補貼家用，也會將賣不完的漁獲，偷偷載運到已經是共產黨統治的地區販售，順便購買生活物資，或是幫忙接送失散親友返回馬祖。這條漁民們從父執輩以來老早就熟悉的交易路線，因為臺海兩岸升溫的軍事對峙，變得益發困難。到了一九五二年後，國共雙方不約而同收緊對漁民的監控和管制，這類私下交易不單是觸犯天條、嚴加禁止，甚至還會被回溯既往、翻起舊帳計較。許多前兩年曾經偷偷到過「匪區」、「淪陷區」的漁民，都在此時被一一揪出，輾轉移送到臺灣的監獄囚禁，吃上多年牢獄苦頭。殺一儆百的舉措，很快收到立竿見影的效果，知情的受害者親友、鄰居，從此噤若寒蟬也諱莫如深。

白色恐怖開始後，馬祖政治犯的名單持續增加，有從對岸逃回馬祖的民眾，被懷疑是匪諜而遭判處死刑；[11] 有人閱讀的小說，被認為藏有思想反動嫌疑，無端坐上黑獄；[12] 有人房間被搜出發報機，[13] 甚至有人只是帶著鏡子上山，就被判定打算透過鏡子反光，向共軍傳遞情報。[14]

11. 南竿漁民邱番仔，於一九四九年駕船前往長樂縣販售漁獲途中，因國共內戰影響，一時受困無法返家，一九五五年覓得機會逃回，但於次年遭逮捕，以刺探軍情、意圖顛覆政府為由判處死刑，二〇〇六年獲戒嚴時期不當叛亂暨匪諜審判案件補償基金會以原判決證據不足為由，予以平反補償。

12. 劉宏文的舅舅曹常來，因與閩北工作處長官有嫌隙，以持有手抄本反動匪書《大宏烈女傳》為由遭嚴刑拷打，屈打成招，入獄兩年後才被改判無罪釋放。

13. 曾任南竿島復興國校校長的李世江，遭學生舉報房間內藏有發報機，有匪諜嫌疑，於一九六四年遭到逮捕，下落不明，唯根據國家檔案局解密檔案，一九六七年馬防部行文國防部，移交「匪嫌列管分子」李世江的安全調查資料，請求繼續列管，資料中注明李世江時任桃園大舞廳會計。

那些年裡，遭到羅織入獄者有之，命喪槍下者有之，裡頭究竟有多少案件是冤獄、錯殺，於今已經很難一一追究查考，但在那個隨時可能再次爆發戰爭的緊張年代，前線輕易就會瀰漫起寧可錯殺不可錯放的氛圍。即便是在與馬祖僅僅一水之隔的大陸沿岸，也常有民眾被懷疑是為「蔣軍」、「蔣匪」工作的間諜，而遭到共產黨關押或處死，其中無疑有部分是陰助國軍的敵後工作人員，當然不乏出身馬祖的民眾。

「兩岸」之間

一九五四年，以西莒島為基地、並沒有被國軍完全信賴、內部也頗多派系糾紛的海保部隊，在組織上畫下句點，奉命全員裁撤重整，基層士兵可以選擇自願退伍，或是歸入國軍建制，從此成為正規軍的一分子。

從游擊隊變成國軍後，有穩定的薪水可以領取，不用再靠打劫維生，但是代價之一，就是多數人都得要移防，正式解編前，部隊成員被要求從原先熟門熟路的福建北方馬祖列島，調去福建南方金門島的新單位駐防。更換防區之後，語言不通的問題馬上浮現，「福州話不流行了，必須說一般的官話（國語）。周遭生死與共、搭配順暢、飲酒高歌的夥伴不見了，到了一個完全陌生的環境。」[15]

14. 北竿某居民，於戰地政務正式實施的一九五六年，被查獲攜帶一面鏡子上山，遭到當時身兼戰地政務第一大隊長、馬祖法院首席檢察官的縣長王緒，認定有利用鏡子反光向共軍傳遞情報之嫌疑，判處死刑。該案日後由胡依北報導披露，見載於《馬祖通訊》。

在當年的時空環境底下，國語政策獲得官方強勢推動，海保部隊成員內部通用的福州家鄉話，也被視為方言的一支，在正式場合遭到刻意壓抑，以免「影響民族團結」。唯有在一些特殊情況下，方言因為有其「可以被利用」的價值，才會獲得容許——譬如諜報工作。

海保部隊解散後，一些被剝奪兵權的軍官仍然留在馬祖，成為情報單位的骨幹，回到他們打游擊前的老本行。從西莒島搬到南竿島棲身的林蔭，這時也獲派一份新工作，擔任其中一支駐地情治機關「閩北工作處」[16]的處長，除了要負責安排熟悉福州方言的情報人員潛入敵後外，也要審訊那些據報有匪諜疑慮的嫌疑犯。這些外人看來神祕兮兮的情報機構，為了獲取中共情資，無所不用其極，有時還會在海上直接動用武力，強行將對岸漁民和漁船押回南竿島上的「大陸義胞接待站」，假救濟之名，行調查盤問之實。雖然是不得已的情報手段，可是在林蔭眼中，許多外地來的情報人員，沒有好好利用這個機會，審訊時往往只是幫了倒忙。

> 不明風俗習慣徒以訊問方式，不但不能得到漁民由衷之言，甚至招其反感。經余詢問以後，再當面囑其對我方詢問人員，有詢必答、知無不言、言無不盡。則大陸漁民因不認識，先存畏懼心理，語言不通諸多隔閡，當然問不出所以然

15. 何小松，《東海波濤》（臺北：時英出版，二〇〇八），頁五一。
16. 閩北工作處全名為「福建省反共救國軍閩北敵後工作處」，是海保部隊裁撤後設立的情報工作單位，職司情報布建與敵後工作。

來。由是馬指部對於大陸漁民來馬，請余前往慰問。每次共話家常共同聚餐，和諧歡樂如見家人，此乃是我民族素敦鄉誼之傳統精神，非余之能力而比其他單位強也。[17]

林蔭盛情款待這些被擄來的大陸漁民，經常是要自掏腰包的，他的目的不只是探聽情報而已，也想幫身邊的「流亡人」弟兄打探家鄉現況，順便委託這些被俘漁民，在獲釋之後代為攜帶物資，轉交給他們已經無緣相見的親屬。

許多背景和林蔭類似的海保部隊幹部，就算沒有像他一樣加入情報單位，也都自願留在語言、文化、空間距離與家鄉相近的馬祖列島，這群幹部多半都曾受過教育，在當時仍屬發展滯後、遍地文盲的馬祖，是為數不多的知識分子，得以在黨政、軍警、教育、地方行政各領域，覓得一份合適工作，也成為講國語的國軍與講方言的民眾之間的溝通橋梁。

戰地政務來臨

海保部隊解散後，國軍又在美國第七艦隊護航下，全面撤出浙江沿海的大陳、南麂、

17. 林蔭，《林蔭自傳》下冊（手稿，未出版），頁一一七。

漁山列島，位於福建沿海的金門和馬祖，此後便承受了更為龐大的防守壓力。在最高領導裁示下，國防部迅速擬定《金門、馬祖地區戰地政務實驗辦法》，將前線的軍事和政治做出一元化管理，於馬祖設立戰地政務委員會，由軍方駐地的司令官兼任主任委員，透過更加全面的管制，方便未來真正接戰時，能夠更有效率地動員地方資源，增強守備韌性。

正是這套規定眾多、限制繁瑣的「戰地政務」，將馬祖列島正式帶入一個更嚴格的管制年代，一切都是軍隊長官說了算數。

林蔭雖然身為國民黨員，一開始也被戰地政務委員會禮聘為顧問，但是新的監管體制上路沒多久後，曾經在平潭島當過縣長的林蔭，就對這套「軍人當家」、「無所不管」的制度冒出反感，有太多問題實在讓他看不下去：

> 戰地政務既為軍政府之化身，對於管制方法自有其中三昧。但不實行於大陸收復之後，而試驗於收復大陸之前的反攻前哨基地，未免尚非其時不得其地。由是，無所不管無所不制。自由地區貨物不能流通，而構成違反管制政策走私行為，以入人於罪。因是調節失常供求相左，造成物價高漲。
>
> 政務大隊之成員，乃係由戰鬥團遴選充任。多係部隊編餘人員，對於社會經驗相當豐富，

而行政智識雖經短期訓練，未必均能切實體會，且具有優越感，而軍人性格來管理民眾瑣事，自然扞格不入。[18]

這時候的林蔭，雖然依舊在馬祖兼管情報與調查工作，卻是一年過得比一年不快樂。年已半百、逐漸感到歲月不待人的他，一方面深覺共軍實力提升後，國軍只能以拖待變，反攻大陸日趨無望；另一方面，政府部門以及情報單位之間層出不窮的內鬥，也讓林蔭相當失望，有一回，當他眼見昔日海保部隊的福建籍同僚被陣前換將，由出身湖南的將領替代時，憤慨地寫下「豈閩人真無才乎？乃朝中無人也」的牢騷之語。同屬朝中無人的林蔭，知道自己已經被屏除在核心人員外，於馬祖也愈來愈難使上力了。

一九六〇年，從平潭島落難來到馬祖的「流亡人」林蔭，決定正式卸下前線任務，移居臺北專職擔任國民大會代表。告別馬祖之前，林蔭曾經代表地區民眾在上級長官面前，做了最後一番慷慨激昂的陳情：

馬祖地處前線與匪一線之隔，不但軍事戰鬥爭取最後之勝利，即民心向背行政效率，更為當前之急務。馬祖政務實施無所不管、無所不制，甚至民眾日常用品亦在於管制之列，如由臺灣帶回則視為走私而予沒收。前方居民由後方購買日常用品為

18. 林蔭，《林蔭自傳》下冊（手稿，未出版），頁一二一。

犯法，非擾民而何？因此居民有苦難言，余則代達上申，請求放寬尺度予民便利，一面轉達政令勸民遵守。則余之動機純出於上下情感溝通，以免隔閡。請求改善而不是干預。當局竟認為阻礙其暢，所欲為者視余為眼中之釘，則余請求調回以免上級為難。[19]

戰地政務實施後，操著外地口音的軍官，在馬祖當家了三十多年。遷居臺灣後的林蔭，則在一九七九年與世長辭，不但不曾再踏回故鄉平潭島，也來不及見到馬祖回到本地人重新作主的那一天。

19. 林蔭，《林蔭自傳》下冊（手稿，未出版），頁一四六。

第二章

改命

全新的戰地政務時代，是由「兩個聲」主宰的世界。

國共內戰引發的一連串變局，打亂了馬祖列島的日常，一九五六年開始，全新的戰地政務時代，是由「兩個聲」(nǎng-a-liang) 主宰的世界。

福州話裡說「兩個聲」，意指居住在生活周遭，卻與本地人口音不同的人，也就是外地來的人。在同樣通行福州話的馬祖，「兩個聲」很快就成為「部隊軍人」、「阿兵哥」的專屬代稱。

嚴格說起來，「兩個聲」當然不會只有「兩個」聲，同一支部隊裡頭，成員可能來自大江南北，省籍不同，鄉音自然也不一樣，只是聽在馬祖的島民耳中，不管是三種方言還是八種聲調，總歸都是沒聽過的口音，一應能夠歸類為「兩個聲」。

「兩個聲」內部是個階級嚴明的社會，裡頭有盛氣凌人的烈陽，也有輕賤卑微的草芥。北竿島出生的陳天喜，小時候就見過一名行將枯萎的「兩個聲」，被軍車送到靶場，讓憲兵給壓著坐下，用完兩三道小菜、灌完高粱酒後，便給槍決斃命了。行刑前，還特地把另一群「兩個聲」也集合過來，據說都是些不太聽話、有黑底的士兵，陳天喜不曉得他們是打哪兒來的，可能是糊里糊塗跟著國民政府從大陸各地逃難來的外省兵，也可能是新進從臺灣來的年輕充員兵，但他們眼中合該有著相似的恐懼，都是命不足惜的野草，也都是殺雞儆猴裡的那隻猴。

被槍斃的事由，不出匪諜、逃兵、械鬥、殺人這幾項。那些明知可能送死，卻都要干犯軍法、陣前亡命的逃兵，不是在部隊裡遭到霸凌，就是不甘被困在小小島嶼上，想家想得發瘋，最後心裡頭菌絲蔓延害出病來。陳天喜很能同情這些人，覺得他們都稱得上大時代的悲劇，就像他自己的繼父，原本只是從福建的長樂縣梅花港開船出去做個生意，突然間就因為國共內戰，被困在西莒島上回不了家，和海保的游擊隊員一樣，被迫成了「流亡人」。這名老家還有妻兒的男子，兩度絕望地想要自殺，沒想到命不該絕活了下來——幸虧沒死成，才有機會和陳天喜成了一家人，也才能在很久很久以後，等到重回老家與元配妻兒重逢的那天。

至於七歲就失怙的陳天喜，同樣沒想到，長大後竟然也會在不可一世的「兩個聲」底下做事，成為下接民隱、上通官情的公門中人。一切的轉變，都要從他遇見繼父的那一年開始說起。

清寒小子成為村幹事

那是一九五九年的事了，以捕魚為生的陳天喜生父，因積勞成疾撒手人寰，留下孤兒寡母，家計沒指望的母親，帶著他與姊姊弟弟以招贅方式改嫁。

成為陳天喜繼父的男人讀過私塾，在遍地文盲的馬祖社會，算是一名有文化的人。在南竿島時經同為「流亡人」的同鄉介紹，在戰地政務委員會物資供應處謀得一份文職工作，負責管理倉庫，不用再像漁民一樣成天幹著體力活。

雖然管理員的工作沒法讓一家子馬上脫離清寒，但是受過教育的繼父還是想盡辦法攢錢，栽培陳天喜讀到高中畢業。這樣的決定，在那個年代的馬祖相當不容易，對島上大多數的漁民家庭來說，讓孩子上學讀書，不僅對打魚、種菜、做生意全沒幫助，甚至還會吃點小虧，導致家裡少了一份隨時可以差遣，幫忙打點漁獲、整理漁網的現成勞動力。

「兩個聲」來到馬祖沒多久，就決定要在馬祖推行「村村有學校」的普及教育。到了一九五四年，也就是陳天喜剛滿周歲時，相當於國小的國民學校加上分校，在馬祖已經有十七所，部分學校還兼辦起簡稱「民教班」的成人進修班，讓失學民眾可以前來學習國語、算數等基礎知識。

雖然法律上明文規定，強制學齡兒童必須接受六年國民義務教育，但尚不知讀書為何物的馬祖家長，一開始還是難以接受，官方只能半誘導半強迫地提出要求。然而，自從一九五六年馬祖正式實施戰地政務後，躍升絕對權威者的「兩個聲」，開始祭出各種強硬手段推行義務教育。倘若家長不願意讓孩子上小學，可能會被處罰「出公差」，或是禁止出海捕魚，能夠請領的救濟品也會減少。極少數時候，「兩個聲」甚至還會強行搬出木頭糞桶，硬生生將孩子從家中抬到學校去讀書。

陳天喜不但不用被抬糞桶，還可以一路通過初中、高中的入學考試，是當時相當少見的幸運兒。畢業後，他又透過繼父的人脈引薦，加入戰地政務委員會的幹部訓練班，並在通過考選部特為培養地方幹部舉辦的公務人員資格考試後，正式成為「兩個聲」附屬組織「連江縣政府」裡的一分子，擔任村公所裡頭的村幹事，捧起這只暫時還不算太牢靠的鐵飯碗。

將縣政府說成附屬組織，乃係當時縣府的頂頭上司，就是由馬祖防衛司令部的司令官、政戰主任和參謀長等人組成的戰地政務委員會，縣長也是由軍方指派一名上校擔任，見到前述長官還得要行軍禮致敬。島上任誰都看得出來，手中大權在握的人，全部都是穿著軍服的「兩個聲」，像陳天喜這樣的本地居民，討公家飯吃沒問題，但注定只能當個聽命行事的角色。

在戰地政務的行政劃分中，「村」是管理民眾的第一線。村長先是由軍方指派與其友好的地方人士擔任，一九七六年才開放民選。真正掌控村裡實際權力的人，並不是村長，而是被稱為「指導員」的副村長，掛有軍銜的他們，是「兩個聲」派來的實際代理人。至於走馬上任的村幹事青年陳天喜，倒是職如其名，是負責幹事、幹活的人，要扮演居民與軍方之間的橋梁，執行各種上司交辦下來的瑣碎任務。

> 村幹事是輪調制，一到二年輪調到不同村落去，目的是要我們認識每個村子裡的人，熟悉大家的生活。戰地政務時期，前線隨時要備戰，村幹事得要二十四小時待命，晚上就睡在村公所裡面。村公所裡有各種戰備物資，還要管子彈、要擦槍、要管戰備民糧。戰

備用的米，存放三個月後，就要「推陳」汰換掉，放在村公所賣給民眾，也是由我們村幹事負責販售。

管理村民各種戶籍登記業務以及民防自衛隊，同樣也是村幹事的例行公事，每個晚上都要組織村民輪流站衛兵，到了年中的七、八月，還要安排由村民組成的民防隊員，接受軍事訓練兩、三星期；平常漁民如果要出海打魚，也是要找村幹事幫忙開具「出海條」，我們要注意漁民有沒有按照規定時間回來、出海後有沒有違規越界；上頭如果發下樹苗，村幹事還要管理大家種樹。

當年的臺灣和澎湖，正處於《臺灣省戒嚴令》實行後的「戒嚴時代」，國家以內憂外患交織，必須維護社會穩定為由，推出多項限定民眾自由的措施。名義上屬於福建省的馬祖，不僅前述管制樣樣不缺，還執行得更加徹底。依照《金門、馬祖地區戰地政務實驗辦法》規定，馬祖的戰地政務委員會，不受福建省政府管轄，可以因應前線戰地的特殊狀況，針對特定事項自行制定單行法規——換句話說，在馬祖，位高權重的少數「兩個聲」，擁有「限制別人自由的自由」。

大大小小、上上下下都要管

在這套軍政合一的體系下，蔣介石總統在一九三二年提出的「管、教、養、衛」口號，又被「兩個聲」重新找了回來，當作治理地方的重要方針。四個字當中，「管」字最為核心，從生活上的食衣住行育樂，再到燈火、電信、金融等等無所不管，光是記載在《連江縣為民服務手冊》的管制物資項目就多達四十六種。民生必備的稻米、麵粉、肉品、油品都在管制之列；其他如球類、輪胎、救生圈、塑膠桶、風箏等，因為可能被拿來當作投共通匪的道具，全部也要限制列管；照相機、收音機更是不允許民間私藏，前者可能洩漏軍事部署的機密，後者不僅可能收聽到敵營電臺，還可能被改裝成間諜用的竊聽器與收發報機。

陳天喜倒是擁有聽廣播的特權，村公所內有一臺收音機，主要用來聽海軍電臺的氣象報導，這對討海的漁民來說十分重要，偏偏不讓漁民隨時在海上收聽，只能透過村公所拐彎抹角地傳達；雖然也有南竿島上的馬祖電臺可聽，節目內容主要是向對岸民眾心戰喊話，其實沒太多意思。電臺頻道不能亂轉，如果被抓到收聽中共電臺節目，定要惹上天大麻煩。人在公門的陳天喜，自然不會隨便自討苦吃。不過任何社會只要有禁忌存在，就會伴生踩踏紅線的違禁樂趣，一九七〇年代後白色恐怖氛圍稍減，部隊裡總有些大兵甘冒大不諱偷渡機身或零件，私下偷聽廣播，聊解離島生活之苦悶。

前線戰地的「管」字訣，是對任何不可控風險的徹底管控，要能有效發揮作用，還需搭配積極的「衛」字訣，要維護治安並強化保防，做到「人人有任務，處處有情報，時時有防衛」。因此每天早晨五、六點，陳天喜就會聽到阿兵哥在外頭答數跑步，大半夜還有不同連隊會輪流環島夜行軍，整座島嶼隨時處於緋緊神經的備戰狀態，一有風吹草動，陳天喜就要將村子裡的民防隊給集合起來。

只不過，所謂以愛國教育喚起愛國情操，讓民眾願意自發性地守衛、捍衛家鄉，畢竟是理想狀態，「兩個聲」並不真的信得過地區百姓。不但在馬祖設有閩北工作處、調查站、特檢組、政四科、反情報組及憲調組等情治單位，[1]還鼓勵老百姓相互監視，以此落實「保密防諜」。村幹事的工作項目非常繁瑣，都得配合長官意旨全力執行，其中不乏只是為了應付「兩個聲」的內心不安。

起初，「保密防諜」只是一種手段，源自一路敗退、屈居海島的國軍對敗戰、死亡、被出賣的深深恐懼，但是執行的日子久了，手段本身也成了一種新的恐懼。

每隔半年到一年，我就要跟著到村裡挨家挨戶查戶口。村長、副村長、村幹事、保防官、情報人員，八、九個人一塊進到家裡突襲檢查，通常都是晚上十一點以後，沒有預警，就是為了抓匪諜、抓不明人物；如果有誰出海打魚

1. 閩北工作處直隸於國防部，負責執行情報任務，馬祖人稱「三三九」；調查站為司法行政部（後稱法務部）調查局轄下組織，因軍用電話號碼被馬祖人稱為「三三八」；特檢組隸屬警備總部，負責郵電檢查；政四科直屬馬防部的政治作戰部，負責保防安全；反情報組直屬國防部，職司反諜保防；憲調組為憲兵內部任務編組，抽派調查官負責憲兵情報蒐集。

時，被發現曾經跟對岸漁船接近過，回港後保防官、調查站，所有情報單位都來了，就在港口等人，我們村幹事要負責當翻譯，還要通知家屬，安慰他們說軍方只是問問，沒事就會放回來了。

因為金馬是接戰地區，非管理好不可，所以政府還要管人民的思想，看有沒有偏差，有沒有講一些反動、對政府不滿的話，辱罵兩蔣的人馬上就要抓起來。每個村公所都有一本安全紀錄簿，只要十六歲以上的成年人就要造冊列管，讓軍方知道有哪些可能的危險人物，隨時考核你思想有沒有背叛、危害國家。所以當時大家發牢騷頂多在家裡，因為就連鄰居都有可能是布建在民間的抓耙子。我當村幹事時，就要布建一些別人不知道的單線聯繫，這是軍方保防的一種方式，很無奈，老實說被冤枉的也大有人在，但是上面都是長官，要求你執行任務，你要不要幹？不幹就是被裁員，你還沒辦法申訴。

每個月各村都得召開村民大會執行政令宣導，每星期四要配合軍中召集村民實施莒光日教育訓練，每兩個月由鄉公所召集各村幹部召開鄉務會議提報問題，每三個月由指揮部召集各級幹部召開軍民聯繫會議。所有意見彙整做成紀錄，呈報縣政府轉交各有關單位處理，至於安全案件部分則交給軍方的保防或調查站。那種恐懼的時代，不只是害怕共產黨的炮彈打過來，被管的人也很緊張，大家都不敢亂說話。有些魚肉鄉民的地方幹部，會因為私人恩怨，故意在紀錄簿上寫人壞話，找對方麻煩，我們如果知道不是這回事，當紀錄簿移交過來時，就要想辦法把內容扭轉回來，將好的那一面寫上去，或是寫上「經幾個月觀察後並無嫌疑」之類的話。當時就連學校老師也會管學生有沒有不軌、有沒有替人家傳遞情報，就算是小學生，也有可能被大人利用，尤其是那些調皮搗蛋的小孩子，滴水都不能漏。

村幹事要幫忙管的事情實在太多，連男女之間談個感情，也在陳天喜的管轄範圍內。馬祖各島因為有大量駐軍，軍民之間經常有生意往來，男性官兵一次服役就是兩到三年，生活圈又相當狹小，難免會追求馬祖本地的女性，倘若一個處理不好釀成感情糾紛，後果可小也可大，幾乎每座島都上演過人命關天的悲劇。

我念小學時，就有士官長為了一個寡婦爭風吃醋，拿槍把人打死了。那樣的環境真的不可想像，必須防範於未然。如果有阿兵哥在追街上做生意的小姐，村幹事就要去做管理，把情況反映給軍方知道，也要提醒父母注意女兒的安全。

馬祖早期也發生過本地女孩被阿兵哥欺騙，離家一塊到臺灣後，卻被賣到妓女戶，或是跟老兵結婚後卻遭到對方家暴。後來軍方內部也有了一套潛規則，如果阿兵哥想跟馬祖女孩結婚，就要報到部隊裡面審核，不是不能允許，但交換條件是要在島上待十年，不讓你出境，確認男方是不是真心誠意想跟女方成家，避免日後鬧出感情糾紛。這套限制後來的確產生了一些嚇阻作用。

當然天下有情人若是想要規避，方法也不算太難，比方退伍之後的追求往來，就不在軍方約束的範圍內。馬祖女孩從早期憑媒妁之言嫁給軍、士官，到後來因自由戀愛而與軍人交往，還是有不少人最後和「兩個聲」結婚。由於軍隊需要定期輪調、移防，馬祖出身的軍眷往往隨著另一半搬家到臺灣，成了最早落腳臺灣的馬祖人。

去去去，去臺灣

一九七〇年代起，戰地政務委員會陸續鬆綁各項入出境規定，馬祖民眾如果要動身前往臺灣，不必再附上保證書、同意書、在學證明等等複雜文件，正式啟動馬祖的盛大移民潮。

最初的移民對臺灣人生地不熟，早先一步嫁來臺灣、已經擁有臺灣戶籍的女性親友，便成了多數人依附的首要選擇，漸漸的，圍繞著姻親而生的落腳處，又搬來更多想進臺灣工廠找工作的馬祖鄰居或親朋好友。陸軍總部所在的桃園地區，就因一層一層人際關係疊加交錯，成了馬祖移民在臺灣最大、最知名的移居地。

陳天喜在北竿島擔任村幹事時，剛好目睹這波大移民潮，幾乎每個星期都在處理戶口遷出的申請。他的工作從白沙村換到坂里村，又從坂里村換到橋仔村，一年到頭都在和鄉親父老說再見。陳天喜很能體諒大家不願繼續在家鄉待下去的苦衷，日子真的是太苦了。自從一九五八年金門爆發八二三炮戰以來，人口最多的南竿和北竿島，每隔一天就要遭到共軍炮轟，「兩個聲」的管制又實在太嚴格，百姓光靠打魚實在難以養活一家老小，不如到經濟前景看好的臺灣打工去。

> 八二三炮戰後，單打雙不打，今天單號對岸要打來，趕快四點鐘回家吃晚飯，吃完就準備躲防空洞了，子彈不長眼睛，不知道會打到哪一家。在這種環境下生存與工作，有多大的痛苦與壓力，外面的人想像不到。
>
> 一九六〇年代管制嚴格、寸步難行，漁民因打不到魚煩惱，打到太多魚，價錢太差賣不掉也煩惱，家裡小孩又多，沒辦法生存，只能靠著跟部隊要點鍋巴廚餘，再到山上拔野

菜來餵豬，一條豬要養兩年才能賣掉貼補家用，這是我們生活經常的寫照。後來大家乾脆都到臺灣去，許多小朋友讀到小學六年級就不念了，跟著父母到臺灣工廠當童工，家裡才有錢買土地買樓房。最後島上只剩三、五戶人家還在打魚，有些地方幾乎整個村莊都廢掉。

戒嚴時期的戰地政務做法，不能夠說它是錯的，為了國家安全的立場，管制是必然的，只是做的超過了，被管得受不了，難免會有反感。只能說這些都是時代的背景，我們有苦的一面，也有甜的一面。

為了陪伴年事漸長的雙親，陳天喜沒有跟著去臺灣。活折騰的村幹事做了四年後，他被調升鄉公所，陸續管過會計出納、當過民教幹事和戶籍幹事，一九九二年戰地政務終止，他擔任戶政事務所主任，一直到二〇一八年才退休，公職生涯長達四十五年。當年有緣和他成為一家人的繼父，則在上個世紀末兩岸開放探親沒幾年後，搬回睽違數十年的福建長樂縣老家，並在二〇〇一年過世，落葉終究還是歸根。

小民的機會

一九四四年出生在北竿島小塘岐的吳依水，比陳天喜大了將近十歲，那年二戰尚未結束，「流亡人」跟「兩個聲」在馬祖列島還沒個影子，沒有意外的話，吳依水應該和多數同齡孩子一樣，成為當時文盲社會的一分子。

小學才念到二年級，吳依水就因為家境窮困而中輟，但是在他十二歲時，馬祖正式進入戰地政務時代，次年，不識之無的小伙子，運氣很好地得到鄉紳推薦，進入馬祖行政核心的戰地政務委員會擔任工友，負責幫「兩個聲」的長官跑跑腿、掃掃地、端開水，吳依水事後回想，這份意料之外的打雜工作，徹底改變了他的一生。

因為年紀小，做事又勤快，吳依水在超過九成以上都是軍人的戰地政務委員會裡，自然而然學會了「兩個聲」說的國語，也獲得了認識國字的機會。

> 政委會的編制雖然是軍文兩用，可以任用軍人，也可以任用文職，但是因為待遇比部隊高，和軍方又門路互通，所以職員幾乎都是軍人，而且是軍官。這些軍官雖然行伍出身，不一定懂數學或者英文，可是至少都識字，甚至還懂點古文，看到我一個小孩子，願意上進，就很樂意指導，會送我書、教我認字，介紹我申請臺灣的函授學校，請學校寄初

中的課本給我讀。課本寄來後，多數字都不認識，就靠隨身帶著一本《王雲五小詞典》，用四角號碼檢字，死背它們的同音字，方法雖然笨，但是很有效，就這樣慢慢地一個字一個字，把國字給認識起來。

早期政委會裡面機會很多，我伺候的人都是長官，長官喜歡你，就有機會被提拔，工友當了幾年後，我就被升為雇員，可以坐上辦公桌了。戰地政務的情況特殊，只要長官一聲令下，當官就是這麼簡單，可是這樣的官沒有經過正式高普考，等於是黑官，後來還要透過考選部，辦理金馬地區銓定資格考試，及格錄取後獲得正式的任用，變成正式公務員。

有別於陳天喜一路都在基層行政單位歷練，吳依水的職業生涯一開場，就是和馬祖位高權重的中樞人物打交道。他從工友一路當上照相官，再被調派進入戰地政務委員會轄下的馬祖日報社，擔任軍政單位的媒體喉舌，一天到晚跟著高級長官們進進出出，讓吳依水看到更多權力原初的形狀，以及活在權力影子下的人們，如何順應著權力的形狀，也改變了自己的形狀。

大權在握的戰地司令官

戰地政務是黨政軍一元的集權體制，馬祖的戰地司令官除了是戰地政務委員會的主任委員外，也是國民黨特派員辦公處的特派員，奉命管轄連江縣黨部，即使是馬祖電力公司、青年反共救國團等單位，也是由他指導，連江縣政府以下所有單位更不在話下。換句話說，這裡的黨政軍警方方面面，幾乎都歸司令官一人統管。吳依水說：

戰地政務時期，馬祖的老百姓如果犯法了，就是送到縣政府的軍法室審理，如果涉及盜賣軍品這類的事情，就會再移送到馬祖防衛司令部的軍法組去。軍法組屬於馬防部，司令官的動向就有可能是關鍵。

早年司令官的喜好會決定地方的樣貌，但是歷任司令官思考各有不同。以民俗信仰來講，有的司令官覺得某些習俗太鋪張浪費，就不鼓勵甚至禁止地方辦理，但也有些司令官認為這沒什麼大不了，自己就熱中於修廟、建廟。

三十幾年戰地政務，馬祖換過將近二十個司令官，有些很好、很實在，注重地方民意，也有些真的是不怎麼樣，但每個司令官都會想為地方做一點事，留下一點資料，這樣寫政績的時候才有得寫。以前蔣中正總統在的時候，司令官每一年都要交成果報告上去，他總要有點東西寫，比如今年道路開拓了多少公尺，樹又種了多少棵，國防部給了經費，一定要有成果能交得出來，有些建設成果還會當成幫蔣總統祝壽的壽禮呈報上去。

其實這些地方建設，主要還是以軍方需求為優先，只是有些做了以後，剛好也符合民間需求，資源釋放出來，大家就會對某些司令官印象特別深刻。比如開闢山路，主要是為了部隊、武器和車輛要走，但是民間也用得上；再比如蓋電影院，以前南竿島上有三座電影院，介壽堂、中正堂和光武堂，老百姓和軍人都可以過去看電影，但是軍方還可以拿這些空間來召集部隊講話、訓話，雖然說是軍民兩用，受惠最大的仍然是軍方。

少數重視文化的司令官，會興建圖書館、社教館等文教設施，但在有限的經費預算下，花費不多的修路、造林才是島上最常見的建設。在國軍登島之前，馬祖列島是一片岩石裸露的枯黃模樣，戰地政務開始後，造林綠化成了首要任務，一來樹木的保護色對軍方很有幫助，可以將營地隱匿起來、阻撓敵軍跳傘、防止深夜營區光線外露；二來樹林又有防風定沙、涵養水土的功效。因此，一九五七年起，連江縣政府便在南竿島上設立苗圃培植樹苗，之後更將苗圃拓點到東引島和北竿島，以類似計畫經濟的方式，設定造林數量、面積、存活率等工作目標，分配責任到各部隊、機關、學校等，幾乎是各島總動員，定期檢查與考核，推出各式各樣的獎懲辦法。

在水源缺乏、冬季又經常有猛烈東北季風的馬祖，種樹是一件苦差事，阿兵哥將樹苗當成嬰兒一樣照顧，找來蘆葦、竹片圍在小苗旁邊，保護它不受強風摧殘；無水可用下，每天早起刷牙洗臉的用水，都要回收再利用澆灌樹苗。為了照顧小樹長大，士兵苦不堪言，軍官們一樣壓力大，鎮日惴惴不安。

有些司令官對種樹特別執著，部隊拿到的樹苗，是本地苗圃用樹枝扦插培育的，這種樹苗因為根系很少，挖起來以後又像薪柴一樣成捆打包，才讓人搬回部隊裡頭種植，所以死亡率特別高，阿兵哥細心維護，就怕自己負責看顧的樹苗突然死掉。

不只阿兵哥怕，部隊長亦復如此，有一次某營區的樹木死掉了，部隊長怕被司令官責罵，就派屬下偷偷去民眾公墓旁邊挖樹，移花接木弄到營區來種，沒想到依舊沒有種活，樹種死不打緊，竟然被司令官發現來歷，追查下去就把部隊長教訓一番，主事小兵被關起來。還有另一個旅長，有次被司令官要求移植兩棵大樹，成功養活了快一個月，司令官送他兩條洋菸嘉許，旅長卻還是心驚膽跳，一根菸都不敢抽，就怕兩個月後萬一大樹沒活下來怎麼辦？也正是因為軍方全力以赴，才能促成馬祖全面綠化目標。

權力高度集中的環境裡，老百姓會害怕軍職的副村長，基層官兵會害怕中階軍官，中階軍官則會害怕司令官，但在恐懼鏈上距離愈遙遠，恐懼反倒經常會質變，甚至成為恩寵，戰地政務年代的馬祖列島，因為沒有地方民意代表，老百姓的民情想要上達，就得運用各種想得到的正式與非正式管道。

例如司令官前往離島視察時，有時候就會邀請地方人士諸如村長、校長等座談或用餐，地方上如果有什麼需要，這是最好的表達時機，再者司令官通常也會留一點時間到村莊裡面走走，民眾見到他高喊司令官好，也能趁這樣的機會向司令官主動提出要求。民眾要求多數是小事，司令官只要吩咐部隊官兵動手就能解決，皆大歡喜。

那時候馬祖民間一般來講是比較聽話，尤其是戰地政務實施初期，大家生活都窮，本身又沒有什麼資源，主要都是靠軍方支援，誰能夠攀得上高階長官的關係，就會得到好處。會講國語能夠和軍方互動，在村莊裡面就是比較吃香。

馬首是瞻

馬祖民眾要在政治上獲得「兩個聲」的信任，除了要懂得使用國語外，另一個重要條件，就是要加入國民黨成為黨員，接受訓練研讀三民主義。當時從縣政府職員到鄉長、村長等地方正職幹部，黨員身分是個不成文的潛規則，吳依水自己也在二十多歲時，經過身家調查合格後，順利入了黨，沒隔多久，當中國電視公司正式開播，這張黨員證很快就派上了用場。

因為中視要在金門、馬祖、澎湖等地找兼差記者，首要條件一定要是國民黨的黨員，我當時在馬防部擔任照相官，又是黨員，自然占了便宜，就這樣獲選了。一黨獨大的年代，雖然上頭不方便明講，可是我們心裡都有底，在馬祖要進到機關裡面做事，大概都得要入黨，像是政委會裡頭就全部都是黨員，這是最基本的資格。

以前地方黨部人數雖然不多，但是負有指導縣政府政策的責任。府裡有多少科室，縣黨部裡也都會有對應的人事組織，也聽說過縣政府會編列部分預算支援黨部。每當有重大政策或活動要舉辦時，中央黨部會頒發指導綱領給地方黨部，再轉發到地方政府。不過黨部雖然說是指導，也不會每件事都管，跟共產黨比起來，以黨領政的強度沒有那麼高，跟縣政府也很少有意見不合的時候。

早期進地方黨部工作不僅福利好，黨工還有提供保險，退休時跟文職人員一樣，可以拿終身俸，福利不輸縣政府，工作又比較輕鬆，通常都要有點關係背景，才有機會被調入縣黨部去。一些軍職人員，脫下軍服後直接轉調到縣政府或黨部工作，偏偏行伍出身的人，有些習性不太好，又不太懂承辦業務，自然談不上工作績效，現在文官制度建立，就不允許再這樣做了。

戰地政務時期，小小的馬祖，光是情報單位就有十多個，四處蒐集可疑線索向上舉報，國民黨的縣黨部裡也設有防諜小組，軍方統一由馬祖防衛司令部的政戰單位指揮，避免重蹈國共內戰期間，情報戰和輿論戰都慘敗給共軍的教訓。

孩提時就見過親戚被情報單位構陷被關起來，還曾經幫忙送過牢飯的吳依水，知道白色恐怖的危險性，正式進入職場後，平日就會刻意和情治單位人員保持距離，撰寫新聞報導時，也會在言論尺度上自我監察管控，避免無端惹禍上身。作為馬祖列島少數的媒體從業人員，又在官辦的《馬祖日報》服務了三十多年，這是吳依水在國共對峙、漢賊不兩立年代下的生存之道。

當年《馬祖日報》只有兩三名記者，因為自由程度不比臺灣，跑新聞反而沒有什麼壓力，反正軍政一體，司令官外出講話都會是新聞，而且他講的話往往會成為政策，真的有人在聽，一講完馬上就有人跟進去做了。軍方權力那麼大，就是想讓地方進步，記者身分十分敏感，所以我們的工作不能批評馬防部，也很少去批評縣政府，不要製造地方糾紛。臺灣的電視臺找我討論新聞時，也會交代要報導正面、輕鬆、有人情味的，避免被國防部找上門囉哩囉嗦。

有時候，戰地政務委員會刻意在民間發起運動，比如青年從軍報國、學生血書支持蔣總統連任等等；單打雙不打期間，常常有馬祖民眾被宣傳彈打死或受傷，軍方也會召集群眾集會，上街遊行要求中共血債血還，藉這個機會製造仇恨。這個時候，我們就要配合長官的意思寫報導、寫專欄，因為政戰部門也需要蒐集民情，向上呈報給總政戰部去。

只是對我個人而言，這些事情感覺都是人為刻意操作，譬如炮擊死亡、受傷這種事，每個村莊都有，而且中共打宣傳彈過來，我們這邊也會打過去，可能大陸那邊也死了滿多人，只是我們不知道而已，所以這種營造仇恨的集會，哪裡會有什麼效果？馬祖民眾很單純，也搞不清楚在幹什麼，聽話照做就是了。反共對我們來說好像只是口號，也不知道怎麼反共，大概只有高層才知道。蔣中正總統在的時候，一直說要反攻大陸、解救大陸同胞，但這跟馬祖民眾好像扯不上關係，很難引起大家同仇敵愾。

拍馬屁的日子

在高度軍事化、政治化的生活中，不只仇恨可以被刻意製造，快樂也可以。前線小島雖然瀰漫著保密防諜、構工備戰的緊張氛圍，卻有少數日子洋溢著人造加工的歡樂，尤其是緊跟在雙十節之後，於十月三十一日登場的蔣介石總統華誕。對於這個國定假日，黨政軍各單位誰都不敢怠慢，不僅每一年都盛大籌備，活動和噱頭也要不時推陳出新，幫大權仍然在握的政治強人好好慶生。

司令部、政委會、縣政府、縣黨部等機關不在話下，也有村莊、學校設立壽堂，提供軍民就近拜壽，公務人員或自願或迫於長官和同儕壓力，通常都會一塊去向蔣公玉照鞠個躬。幾處主要壽堂布置得富麗堂皇，堂中點著一對大紅金燭，擺上西式蛋糕、中式壽桃和壽麵，背後襯著大大的壽字以及總統玉照，兩側飾有南極仙翁與麻姑獻壽圖。許多南竿島上的文教建設，包括馬祖中學校舍、馬祖第一間電影院梅石中正堂等，都會刻意選在壽誕之日落成剪綵。吳依水工作的《馬祖日報》，這一天也會推出特刊，將印刷用的墨水從黑色改成紅色，呼應官方營造的洋洋喜氣。

由於總統本人從未在壽誕當天來到馬祖列島，因此這一天經常成為軍民以祝壽為藉口，用公費打牙祭的康樂活動日。馬祖酒廠會趁機推出蔣公祝壽紀念酒，政戰單位會施放彩色宣傳氣球飄送對岸，民間有時則會舉辦祝壽遊行，高呼總統萬歲萬萬歲，偶爾加碼辦理舞龍舞獅、高蹺、彩車齊出的遊藝大會，熱鬧得宛如農曆新年或是廟會酬神。

前一天晚上，大家就會在政委會裡頭，一起吃壽麵暖壽，到了當天晚上八點，壽堂準備撤掉，祕書長就會來主持切蛋糕，蛋糕多半是軍方透過水上飛機專門從臺灣進口過來的，有時也會情商南竿島上的美軍顧問組幫忙製作。

南竿島上設有美軍顧問組，軍方的聯勤總部外事處提供美軍生活用品，專門伺候這些美國人，還會特地培訓地方青年學習做菜，製作牛排、甜點、蛋糕等等西餐，在這裡工作的青年，有些順便就把英文給學起來了。

在那個一窮二白的年頭，馬祖列島連個麵包店也沒有，民眾壓根兒不知蛋糕為何物，包括吳依水在內，許多人生平第一次看見的蛋糕，就是壽堂上擺著的那一顆，有些膽大調皮的男孩，實在嘴饞忍不住，會趁大人不注意時偷偷溜進壽堂，挖一口上頭的鮮奶油來吃，成為一輩子難忘的西方飲食初體驗。

告別舊時代

媒體工作經常要往來司令部、政委會和縣政府，讓吳依水建立了不少人脈關係，結交到一般民眾不太會認識的朋友，也因為如此，他經常接收到來自鄉親的請託，要幫忙找人說情。雖然有時候難免讓他感到為難，但在人際關係緊密的小島上，開口拒絕也不是件容易的事，更何況民眾前來請託的經常是生命交關的要緊事，要他不盡力去做也說不過去。

以前地方雖然也有衛生所，但是醫師很少，醫療水準也不高，軍醫院就不一樣，三軍總醫院都會調派醫師進駐馬祖支援，設備也比較好。可是軍醫院是給軍人用的，一般老百姓不容易進去，要是生了重病，有些民眾就會來請我幫忙說情，介紹他們進去看病拿藥什麼的。但是當年這類請託也不是每次都辦得到，像我老家村莊裡有個阿婆，得了癌症，想要拿止痛的麻藥，我雖然可以靠關係幫她弄到一點，但畢竟是管制藥，無法長期提供，對此多少也會有點無力感。

另外以前從臺灣買商品過來，核定權在政委會手上，要事先申請，經過同意且繳交費用後，才能請商船送來。有些商人會動腦筋，找人幫忙跟政委會說話，請長官們網開一面，核准他的商品進口到馬祖來，以前馬祖多數事情都要找關係，沒有關係大概就不好辦了。誰家想蓋房子，只要能請到軍方幫忙，就能省下多少錢，不像現在民主自由，大家立足點平等，不敢亂七八糟，以前那個年代社會太反常了，軍方權力又太大，有人比較活躍，又能講國語，人家自然就會把你當作仲介，尋求資源的開拓。

等到日後戰地政務落幕、軍方還政於民後，處事圓融的吳依水調任馬祖日報社社長，成為首任非軍方出身的文職主管。到了這時候，《馬祖日報》的頭號要緊新聞，已經從無所不在的司令官講話，轉換成攸關百姓民生的地方新聞；地方的情治機關也大幅減少，民眾與民眾之間，可以更加自在地交流往來，不用再擔心因為不小心失言而遭人舉報告發。

吳依水心想，曾幾何時，在南竿島上，連小學生在校園裡亂塗鴉，都有可能導致老師、校長遭到情治單位約談，而如今新的民主時代，好像真的不太一樣了。

第三章 機遇

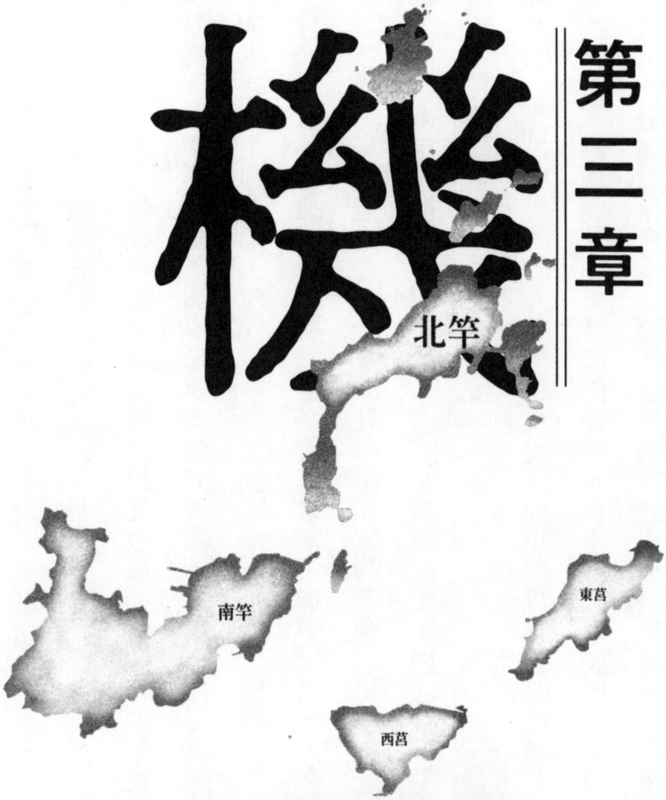

「兩個聲」內部是個階級嚴明的社會，裡頭有盛氣凌人的烈陽，也有輕賤卑微的草芥。

戰地政務提出的「管、教、養、衛」四大方針，「管」和「衛」字經常造成民眾困擾，旨在改善民生的「養」字，也只能做到半套，無法真正扭轉漁民生計，只能眼睜睜看著百姓一戶接一戶搬往寶島臺灣。唯獨一個「教」字立威，雖然本意是要「廓清共產的思想毒化」，卻創造了變化氣質、轉移風氣的實質功效。「兩個聲」在各島廣設學校後，許多漁家出身的馬祖孩子，有了讀書受教育的機會，踏上和父祖輩不一樣的生命道路。

和臺灣與澎湖不一樣，國軍抵達之前的馬祖，連國小都付之闕如，僅僅有些許私塾，培養出少數粗識文字的孩童，現代教育要等到「兩個聲」登島後才被帶入馬祖。不過在離島興辦學校容易，招募老師卻很困難，篳路藍縷之初，蜀中無大將，老師往往是由現役或退役軍人出任，教學品質參差不齊。若是出身海保部隊的老師，和學生之間以方言溝通，大抵還不成障礙，換成來自其他省分的國軍，南腔北調的口音，往往讓學生吃足苦頭，上堂課像在猜謎題似的，有時甚至一句話也聽不懂。

慢慢的，有來自臺灣的大專兵以及受過師範教育訓練的代課老師，被調來馬祖支援，教學品質總算有了顯著提升，只是依舊苦於人手不足。由於馬祖漁村家庭習慣生養眾多，即使縣政府聘用的公務人員當中，已經超過三分之一都是教師，但在遷臺移民潮開始之前，馬祖的學生人數還是多到不夠應付，平均一班學生只能分配到一名教師，低於教育部規定兩班學生應有三名教師的原則。再加上離島的交通和生活條件實在差勁，搭一趟軍方的運補艦前來馬祖，很難不在船上吐個半死，即使有新血教師前來應聘，到頭來還是留不住，教職員流動率一直居高不下，最後依舊得從本地人下手。

戰地政務實施之初，「兩個聲」便設立了公費保送制度，將馬祖成績名列前茅的初中畢業生，送到臺灣讀師範專科學校，一九六八年馬祖高中在南竿島成立後，又增加了師範大學的保送名額，甚至特別允許馬祖高中的畢業生，可以憑高中學歷直接留在馬祖擔任國小教師，初中或國中畢業生也被允許擔任代課老師，保證畢業之後就有工作。種種優惠條件，目的都是為了解決師資不足的問題。

一九五五年出生於南竿島清水村貧困家庭的林平銀，就是在教育政策支持下，獲得公費保送師範專科學校的機會，並在學成回到家鄉後，立即投身第一線教學現場。這名新手教師的第一份工作，被分發到最難留住老師的東莒國小。

戰地政務時期的小島教師

馬祖各島嶼之間的發展，一直存在著明顯的時間落差，林平銀就讀初中時，南竿島上已經有了發電廠，但當他在一九七七年來到東莒島時，這座小島卻連電力都還沒通上，僅有少數民眾自備發電機，學校教師晚上批改作業，只有燒煤油的馬燈、氣燈可用。林平銀介意煤氣容易弄髒燈罩，寧願自己買蠟燭來照明。對從小習慣苦日子的林平銀來說，晚上的照明問題根本不算難捱，白天的教學才是始料未及的巨大挑戰。

我從一年級的學生開始教起，教書教了幾天，第一次掉眼淚，因為班上竟然有三分之一的學生聽不懂國語，只會講方言。為了翻譯課文給那些學生聽，必須付出極大的耐心，苦不堪言。後來我就跟校長報備，要把聽不懂國語的學生留下來學習，不然程度參差不齊，趕不上學業進度。

戰地政務時期，國語是唯一且絕對的強勢語言，馬祖傳統通行的福州話，被「兩個聲」鄙夷地稱之為「土話」或「地瓜話」。當臺灣本島如火如荼推行國語運動時，馬祖每一所學校也都在限制使用方言，學生會因為在課堂上說方言，而被處以罰錢、罰站、紅筆圈嘴巴、揹大字報、打手心、抄寫課文等等懲戒。雖然林平銀進入職場時，這種直白羞辱式的打壓已經不太常見，逐漸被愛的教育給取代，但是語言的階級關係已經在馬祖牢牢形成。能和「兩個聲」用國語溝通的人，社會地位往往較高，只會說方言的老一輩人，不僅愈來愈不受重視，日常生活也遇到不少限制，尤其是和僅諳國語的老師、醫生溝通時，還得要帶上個會說國語的人，居間擔任「翻譯官」。

所以林平銀非得把國語教學給搞好，而他用心的課後補救教學，也逐漸收到成效，只不過不久後他就發現，學校裡需要被教育的人，可能不只是孩子，還包括自己的長官。這名年輕的新進教師注意到，當自己晚上就著蠟燭批改作業時，校長都會在外頭偷偷監看，原來是對他這樣曾經到過臺北、讀過師專的年輕人不太放心，擔心林平銀會將「叛逆」的思想給帶進來。

這名由軍方指派而來的校長和林平銀、陳天喜的父親一樣，都是兩岸分治後無法返回福建家鄉的「流亡人」。校長曾在西莒島加入過海保部隊，結婚時還是參謀長林蔭擔任主婚人。雖然外界公認他辦學嚴謹，但畢竟親身走過白色恐怖打壓最嚴重的年代，校長知道自己「流亡人」的身分敏感，讓他對掌權者十分忌憚，任何可能惹禍上身的事，全都戰戰兢兢，從嚴以待，難免出現矯枉過正的情況。

有一次，兼任總務的老師偷偷帶我去學校倉庫看，裡面各種教育部補助的球類、運動器材，擺放得整整齊齊，卻從來沒有用過。我覺得很奇怪為什麼不用？教育部補助的目的，不就是希望讓學生多運動，保持身心健康嗎？學校開會時，我主動提出這些器材是教育部的計畫補助，如果學校不用，到時候督學來視察會被扣分，後果可能很嚴重。校長一聽才擔心起來。我跟校長保證，會請所有同仁老師合作，下課的時候讓學生玩，上課敲鐘保證一定讓學生都進到課堂專心上課。實行前幾天校長還是不放心，每節上下課都出來視察，後來發現學生上課還是精神抖擻、不受影響，日子久了以後，他也就放棄了原來的想法，知道我們不是來搗亂的。

由於馬祖各島距離福建沿海僅有十多海浬，不只船隻受到嚴格監控與管制，舉凡籃球、排球、躲避球等具有浮力的運動器材，也都是名列管制清冊的物品，就怕有人藉著球具之助敵前叛逃。因為林平銀的爭取，學生總算能在下課後打球運動，但行事謹慎的校長還是緊盯著每一顆球不放。任何打壞之後準備報廢的球類，他一定親手切開破壞，確保這顆球不會在未來給他帶來任何麻煩。

任職兩年後，表現優異的林平銀被調離東莒國小，轉赴南竿島，中間還一度進入縣政府文教科服務。自認並不「叛逆」的他，卻在多年後前往臺灣師範大學深造時，加入了《馬祖之光》的編輯與投稿行列。

《馬祖之光》表面上是一本以關心地方事務、弘揚馬祖文化，報導旅臺鄉親生活為宗旨的刊物，但受到同時期臺灣民主浪潮的影響，對馬祖的人權、交通、政治議題也多所著墨，可以說是馬祖版的「黨外雜誌」。一九八〇年代末，當金、馬兩地民間開始出現聲音，爭取解除戰地政務、擺脫「兩個聲」的統治之際，《馬祖之光》便成了民主運動人士的重要傳聲筒，而林平銀不只積極投書《馬祖之光》，還加入了抗爭行列，走上街頭遊行陳情，呼籲終止戰地政務。

當時民主運動的支持者裡頭有不少人像林平銀一樣，是曾經獲得公費保送、免試升學的年輕人，但他們也都在獲得新知以及改革思潮的洗禮後，回過頭來意識到既有體制的扭曲之處，不約而同加入推倒戰地政務的行列，並成為其中最積極的倡議者。這是「兩個聲」在馬祖興辦教育之初，始料未及之事。

同一時間，馬祖的教育現場也經歷巨大改變。在近二十年不間斷的遷臺移民潮後，馬祖本地學生一個一個消失，許多當年興辦的學校陸續停辦或裁撤，曾經找不到老師的馬祖，一時之間又變得不缺老師了，導致原本被保送進入師範體系的畢業生，回鄉後找不到分發職缺。當馬祖社會不再需要那麼多的林平銀，師範保送制度順勢畫下句點。

至於林平銀昔日東莒國小的老長官，那位一生如履薄冰、奉獻教育三十餘載的「流亡人」校長，剛好也在解嚴前夕屆齡退休，未來哪怕再有來自臺北的新教師報到，哪怕再叛逆，都和他沒有一點關係，不會再讓他戒慎恐懼、坐立難安了。

小女孩的崎嶇上學路

自從「兩個聲」強制推行義務教育之後，下一代對未來的想像也在悄悄改變。一九五六年出生的李金梅，是南竿島津沙村一戶漁民家庭的女兒，身為女性，在那個年頭，出海打魚不會成為她的人生選項，只可惜讀書通常也不會。才剛出生沒多久，襁褓中的李金梅就因為父親病重奄奄一息，兩度差點被送給別人當童養媳，在當時的馬祖列島，將小女娃半賣半送地出養，是窮人家為了節省子女成年後婚嫁開銷的常見手段。雖然最後沒有成功送出，但在重男輕女的傳統社會裡，小小李金梅的未來，一時間也很難想像會迸發出什麼繽紛色彩。

從「兩個聲」強制規定就讀的小學畢業後，作為家中長女，李金梅理應拋棄學業進入社會，協助已經成為寡婦的母親種菜、賣菜，這是傳統社會為她寫好的劇本。可是小小李金梅偏偏不甘心，她想自己的成績明明在班上名列前茅，為什麼哥哥畢業後，母親允許他繼續考初中，唯獨她必須被困在家裡，眼睜睜看著其他成績不如她的小學同窗繼續升學？李金梅事後回想，是哭聲和「兩個聲」幫了她大忙。

我看好多同學都去新生訓練，就在家裡一直哭，整整哭了三天三夜，我媽根本不想理我，就放任我一直哭，剛好被村幹事聽到，怎麼有孩子哭得這麼大聲？跟鄰居問明原委後，就上門告訴我媽，要她最好讓我上學去。因為上頭已經交代下來，要在馬祖實施九年國民義務教育，村公所有義務要督導。以前一般婦女都怕這些代表軍方的幹部，我媽聽完大概也有點怕，才答應村幹事，她要念可以讓她去念，但是我一毛錢都不會給！

隔天起，李金梅還沒天亮就出門，每天走上一個多小時的山路，要趕在六點半之前，抵達位在島嶼另一頭的國中讀書。那是一九六八年的事，臺灣和馬祖同步開始實施九年國教，義務教育的年限被拉得更長，從六年變成九年，馬祖也擁有了第一所本地高中，成為許多孩子的人生轉捩點。

在馬祖列島的漁村中，村幹事是「兩個聲」權力的傳聲筒，副村長作為「指導員」，則是權力的化身。負責執行政令的兩人，不怒則威，著實創造了一些「移風易俗」的成果，修正漁村社會的傳統「陋習」，儘管手法有時候不免顯得粗暴。

戰地政務期間，副村長若是聽聞漁民家庭中有人打老婆，有權將家暴男性直接抓進村公所關禁閉；逢年過節還要辦理清潔檢查，若有家庭掃除不周、過於髒亂，就會逕行在該家戶門口貼上本地人最是忌諱、通常喪葬時才會使用的白紙；一九六〇年代前後，戰地政務委員會頒布各種婚姻管理方法，基層幹部銜命嚴格取締未成年人早婚以及童養媳等問題，逼得許多民眾提出變更年齡的申請，企圖規避掉懲處及法律責任。

「兩個聲」新頒布的許多規定，無疑有利於改善島上女性處境，但是另一方面，突然湧進大批穿著軍服的男性，性別比例嚴重失衡，也為這個傳統社會帶來衝擊。有些保守的老人會嚇唬女孩，如果椅子被阿兵哥坐過，女孩子坐上去就會懷孕，必須拚命拍打椅子，才能把隱形的孩子打掉；頭先幾個跨出禁忌、嘗試和阿兵哥交往的年輕女性，更是動輒遭人背後指指點點。好不容易升上國中的李金梅，也有過心驚膽跳的記憶。

以前走山路上學的過程中，滿山都是阿兵哥，營區裡還養了很多軍犬，我都要帶著棍子走在隊伍最前面，一路打狗、趕狗才到得了學校。但是最讓我害怕的不是狗，而是那些跟著國軍來的老士官長，他們見到小女生走過去，會故意脫下褲子，做出很多猥褻動作，我們一看都嚇死了，一直往前跑，跑久了才慢慢不害怕，也無妨了。但是同村有另外一個女同學，受不了這些，念了一陣子後就不敢再去上學了。

崎嶇的上學路，李金梅風雨無阻地走了兩年，有些路段到了冬天，東北季風朔風野大，又還沒有植上樹木遮蔽，個頭還小的她只能趴在地上爬行才過得去，好不容易捱到國中三年級，經歷一番苦苦哀求，她才終於獲得母親首肯，允許住校。

住校那一年，李金梅跟著其他寄宿生過起完整的軍訓生活：每天早晨六點就被鈴聲、哨子聲和教官的吆喝聲喚醒，她要迅速盥洗著裝、整理內務，並將棉被摺得像豆腐一樣有稜有角，務必在六點半前抵達升旗臺前集合，由值星班長清點、報告人數，吃飯時也要按照教官要求挺直腰桿。馬祖校園裡的種種，比照部隊進行軍事化管理，甚至更加嚴謹。在校生要學習打靶和打拳，李金梅因為是女孩子，還得額外加碼學習護理，熟悉三角巾、繃帶的各種綁法，以備將來打仗時可以立即派上用場。

女子當民代

國中畢業後，少女李金梅短暫跟隨移民潮去到臺灣就業，卻因為不適應工廠生活，再次回到家鄉，接受助產士和護士的培訓。在全部都是男性軍醫的馬祖，保守的產婦有所顧忌，習慣讓女性協助接生，唯有必須將臍帶剪斷、打結，或是遇到難產的特殊狀況，才會交由軍醫接手。就在李金梅剛開始進入衛生所上班、協助接生沒多久，南竿島上年年歡慶、為總統祝壽的活動戛然而止，一九七五年春天，蔣介石總統逝世於臺北市士林官邸，李金梅跟著眾人，手臂上綁了一整個月的黑布條，並將電視關起來，共同為故去的領袖戴孝。

一九七九年元旦，中共就與美國正式建交，同時宣布結束「單打雙不打」的炮擊對峙，

「反攻大陸」在臺澎金馬，愈來愈像是一句空洞且無望的口號。兩岸關係漸趨和緩，從南竿島上軍方營舍改建就能看出端倪，早年鑿山破洞，盡量朝地下化、穴居式隱藏起來的軍營，因為不再有躲避炮擊的需要，逐漸向上發展，一間間簇新的水泥營房，像種樹一樣在地表冒了出來，許多官兵得以擺脫坑道裡陰暗潮溼、通風不佳的環境，擁有稍微像樣一點的居住品質。

打從童年就沒停過的炮擊落幕後，李金梅心頭的壓力也跟著減輕，她依舊在南竿島擔任助產士，只是從衛生所調到縣立醫院，主要業務也換成了掛號。在縣立醫院裡，她身邊冒出愈來愈多年齡相仿、方言相通的同事和朋友，多半是當年獲得公費保送醫療、師範體系，學成返鄉服務的青年人。這群島上少數的知識分子，平常會私下傳遞民主運動刊物，李金梅也在他們的慫恿下，投入剛剛開放的民意代表選舉，日後並參與了爭取金馬解嚴的民主運動。

> 我從小就是膽子比較大又愛多管閒事，在臺灣上班時，看到領班對人有差別待遇，正義感一爆發，就要找人家吵架，後來才乾脆回來馬祖。衛生所的工作讓我得心應手，老人家沒辦法來看病，我就自己走去他家幫他打針；老人家沒子女照顧，我就跑去幫他洗衣服、洗床單、量血壓；還沒結婚前，育幼院請不起護士，我也自告奮勇晚上住進去，幫忙照顧孩子，幫他們溫習功課。說我是熱心也好，多管閒事也好，反正我就愛做這些事。

後來身邊那些知識分子，認為我這種個性很適合當民代，鼓勵我去參選諮詢代表，我先生也支持，我就傻傻去參選了。雖然從政以後遇到很多奇怪的事情，也曾經被人家放過黑函遭到調查局約談，可是我都覺得只要自己行得正，就沒什麼好怕的。後來我先生有點懊悔當初支持我從政，常常罵我說妳這正義感太傻了，我說我今天傻的人願意做一些對的事情，也無妨對吧？社會上如果大家都太聰明了，也未必是好事。

第一次投身選舉時，島上還有民眾對女性參政很不以為然，隨著時間推移，儘管女性的當選比例仍然偏低，反對的聲音卻逐漸淡去，李金梅從諮詢代表當到解嚴後的縣議員，一再連任，在民代崗位上一共服務了二十五年。這段期間，她最樂此不疲的任務，就是兼任土地調解委員，幫忙鄉親跟國有財產局吵架，將戰地政務年間被軍方強占的土地給一一討回來。

夜深人靜時，李金梅會感慨於自己的命運，攤開來看都是造化，倘若沒有繼續念書，若果真的成了童養媳，日子大概會苦得不得了；但她下一秒又會轉念，自己個性那麼強，就算送人作童養媳，應該也會不甘於向命運低頭吧。

漁民之子成為將軍

在傳統的馬祖漁村中，男孩子到了七、八歲就要準備上船，跟在父親身旁學習一切打魚所需的海洋知識，在大海上不斷累積經驗到二十歲左右，才能成為獨當一面、負責掌舵的「船老大」。然而，自從國民義務教育實施後，傳統的養成流程跟著無以為繼——馬祖的學齡孩童被規定，在小學沒有畢業前，不得上船捕魚，矛盾的是，當孩子學會讀書識字後，多數又會放棄打魚。

戰地政務剛開始的頭十五年，馬祖與臺灣之間的入出境管制仍然相當嚴格，因為難以向島外移民，馬祖的民間人口從一萬人出頭，快速上升到一萬七千餘人，唯獨漁民的總人數，一直維持在一千人上下，這意味著食指浩繁的馬祖家庭，並沒有多少孩子真的繼承家業。戰後第一代的馬祖孩子，不只告別了文盲社會，也告別了漁業社會。

臺灣和馬祖同步實施的九年國民義務教育，讓南竿島長大的林平銀和李金梅成了受惠者，而對南竿島以外的馬祖學子而言，九年國教的影響又顯得更加關鍵。

一九五六年出生於北竿島後澳村的陳敬忠，呱呱墜地才沒幾天，馬祖就正式進入戰地政務時期。後澳村是北竿島最東邊的村子，入口處是一道綿延迤邐的沙灘，沙質猶如糖粒細緻潔白，可惜自從「兩個聲」登島後，這片沙灘便不復甜蜜。陳敬忠出生前幾年，才有四名村民誤觸埋在沙灘的地雷不幸罹難，每家只獲得一包麵粉和白米作為賠償，死亡在這時候的北竿島，比大雁的羽毛還要輕盈。

漁家原本就是過著與大海搏命的日子，但求出海滿載而歸，又能賣個好價錢，一切便值得了。戰地政務卻像綁在漁民身上的腳鐐手銬，讓後澳村的漁撈時間和作業全都亂了套。遇到炮兵射擊演習的日子，陳敬忠的父母就知道萬事皆休，這一天的生計又要沒了；炮兵總是對著海上的礁石訓練射擊，將它假想為入侵的敵軍船艦，偏偏礁石周遭往往是容易下網豐收的大好漁場，在漁民眼中是友不是敵，明明金山銀山就在眼前，炮擊演習時，漁民卻要望洋興嘆，一步都欺近不得。

「兩個聲」也把漁民的舢舨都上了鎖，嚴加控管出海時間，有一段時間，漁民出海打魚時，甚至連一口水都沒法喝上，只因為水壺也是軍方規定不得攜帶上船的管制物品，就怕匪諜在裡頭暗藏機敏情報，經由海漂送到共軍手中。層出不窮的管制，漁民私下都是敢怒不敢言。倒是從小文弱的陳敬忠，並不像父執輩那樣討厭「兩個聲」。對於「閱讀」有一種近乎癡迷渴望的他來說，阿兵哥的垃圾堆就像一座文字寶庫，成為他在小島上除了教科書外，少數可以觸及的文字世界。

以前因為沒什麼課外讀物，我會去找阿兵哥丟棄的垃圾，翻出過期的革命軍、第二次世界大戰祕史這類書，三民主義我在小學六年級就看過，國父的實業計畫我也都看過了，那是政治教材，但只要有字我都讀完。甚至媽媽叫我去買白糖或花生仁，店家會用一小塊報紙包起來，那一小塊文字我也可以讀，只要有字我就會想要讀。

國小畢業那年暑假，「兩個聲」還成了陳敬忠的客戶，他會特地去隔壁村子的成功冰廠批發冰棒，趁軍人出操休息時前往兜售。做生意的，沒有人會刻意跟自己的客戶過不去，他的感受因此和處處受制肘的漁民不太一樣。那年暑假結束時，除了靠賣冰棒賺進一千多元零花外，對陳敬忠來說還有一層不凡意義——九年國教開始實施了，沒有早一步，也沒有晚一步，讓他剛巧趕上了。

教育是可以翻轉人生的最大資本，像我們這種馬祖長大的小孩，如果沒有繼續讀書，長大可能只能去打魚，但是國民義務教育轉變了我們的人生。我們本來不可能去南竿讀書，等到北竿也開辦國中後，我們才有了受教育的機會，也才有現在的人生。

九年國教實施前，馬祖列島雖然興辦了許多小學，卻只有一所相當於國中的馬祖初中，設立在南竿島上，採取考試入學。對其他離島的孩子來說，倘若成績沒有名列前茅，即使報考也不容易錄取，退一步說，就算幸運考上了，多數家庭的經濟條件，也難以支持孩子們為了升學而跨島離家。然而，九年國教的新政策明白規定，每個鄉鎮原則上都該有一所自己的國中，陳敬忠很幸運的，暑假一結束就接軌上政策福音，成為北竿中山國中第一屆新生。

國中畢業時，全校成績排名第一的陳敬忠，擁有率先上臺選填保送志願的機會，這是戰地政務委員會向教育部爭取來的免試升學名額。像陳敬忠這類清寒家庭的子弟，通常會選擇公費保送進入師範體系，但他卻出人意表地選擇位於高雄鳳山的陸軍官校預備班，準備成為「兩個聲」的一分子。

我的同學、親戚都有人被炮彈打死，能夠活下來已經讓我很感恩。當時姊姊已經出嫁，我下面還有五個弟弟妹妹，念軍校或師專都可以減輕家裡負擔。從小有幾個老師跟校長對我特別好，他們剛好都是退伍軍人，對我產生了潛移默化的影響。小學五、六年級，老師講課講到對日抗戰時，我會激動地哭出來，升上國中後，讀到「風雨如晦，雞鳴不已」這個句子，腦袋中會自動浮現崗哨站衛兵的形象，像是一個典範。

軍校和師專的保送名額一樣，都是由國家支付學費，甚至還多了一點微薄薪水，家裡也能享有油糧眷補、水電優惠，是清寒家庭子弟的出路之一。即使如此，想到才十幾歲就要離家遠行的兒子，不知道要吃什麼樣的苦、受什麼樣的罪、甚至擔怎樣的風險，陳敬忠父母親不捨的眼淚一直沒有停過。

來到臺灣後，陳敬忠成了外地人。陸軍官校預備班的教材跟普通高中一樣，學生多半是外省眷村子弟，但是愛讀書的人並不多，反觀馬祖能夠保送進去的學生，都是縣內排名前五分之一的佼佼者。陳敬忠一路維持品學兼優的好成績，慢慢適應校內南腔北調的國語，三年後再次以第一名畢業，獲選成為首批保送國外軍校的交換生，前往中美洲邦交國薩爾瓦多軍校就讀。

當時的薩爾瓦多軍校對於該國人來說，是改變命運的晉升之階，只要可以從這裡畢業，等於成為統治集團的一員，因此訓練非常嚴格，競爭特別激烈。第一屆的臺灣交換學生有兩個名額，陳敬忠是其中之一。這個消息登上報紙，為家鄉人所知。

然而在薩爾瓦多的軍校生活，是陳敬忠人生中最難熬的日子，每天起床都在想：「我今天怎麼過？」

入學的第一年，每天清晨四點四十分起床，晚上十一點睡，三天一班衛兵，睡眠嚴重不足，但我不敢打瞌睡，用手捏自己的大腿。每天下午兩點到四點在教室上課，通常是軍事有關的戰術課。只要到下午第二節胃就縮成一團，因為四至六點就是體能戰技訓練，好像等待被鞭打的感覺。更可怕的是每天睡覺前要深蹲五百下，有時候做一千下。做到頭上蒸氣冒汗，想家的情緒湧上來，不禁想：我熬得過去嗎？如果四年的時間每個晚上都在做這個，根本就像在處罰我。當時的人生看不到隧道盡頭的光。

高強度的體力訓練固然折磨，但他的考驗還包含如何在全然陌生的環境中生存。偌大的校園只有一個一起從臺灣來的同學說得上話，其他人說的全部是西班牙語。教官上課的內容完全聽不懂，只能從聽音模仿開始摸索苦練。一年級還沒念完，另一位同學因為訓練受傷無法跟上課程而回臺了。強烈的無助與孤單讓他一度也想放棄，但想到自己出國的事已登上新聞，「如果就這樣不念了，無顏見江東父老。過河的卒子，只有向前衝。」

四年後，陳敬忠完成薩爾瓦多軍校學業，當初與他同屆入學的有八十六人，畢業時只剩二十人。這位來自馬祖的外籍生，克服身體與語言的磨練，並且在畢業典禮上，以流利的西班牙文代表全體同期畢業生致答詞。

此後，陳敬忠一路在軍職發展，二度派任駐外武官。從軍三十年後的元旦，他獲得擢升，掛階晉任少將，成為第一位北竿島出身的將軍，也是馬祖的第四位將軍。陳敬忠的母親獲邀出席授階典禮，見證自己的孩子成為「兩個聲」中最拔尖的那一群。

二〇〇八年初，陳敬忠獲調回到馬祖，擔任馬防部副指揮官，兩年後退伍，在人生開始的地方，結束軍人生涯。退役後，他一度回鄉擔任副縣長，而後進到大學，教起英文與西班牙文。英文沒有聲調，但有語調；西班牙文有六種人稱動詞變化，還有十七種時態變化，這些百轉千迴對於陳敬忠來說，就像人生一樣苦樂交織，但韻味無窮。

厭惡戰地政務的上校

和陳敬忠同一年出生、同一期保送進入陸軍官校預備班的陳珠龍，同樣受惠於九年國教，但他在西莒島上的成長經驗，卻和陳敬忠不太一樣。陳珠龍從「兩個聲」身上感受到的，是高高在上以及不公平的對待。

海保部隊在陳珠龍出生時已經解散，美國派駐的情報人員也大致撤出，西莒島上短暫的「小香港」光輝歲月失色黯淡，留在小小陳珠龍心上的，是一種沒有出路的壓抑和苦悶——家裡牆頭固定放著一個媽媽縫的布袋子，裡面存放著乾糧及衣物，以便逃難時可以隨時帶著走。理當無憂無慮、自由奔跑的童年，四面卻都長出一道透明、無形的牆。

相較於南竿，西莒是離島的離島。生活周遭都是阿兵哥，禁止我們游泳，連採淡菜也不行。離島軍人雖然日子苦，但伙食比我們老百姓好，他們還有三菜一湯。居民沒辦法吃新鮮的白米，只能吃保存狀況不佳、甚至發霉的戰備米。我的曾祖母生病時想吃一碗蓬萊米粥，還要特別靠管道走私，才能從臺灣取得蓬萊米給老人家吃。馬祖長輩為什麼有那麼多人得肝癌？就是因為發霉的戰備米裡有黃麴毒素。

在國民政府軍隊來到前，很多馬祖百姓本來種植罌粟，許多上一代長輩也有在抽鴉片。但是一進入戰地政務，抽鴉片忽然變得不合法，軍方卻連勸戒也不提供，直接把人抓到臺灣關起來甚至刑求，我有一位伯父只是因為抽了鴉片，就被抓到臺灣關了六年，死的時候身上出現一條一條被打的痕跡。土地也是，軍隊來了就強占許多民地，我家長輩的墳墓就被圍在鐵絲網裡，掃墓時還要拜託軍人幫忙把鐵絲網拿開，老百姓的地就這樣被搶走了，那跟以前的土匪、強盜有什麼兩樣？

上了國中後，感覺窒息的陳珠龍，萌生非要離開家鄉不可的願望。

只是那個時節，「兩個聲」對「行」的管制特別嚴苛，入夜之後就是宵禁時間，倘若非不得已要外出，得向派出所申請通行證，還要背誦當天的通行口令；到親戚朋友家過夜，必須向警察局報備流動戶口。離開西莒的難度，更是不在話下，哪怕只是到馬祖其他島嶼，都得申請出境證，並且經過村長、鄉長核可才能放行。

即便如此，總有些離開過的人會帶來外面世界的消息，讓陳珠龍知道自己不是只有留在家鄉打魚或種菜的選擇，他還有臺灣可以去，只不過得要成績夠好，才能取得公費保送資格。這個資格，是貧戶出身的他走出島上透明圍牆的門票。

如果陳珠龍生來是女兒身，可能就會喪失這個機會，在重視男丁的馬祖漁村裡，女孩子即使受過完整義務教育，也不容易獲得再升學的權利。但是陳珠龍不只是個男孩子，還是個成績拔尖的男孩子，當他從西莒敬恆國中畢業時，離開馬祖的門票已經牢牢攥在掌心之中。

國中畢業時，學校給了幾個升學保送名額，只有師專和軍校各一個員額是公費，其他都要靠自己的鈔票，或是建教合作、半工半讀。我對老師跟軍人都沒有好感，只知道我要離開這座島，為自己的未來打拚。當年沒有節育觀念，每一家孩子都很多，我們家就有六個，我是老大，選擇軍校是為了減輕家裡負擔，未來弟弟妹妹才有資源可以繼續念書。

普及的義務教育，讓馬祖從陳珠龍這一代開始，擁有可以和「兩個聲」溝通的共同語言——國語，不過不是字正腔圓的那種，而是帶有方言腔調的「馬祖國語」，唸起注音符號，ㄢ、ㄤ、ㄣ、ㄥ經常不分。進入陸軍官校預備班就讀時，馬祖保送來的學子被拆派到不同連隊，乖孩子陳敬忠得到眷村媽媽們的疼愛，無不希望孩子和他做朋友；對公平正義十分敏感的陳珠龍，卻是被同學嘲笑、欺負的對象。

我念軍校時，講話帶有馬祖腔，一直被外省同學嘲笑，事後回想，這就是一種語言暴力。當年軍校裡幾乎都是外省人，本省人的比例很少，我們馬祖來的學生，既沒有背景，也沒有長輩庇蔭，地位介於兩者之間，初入校的前兩年同樣會被欺負。所以我很多要好的軍校同學都是本省人，大家都是被欺負的一群，聚在一起互相取暖。

我在軍校裡頭學到一件事，像我們這種沒有背景的人，要往上爬，只能靠考試，這是軍中最公平的一件事情，只有自己努力才有一碗飯吃。而且不只讀書考試，字寫得好看也有幫助。以前軍中做簡報，沒有文書軟體，全都靠毛筆。書法寫得不錯的孩子，通常都會被長官喜愛。官校畢業留校任職時，我準備出國念書，同室同學還在練習寫書法時，我已經在想微積分該怎麼解題了。

年紀輕輕就離鄉背井這件事，一直讓陳珠龍耿耿於懷，身在異地的苦楚，讓他多少可以理解小時候在西莒島上見過的外省軍人以及「流亡人」，那種因為想家而布滿臉上的悲傷。

剛到鳳山入伍的前三個月沒有放假，同儕假日都有親友會客，只有我們馬祖小孩都在出公差，因為爸爸媽媽沒辦法從馬祖過來。青春期被迫離開父母是很可憐的，想要跟家人溝通私密的事，但是隻身在外要怎麼請教？夜裡經常會很難過，想著父母在哪裡？怎麼會離我那麼遠？我還記得二年級的時候，有次想要打個電話回家去，那時臺灣跟馬祖之間只有手搖的軍用電話，中間還要經過不同總機轉接好幾次，等到媽媽趕到村公所時，電話早就已經斷線了。

軍中是個講究關係與階級的微型社會，充滿壓制性，陳珠龍從來就沒辦法真心適應，然而想到連國語都不會說的雙親，未來還需仰仗自己照顧，他只能忍耐下去，盡量抓住讀書進修的機會，靠著考試讓自己出頭。最後，陳珠龍在從軍期間，拿到了美國威斯康辛州州立大學麥迪遜校區的管理博士學位。

上校官階退役後，陳珠龍因緣際會進入了大學體系，國中時對老師和軍人都沒有好感的他，卻從教學與教育行政職位一路升遷上去，二〇一九年，竟成了第一位馬祖出生的大學校長。

打從十五歲離開西莒起，陳珠龍一直在異地落腳，從沒想過要再回去生活。他仍然憤慨戰地政務用一頂保家衛國的大帽子，創造出一個扭曲的階級社會，讓少數高階軍官擁有無上權力，剝奪了上一代人的機會，也犧牲了一群年輕義務役官兵的寶貴時光，甚至是性命。

我為什麼討厭戰地政務？因為那是讓我感受不到愛的地方，明明戰地政務是外省人對馬祖人的不信任，欺壓幾十年後，卻讓很多人認同統治者這一塊，變成斯德哥爾摩症候群，對我來說，這是最悲哀的一件事。

我們後來如果有點成就，部分是靠自己的本事，部分則是靠人生遇到的貴人，但絕對不是靠著祖先庇蔭。現在的果是當初結的因，我讀軍校那麼久，卻從來不認同我是外省人，我都說我是馬祖人。有時候我問我孫女哪裡人？學校教育她臺灣人。我也接受，因為我的故鄉已經是她的原鄉。

告別家鄉那一年，陳珠龍一個人搭船來到基隆港，臺灣舉目無親，入伍報到前，陳珠龍只能投靠在臺北當學徒的乾哥，睡在西門町的小閣樓上，感冒了也沒錢看病，那趟旅程，是他一個人的流亡之旅。也是同一年，馬祖的總人口達到歷史高峰，之後再也沒回去過。還有更多的人正準備踏上流亡之旅，而且是舉家流亡。他們即將扛著扁擔來到臺灣這處陌生地，讓鄉愁從一張窄窄的船票，變成一方矮矮的墳墓。年深外境猶吾境，日久他鄉即故鄉。

第四章

出走

一九七〇年代以降，馬祖興起一波大移民潮，有多少人從馬祖搬來臺灣，就有多少種難以忘懷的特別記憶。

「兩個聲」裡面還是有好人的，曹木利心想。

幾天前，一封署名孫延年的來信，寄到他東莒島福正村的家中。孫延年是個老山東，幹到副連長時，跟著軍隊前來東莒駐紮，被上頭派來擔任福正村的副村長。曹木利沿襲著過去習慣，還是用「指導員」稱呼這名穿著草綠色軍服的副村長。

馬祖的副村長要管流動人口登記、民防組訓和勤務派遣，權力大得很，連家裡頭環境衛生有沒有做好都能管上幾句，即使是村長都要讓他三分。但是孫延年這個人沒什麼架子，跟清貧的曹木利一家人特別要好，和其他沾染了壞習氣的軍人不太一樣。那年頭，許多從軍的老兵油子，大半輩子跟著部隊跑，本來也是家無恆產，沒什麼底氣好傲慢的，只是來到馬祖後，有些人仗著戰地政務賦予軍、士官的特殊地位，對民眾頤指氣使、狐假虎威。還好，曹木利慶幸，孫延年不是這樣的人。

一九四七年出生的曹木利，雖然只讀到小學五年級就失學，大字倒是識了不少。他展信一讀，才知道是已經從軍中退伍的孫延年，特地問候曹家兄弟是否有興趣到臺灣討生活？孫延年在信中承諾可以幫忙他們妥善安排。對曹家人來說，這封信簡直就是天上掉下來的禮物——就怪當時馬祖到臺灣的入出境規定還很嚴格，行政手續麻煩得要命，年輕人如果想去臺灣找工作，得先弄來單位聘書、雇主證明等文件；如果想更進一步搬到臺灣定居，除了需要有明確地址可以辦理戶籍遷入，還得覓得機關或店家願意作保，證明申辦人在馬祖家鄉沒有舉債，也沒有遺棄親人的劣跡。

雖然很多人都聽說，臺灣是有白米飯可以吃的寶島，但是規定囉唆成這樣，起初真正能成行的人尚且不多。一般馬祖民眾，家裡若沒有姊妹嫁到臺灣去，誰會有關係在那兒攀親帶故？好在還有一些像孫延年這樣基層的「兩個聲」，當年與老百姓住得近，彼此相熟，又惜情，到了臺灣後樂意幫忙牽線，提供各島鄉親一個暫歇住所，甚至是能讓戶口遷入的地址。這裡頭多少有些「同是天涯淪落人」的惺惺相惜，畢竟對當時的臺灣人來說，不論是剛落腳沒幾年的外省軍人，或是正準備遷居的馬祖居民，都是毋庸置疑的外來人口。

曹木利一家是真的窮怕了，願意抓住任何可能翻身的機會。他最記得小時候家裡連窮人家主食的地瓜籤，都還要開口向親戚借，偶爾也會吃上閉門羹。有次母親掏出一塊錢讓他去買花生油，老闆用油杓舀了一小匙，小心翼翼透過漏斗注入瓶內，曹木利見漏斗內的油還沒滴完，急忙提醒老闆別收油杓，卻換來白眼道：「滴完就不只一元了！」因此，孫延年的邀約立刻被曹家人緊緊抓住，派了兩個弟弟作為先遣軍，送往臺灣投石問路，他們倆輾轉進了孫延年叔叔家的工廠，認真學習製鞋手藝。

沒多久，到了一九七〇年時，曹木利也準備舉家搬往臺灣了，這年他才二十三歲，卻已經有父母、妻子，還有三個嗷嗷待哺的孩子要照顧。年幼時，曹木利曾經哭著發誓，長大以後要努力賺錢，用自己的錢買米、買地瓜籤，再也不要跟別人借、被別人洗臉拒絕。這一次到臺灣，曹木利立志要賺很多很多錢，只要有錢賺，他哪裡都願意去。

離開小島，渡臺翻身

曹木利一家七口，很快透過南竿朋友的介紹，在桃園八德小大湳一帶的永福街落腳。這條街日後因為搬進太多像曹木利這樣的馬祖人，又被稱為「馬祖街」。

小大湳一帶原本是乏人問津之地，沒有溪水流過，地勢又偏高，是大雨過後就會冒出水窟和爛泥的旱田區，由於水源不足，人口密度並不高。但就在曹木利遷居前幾年，這裡突然蓋起了陸光四村、金門二村等眷村，搬來一群住在竹籬笆牆裡的軍人和眷屬；再往外圍一點出去，龜山、內壢等臺灣首批綜合性工業區也剛好興建完成。幾乎是一夕之間，小大湳周遭就出現翻天覆地的變化，讓急著賺錢的曹木利躬逢其盛。

永福街初建時，出現許多磚牆黑瓦的連棟式平房，售價便宜，隔間清楚，還有馬祖沒有的衛浴設備。以軍眷為對象銷售的建案，吸引最早一批來自馬祖的定居者，他們隨後又把老家的鄉親都給招呼過來作伴。曹木利一家算是相對早期的入住者，搬進新房時，後頭的水井都還沒完工，但也好在打了這口新水井，比起鄰近的陸光四村經常斷水，過著「黃河之水天上來」的看天用水生活，永福街的新成屋給了新移民們一個無後顧之憂、更接近現代生活的嶄新希望。

小大湳的人口激增，快得超乎想像，曹木利才剛搬進來沒多久，原本單獨一個的行政村，沒幾年又要再分拆一次，最後竟然拆分成六個村莊，門牌地址一變再變，到了一九七九年，小大湳的人口已經是二十年前的十二倍有餘，根本不像個農村，部分地區的人口密度，甚至逼近每平方公里六萬人，比城市還要城市，這也讓小大湳的人際關係一時緊張起來。年輕的馬祖男性初來乍到，經常無緣無故被臺灣本地人以及陸光四村的外省子弟毆打，最後是靠血氣方剛的年輕人以暴制暴，武士刀、木棍、扁鑽連袂動員，才硬是要到一席立足之地。

不過曹木利心不在此，他滿腦子只想著要賺錢，最好白天晚上都能工作，每分每秒都不浪費。適逢臺灣正從農業社會走向工業社會，新的工廠和新的移民幾乎是相輔相成，新工廠需要新員工，新員工會帶進更多親友，又讓更多新工廠有了設立本錢。曹木利的第一份工作，是在一九六九年成立的萬國工業。

萬國這家公司生產刀叉餐具，一天薪水三十六元，連加班一個月才一千多元。我做了兩三個月，覺得薪水實在太少，再這樣下去小孩子都要餓死，剛好遇到一位馬祖友人，介紹我到桃園車站附近的麵粉廠工作，月薪有三千多元。麵粉廠工作非常辛苦，環境很差，到處都是麵粉灰，頭髮、眉毛、眼睛、手臉，全身上下都是粉塵，看在薪水是原來三倍多的分上，一切都可以容忍。

後來我又利用晚上時間去貨櫃場加班，跟莒光來的同鄉一起做，我們兩個塊頭大，合作一個晚上就能裝滿兩個貨櫃。因為工作量大，全身溼透，放在口袋裡的紙鈔都糊掉了。回家睡一晚，第二天一早照常上工。我還陸續介紹十多位馬祖鄉親到麵粉廠工作，那時候年輕，體力好，大家心裡想的都一樣，只要有錢賺，哪裡都可以去，沒有累跟苦這兩個字。

一九七〇年代的臺灣有許多新變化，「黑手變頭家」的階級流動是其中之一，在五年一度的戶口普查中，更高比例的青壯年選擇自己創業當老闆。那年頭在工廠工作的年輕人，哪怕只是略具經驗，只要掌握生產技巧，或是認識了關鍵客戶，經常會選擇獨立創業。成衣廠中的整燙師傅，可以跳槽出來在家開一間整燙作坊；縫紉機械的保養員，買幾臺機械就能夥同親友在外頭從事成衣代工；玩具機械廠的勞工，工作幾年後就能另起爐灶開一家類似的工廠；已經爬上產線組長或業務經理的人，選擇創業者大有人在。從外島來到臺灣的曹木利，也沒有自外於這股就業市場的潮流變化。

麵粉廠工作了幾年，我不菸不酒，連電影都不看，積了一些錢。剛好一位樹東成衣廠的廠長出來創業，他是我妹妹的上司，我跟他合夥，還有另一位股東，三人籌資一百多萬，租了五間平房，有廠房、辦公室、廚房、倉庫，開起成衣廠，製作外銷的羽絨衣。做了幾年，成衣生意沒落，大家決定關廠，結算後沒什麼盈虧，還剩下四、五十袋鴨毛賣了十多萬元。哪裡知道沒過兩年，鴨毛大漲好幾倍，當時我如果有房子、有多餘的空間儲存鴨毛，那些錢就會是我的。不過人生就是如此，你沒有那個條件，就只能讓錢流過。

勤奮的馬祖移民

不只馬祖來的移民，臺灣各地的農村勞動力，也都在這段時間，相繼搬來工商業快速發展的都會區定居。在大城市裡被稀釋的移民，生活周遭突然充斥著大量陌生人，鄰里生活不再像從前緊密，每個農業縣市都有移民代表出面號召，希望效法早年跟著國民政府來臺的外省人，組織成立「同鄉會」，在大城市裡複製出往日熟悉的生活感。曹木利在成衣廠當老闆時，從馬祖搬來桃園工作的鄉親也愈來愈多，一個具體而微的移民社會儼然成形。來自南竿、北竿、東莒、西莒各島的新移民，商議成立以「馬祖」為名的「馬祖同鄉會」，推舉曹木利擔任第一屆理事長，還出資辦了一個以福州話演唱、念白的傳統劇團。

任職同鄉會期間，經常有鄉親打電話來請求同鄉會幫忙，最多的是房子加蓋廚房、水溝等問題，請我向鄉公所協調，在法令許可內請求暫緩拆除。有時則是違警問題，以前在馬祖擺攤賣東西，只要不占用私有地，一般不會取締，剛來臺灣，馬祖人沿襲老習慣，賣蔥油餅、油炸馬耳、芝麻球，都在路邊街角就地設攤，不但被警察趕走還吃上罰單，這時候就要去拜託警察以及鄉代表、縣議員幫忙解決。其他像是鄉親子女順手牽羊、偷東西被抓，雖然不是什麼大事，也要我出面作保，向失主道歉賠不是。在同鄉會兩年多都是處理這些雜事，非常忙碌，有時還要幫忙墊錢，支付各種零星開支，以當時的物價，大概都能買一間平房了。

遇到選舉時，也會有候選人來談條件，拿名冊來尋求支持，找你交換利益。即使小到村長選舉，也會有人來送冰箱、送冷氣，這些我都一概拒絕。我是一個很勤奮的人，不希望別人認為我的錢是因為選舉而來。當時還有一位桃園農田水利會長，知道我們那一帶馬祖人很多，託人找到我，有意支持我競選縣議員。我當時沒有心理準備，也不知道縣議員的工作內容，最後就沒有答應。

成衣廠關門後，曹木利也卸下了同鄉會的職務。出人意表的，為了快速賺錢，他下一步選擇離家離得更遠，透過親戚介紹買了機票飛到美國，出海關「跳機」成了非法移民，進入紐約皇后區的廣東菜館工作。原本當老闆、當理事長的人，到了美國還是不怕苦，放下身段認分地從洗碗工幹起，二十四小時都在店裡工作，兩年後就升到大廚。

那是一九八〇年代的紐約，許多臺灣移民湧進沒落的皇后區，多到出現一處被稱作「小臺北」的唐人街。黑人、白人、拉丁裔、亞裔在皇后區混居在一塊，雖然像曹木利這樣出身馬祖的人不太多，倒是有許多來自福州周邊長樂、連江等地，同樣操著福州話的大陸民眾，也在這時期陸續透過合法依親、非法跳船、偷渡等手段，移居到紐約，福州人日後甚至躍升成為「大蘋果」最大的華裔族群。

初來乍到紐約的福州裔移民們，例如僱用曹木利的老闆，不約而同選擇開設中餐館為業。由於在此之前，美國華僑以廣東人為主，這群後來居上的福州人到了紐約，基於市場考量，反而大多經營起廣東菜館而非福州菜館。曹木利在旁邊看著老闆娘煮了幾次，很快就掌握要領，學會煮上善用勾芡的廣東菜。

我們店裡賣廣東菜，菜單打開有一百多樣，全部都寫英文，我完全看不懂，乾脆請親戚幫忙翻譯成中文，我再把每道菜對應的數字背下來。跑堂的美國女孩子會在菜單的數字上打勾，我就在腦子裡想一下是哪道菜，把它給做出來。剛去的時候，老闆給我的月薪是一千美金，那時候折算新臺幣大概有四萬元，看到我工作那麼拚，老闆捨不得我走，後來還開了一間新店讓我去管，月薪一路加到三千美金。

為了賺錢，曹木利在異鄉整整工作了五年多，不請假，不抱怨，只出門玩過一天，直到心臟等部位陸陸續續出了毛病，嫌在美國看病太貴、和醫師又語言不通，不得已才搬回臺灣。

我每天早上九點多上班，一直做到半夜兩三點，過年也沒休息，一個人當好幾個人用，有次做到尿失禁了自己都沒發現。為了省錢，睡覺的房子也是好幾個人一起分租，連客廳都能睡，雖然五年多賺了五百多萬新臺幣，但是把身體都給做壞掉了。剛過去美國時，我的孩子還很小，等我回到臺灣時，孩子們都大了，這麼多年沒有住在一起，他們也不認識我，最小的兒子當時甚至不肯叫我爸爸，怎樣都叫不出口，到很後來才改過來。

曹木利在一九八六年回到臺灣，儘管身體不適，卻完全無法阻止正值壯年的他對賺錢的渴望。隔年臺灣第二條南北向高速公路開始施工，曹木利很快又透過關係，幫自己和馬祖鄉親找到一門好生意。

我有個朋友在北二高龍潭段當工地主任，為架設路旁護欄工程而苦惱，他有十八位工人，一天才做一百二十支水泥柱。我到他的工地探查一番，就帶了五個馬祖來的親戚上工，一位女性負責壓鐵條，其他人做路邊護柱，我們一天就能做出三百五十支水泥柱。工地所有人都在打聽這一批人哪裡來的？因為我們講馬祖話，他們聽不懂。

那時工地按日計價，不看工作內容，有人就摸魚敷衍，我跟廠商議價，一支水泥柱六十七元，我們每天都完成四百支以上，工程做得又快又好，包商滿意，我們也賺到錢。對我來講，賺錢並不困難，只要肯幹、勤奮，多的是機會。我後來就維持這個班底，承包政府和民間工程，挑磚、綁鋼筋、鋪路、修水溝、蓋房子，我當監工，自己也跳下去做，工資加上介紹工人的傭金，每個月最多可以賺二、三十萬，解嚴後開始有大陸人依親過來，我也會私下讓他們過來打工，但他們只會騎腳踏車，不會騎機車，一堆人騎腳踏車排隊上工太明顯了，警察看到會抓，後來我乾脆請地主幫我在外頭看著，如果看到警察過來查，就趕緊讓他們先跑掉。

馬祖人肯拚、肯做，別人做不來的，不願意做的，只要有錢可賺，我們就會下去做，因為這樣，有些工安衛生不佳的工廠，譬如染整、石棉、陶瓷等，都看得到馬祖人在裡頭工作，後來經常聽說有人因此罹病，健康全給毀了。

一直到年事漸長，在孩子們的頻頻勸說下，曹木利才收掉外頭的工程差事，不再繼續櫛風沐雨，改換一份收入較少，但是比較安全的廠內工作，即便如此，他還是很難放過自己。每天早上三點半，曹木利就要起床熬高湯、煮牛肉，幫太太經營的麵館預作開張準備，五點鐘太太起床接手後，他再前往公司上班，這樣子的日子又持續了將近二十年，直到在麵店幫忙的女兒身體出了狀況，他在年過七十後，才終於決定收掉生意仍然大好的麵店。

賺錢第一是「儉」，要能守，我不菸不酒，除了工作都跟家人一起。其次要「趕」，要積極，見到什麼工作、什麼生意好賺，就要及時把握，時機過了，再賺就很困難。我這一生赤手空拳，賺錢養家，雖然不是多有錢，但也足夠一家溫飽。我也曾被倒債，也曾投資失利，這些錢大概總有一、兩千萬吧！以前看不開，很難過，心有不甘；現在看開了，借錢倒債的多是朋友，就當他們有難，我給他們資助，等他們有一天起來再說吧！

小時候的曹木利，對有錢人的印象，是用餐時可以很享受地吃上一碗混入白米的地瓜籤飯；長大後的曹木利，真的很努力賺錢，來到臺灣後，他經常用電鍋煮半乾半稀的地瓜籤飯，裡頭放入白米，這鍋飯總是能讓他吃得津津有味。

臺灣的馬祖聚落

從曹木利這代人開始，一九七〇年代以降，馬祖興起一波大移民潮，有多少人從馬祖搬來臺灣，就有多少種難以忘懷的特別記憶。

有些人印象最深的是基隆港閃爍的燈，桅燈、路燈、車燈、霓虹燈，此生從沒看過這麼多燈；有些人最記得火車，那是只在國小課本上讀過，卻從沒在家鄉親眼見過的現代巨獸；有些人坐船沒暈，一到臺灣搭上巴士就暈了；有些人生平第一次見到紅綠燈，馬路當前竟不知道該怎麼過；也有些人感覺臺灣是個依靠金錢運轉的社會，少一塊錢就沒辦法在這裡過活；至於貪吃的劉美珠，首先感受到的強烈衝擊則是雞肉，她在心裡驚呼，比起馬祖，臺灣的雞肉真是便宜太多了。

作為南竿島復興村（牛角）漁家的長女，劉美珠是比旁人幸運一點的那種女兒。在傳統重男輕女、偶爾還會有女嬰被刻意溺斃的馬祖社會裡，她不但能好好長大，讀過私塾的父親還將她一路栽培到高中畢業。儘管如此，在當時幾乎是均貧的馬祖民間，少女劉美珠也是要一個人當兩個人用。受完半年護理班訓練後，她進到村裡的衛生院上班，擔任「實習護士」，白天出門上班前，得先摸黑肩挑幾十擔的水到田裡澆菜，下班後也要繼續忙田裡的農事、到海邊幫忙抬漁獲。父親打魚的收入太不穩定，種點蔬菜販售，是漁家普遍的重要副業。

一九五八年出生的劉美珠，比曹木利小了不只十歲，到了她讀高中的一九七〇年代，雖然南竿島上一般家庭的主食還是地瓜籤，但已經愈來愈常混入白米，老百姓不再只追求吃上一頓白米，而是要吃上更好的白米，就像「兩個聲」平常吃的那種。那種白米，才是讓劉美珠魂牽夢縈的好東西。

我們放進地瓜籤中的白米，是已經發霉、長米蟲的戰備米，米粒往往一半已經被米蟲蛀空，另一半煮熟後口感粗糙，粉粉垮垮，完全沒有米飯該有的香甜。純粹的白米飯只有駐軍部隊才能見到，所以有的馬祖小孩選擇從軍，只是為了要吃到香噴噴的白米飯，用落在飯桌上能彈起來的米粒煮出來的那種。

戰地政務期間，馬祖老百姓能夠買到的米，是軍方庫存了一段時間、準備汰舊換新的戰備米。因為擔心戰備米銷路不佳，「兩個聲」嚴格管制民間從臺灣進口白米，沒有選擇之下，大家只能勉強接受村公所協助「推陳」的戰備米。偶爾有人透過走私管道，取得少量來自臺灣的蓬萊米，往往也要留給家裡食慾不振的病人，當作熬粥養病用的珍貴補品，一般人不是想吃就能吃得到的。

二十歲出頭，劉美珠成了親，對象是同村的學長，職業軍人，每餐都能吃到鮮香密實的白米飯。新郎國中畢業時，效法當時其他成績優異但家境清寒的馬祖青少年，選擇公費保送，進入高雄鳳山的陸軍官校預備班就讀，一路直升陸軍官校。劉美珠的先生省吃儉用存了一大筆錢，在桃園八德更寮腳親戚家附近，買下一棟透天厝新房，準備迎娶美嬌娘進門。婚後的劉美珠加入移民行列，一九八〇年代初從馬祖搬來臺灣，她的父母親也在這段期間下定決心，舉家遷臺謀生。

在馬祖，雞鴨魚肉只有逢年過節，拜完神、祭完祖才吃得到，全家人分著吃，一餐往往只能分到一片肉、一塊雞。搬到臺灣後，發現這裡的雞肉比馬祖便宜好多，加上有了收入，以前在馬祖很珍稀的肉類，像是排骨、豬肝、豬心這些，都不再是遙遠的渴望了。唯一不習慣的是，臺灣的蔬菜竟然還得用買的！所以我到市場買菜，淨是買些雞肉、豬蹄、豬肝、豬尾巴之類的。雞肉可以拿來做紅糟雞、煮麵線，我在家幾乎天天吃。

反倒是青菜、水果很少吃，尤其是水果，以前馬祖根本沒有出產這些東西，只有橘子、香蕉偶爾看得到，橘子耐保存，馬祖會進口一些，過年拜拜用得上。所以老一輩的來到臺灣幾乎不會主動買水果，真要買也是橘子和香蕉，因為價錢比起馬祖還是便宜得多。

被背叛的馬祖姑娘

劉美珠定居的更寮腳，距離小大湳大約十分鐘車程，是另一個快速崛起的馬祖移民小社區。這裡比鄰作家朱天文姊妹短暫住過的眷舍僑愛新村，周遭的工廠同樣如雨後春筍般一間一間冒出來。劉美珠為了貼補家用，開始從鄰近工廠接些外包案件，在家裡做起家庭代工，縫雨傘、做鞋面、組裝電子零件，有什麼工作上門就做什麼，站在臺灣經濟起飛的風口上，彷彿永遠不缺工作，誰都能迎著風跟著飛翔起來。

為了照顧年幼的孩子，劉美珠只能從事家庭代工，但是進入工廠上班，才是最容易攢錢的正途。當時在更寮腳和小大湳、大湳一帶，林立著大大小小的紡織和成衣工廠，廣豐毛巾、信台紡織、利台紡織、聯福製衣、華盛毛紡、新光紡織，多是在一九七〇年代前後才成立，也都曾經叱吒風雲一時，其中，進入位於更寮腳的聯福製衣廠上班，是許多馬祖移民，尤其是女孩子們的美麗夢想。

許多少女還在馬祖讀國中時，就已經立志畢業後要進聯福上班。這間有著皮革和成衣部門的工廠，曾經為政治強人蔣經國縫製過西裝，開辦沒幾年就經營得有聲有色，屢次獲得外銷績優廠商表揚，工廠裡還掛著蔣經國巡視的照片；更重要的是，臺北出生的老闆李明雄是福州人後裔，最高管理層會說和馬祖列島同樣的福州方言，聊起天來格外親切。許多馬祖移民相信，在同鄉的工廠上班，應該會得到比較好的照顧，於是女兒拉著母親，左鄰慫恿著右舍，一個介紹一個進入聯福，年長的負責剪線頭、燙衣服，年輕的負責裁剪、做車縫。全盛時期，聯福工廠裡的員工，有人說五成，有人說八成，共識是至少過半都是從馬祖過來的，就連劉美珠的母親，搬來更寮腳後也加入聯福女工的行列。

那時在聯福上班的馬祖人很多，工作時間很長，從早上八點到晚上九點，幾乎每天都這樣。剛來臺灣時，馬祖人其實很感謝聯福提供工作機會。我媽媽說，在聯福上班剪線頭，每天有冷氣吹，坐著工作，有時還可以聊天，比起在馬祖颳風下雨，夏天太陽毒辣，冬天北風刺骨，還要跟別人家搶水，又是挑水又是挑糞，真的輕鬆太多了，根本是在扮家家酒。在聯福工作收入穩定，只要正常上班，多加班，每個月可以領到一萬元出頭。如果一家三口都在工廠上班，每個月就有三、四萬元收入，可以存下兩萬多元，存個兩年下來就能買一棟平房了。

和那些在皮革部門上班，經常與閩南人、客家人、原住民起衝突打架的馬祖男性不同，成衣部門是女性的天下，連基層管理的班長都是女性，氣氛相當融洽，加上敘薪是按件計酬，每個人各憑本事，比起其他工廠還要自由得多，招呼打一聲就能請假。只是女工們普遍都已經結婚，下了班還要趕著張羅晚餐、處理家務，出了工廠也就不太會和同事聚會，各自回到家庭之中。孩子上幼稚園後，對幼兒教育一直感興趣的劉美珠，也一邊進修相關課程，一邊開起安親班，幫忙那些在工廠上工的職業婦女們看顧小孩。最讓劉美珠遺憾的是，沒能趁這段期間把臺語給好好學起來，若是有講臺語的安親班家長打電話來，只能拜託對方講國語。多年來劉美珠一直希望，自己也能用流利的臺語，和更多生活周遭的本省籍臺灣人溝通。

遺憾的是，到了一九九〇年代，許多馬祖移民一心認為只要努力，便能將青春和汗水，兌換成鈔票和豐衣足食生活的樸素信念，一瞬間破滅了。面對愈來愈激烈的國際競爭，不少公司陸續收掉臺灣的廠房，將產線外移到人工更便宜的國家去。人口群聚又創造地價上漲的誘因，讓擁有廣闊廠區的紡織業老闆們，有了更強大的動機變更地目，往工商綜合區或倉儲批發專用區轉型，獲取土地開發的暴利，這樣的風氣，最終也吹到了聯福製衣廠，曾經深信會被說著同樣語言的老鄉好好照顧的馬祖移民，最終還是被出賣了。

一九九六年，臺灣爆發多起紡織、成衣、電子廠的惡性倒閉事件，老闆脫產之後一走了之，突然沒了工作的員工們，薪水、退休金、資遣費全部都被積欠，卻又求償無門，只能紛紛組織自救會抗爭，最後串連成「全國關廠工人連線」。在這些自救會當中，參與人數最多、規模最大、手段也最激烈的，就是位於更寮腳的聯福製衣廠。

在男性工運領袖帶頭下，三百多名聯福女工集體到平交道上臥軌抗議，裡頭包含了多名已屆中年甚至中老年的馬祖婦女。聯福自救會從臥軌、遊行到占領工廠的一連串抗爭，引發輿論譁然，最後才迫使政府介入，於隔年暫告落幕，並在日後催生多項勞工保護法令。有別於媒體鏡頭前的衝撞與控訴，這場抗爭在不少女工的回憶中，反倒是一段聯繫感情的難得時光，被安排輪班占領工廠期間，她們總算可以暫時拋開工作和家庭的約束，好好以朋友的身分聊天、瞭解彼此，共同談論未來打算怎麼過。儘管抗爭落幕後，她們又得回歸各自的家庭之中，變成偶爾在市場買菜才會碰到面的泛泛之交。

家鄉的滋味

更寮腳的多處社區，被馬祖籍的里長形容為「五族共和」、「八國聯軍」，是許多女工半輩子的家。更寮腳的居民有來自南部鄉村的閩南人，有原住民，有外省人，有客家人，當然還有馬祖人。劉美珠停掉經營十八年的安親班後，還是積極活躍於社群活動中。

我們鄉有六十多戶，光一個鄰就比馬祖一個偏鄉人口還多，我跟鄰里互動很好，也是社區婦女會的幹部，先生常常笑我，還好沒讓我學會開車，不然趴趴走，整天都看不到人影。我在這裡住了幾十年，很習慣社區的生活，有空就做做志工。社區裡有幾位馬祖來的孤苦鄉親，因為孩子不成材，沒有妥善照顧，我曾經連續一個多月買便當去探視，跟他的孩子聯絡，幫忙申請外勞照顧，可惜外勞還沒有到家，老人家就已經往生了。做人就是要多互動，要跟人家往來說話，雖然不會講臺語，但是大家都認識我這個馬祖「珠娘」。

自從在臺灣定居下來，劉美珠便不太回馬祖，一度有十多年沒踏上老家的土地。像她這樣的馬祖移民不在少數，若沒有需要回鄉探望父母，多半就在臺灣忙著事業、忙著將孩子養育成人。但話又說回來，移民們其實也沒有太多非回去不可的理由，他們已經把家鄉的一切，全都搬到臺灣複製貼上，在桃園八德這一帶，馬祖移民有自己的金紙店和雜貨店，買得到家鄉味的魚丸和繼光餅，而且就像數百年前福建泉漳移民橫渡黑水溝那樣，他們也將島嶼上的五靈公、白馬尊王、陳將軍、臨水夫人、平水尊王等神明，都請到臺灣安厝，為祂們另外造起新廟。每逢農曆元宵時節，就在廟裡舉辦擺暝祭典，遶境會香，並以「食福」為名舉辦宴席，將供品烹煮調味，與同樣來自馬祖的鄉親分食享用，行禮如儀，如同從前在家鄉那樣。

劉美珠的夫家是馬祖極少數的基督教家庭，結婚後她就不捻香、不燒紙錢了，儘管如此，她一樣會在過年時隨俗圍爐，煮一桌象徵團圓的年菜，喝一些馬祖風味的老酒。她的父親搬來臺灣後，當過好幾年外燴師傅，也會在逢年過節時，擺出一桌家鄉味。劉美珠跟著外婆學做馬祖蜍餅，跟奶奶學包馬祖粽，從爸爸那兒瞭解到打馬祖魚丸時加入花枝會更有彈性，娘家和夫家長輩的料理手藝都好，有好多技巧可以讓她一直學習。

臺灣的食材選擇比馬祖多太多，唯獨從小養成的飲食習慣，一時要改不太容易。劉美珠吃不慣臺灣的粽子，裡頭配料固然豐富，但總讓她覺得油膩過頭，寧可自己包起長串竹筍狀的馬祖粽，用鹼水燉煮三個小時，出鍋的清香味才是她念念不忘的端午滋味。劉美珠的先生在家時，中餐、晚餐一定要吃到魚，而且得是海水魚，不能是淡水魚，從小接觸海味的馬祖人，總嫌臺灣的淡水魚有一股土腥味。幸虧劉美珠有個妹妹嫁到東引島去，不時會寄來冷凍後的海釣漁獲，讓她一家還能年年有海魚享用。只不過，對為數更龐大的馬祖移民來說，曾經熟悉的家鄉海味，已經是注定褪色的記憶，野生的黃魚和淡菜幾乎絕跡，蝦皮數量銳減，即使是當年漁民棄如敝屣的蝦蛄和螃蟹，如今都成了價格不斐的珍饈。走到十室九空的馬祖漁村，隨著移民的離開而沉寂下來，三度空間裡的陸地和海上，在二十世紀的最後三十年，都在經歷各自的荒涼。

※本章之雛形，源自劉宏文先生《馬祖鄉親桃園移民史》初稿，經作者授權改寫並協助聯繫受訪者，乃得以完成補訪及後續撰稿，在此特別致謝。

第五章 權變

對仍然留在家鄉打魚的人而言，此時的馬祖漁業愈來愈像一場軍備競賽。

後來有一段時間，人們提起北竿島的橋仔村，都說那是一處「神比人多」的地方。

橋仔村曾經有過一百多戶人家，分屬二十多個不同姓氏，說著源自長樂、莆田、泉州等地腔調不一的方言。近千位村民，各有各擁護的神祇，一座小小漁村，硬是擠進了八間廟宇、兩百多尊神像，雖然如此，這時候的橋仔村，人還是比神多得多。一九五〇年，黃鵬武出生那一年，節節敗退至此的國軍，正在村子裡積極整軍備戰，多了這群外地來的「兩個聲」，橋仔村的人丁顯得更加興旺，人又比神多得更多了。

從前橋仔村裡的漁家子弟，小小年紀就要跟著家人出海見識，盡早習得繁複的捕魚技巧，但是自從「兩個聲」宣布實施戰地政務後，從小就愛看長輩打魚的黃鵬武，卻因為國民義務教育推行之故，被官方要求至少得讀到小學畢業，才能跟著父親出海。為了避免遭到指導員裁罰，黃鵬武只能先乖乖入學讀書，放學後再跑去船上玩耍。小學畢業後，遇到漁獲不佳的日子，他還兼差去當建築工賺錢，和鄉親組成民防工程隊，到鄉公所承包工程，造橋修路蓋房子樣樣都來。

熬到十七歲時，黃鵬武終於領到漁民證，可以名正言順和父親與其他表兄弟一起出海打魚。當時橋仔村還熱鬧得很，雖然北竿島第一大村的地位剛剛被塘岐村給取代，但是橋仔附近水域條件好，船隻出海後不用開太遠，就有打也打不完的魚蝦鰻蟹。像黃鵬武這樣腦袋動得快，又讀過一點書的年輕人，眼前的大海就像是一間沒有牆壁的教室，可以讓他不斷學習，不斷精進技巧。比較困擾的是，島上的一切都是軍方說了算，討海為業的漁民受到重重限制，而且每隔一天就是「單打雙不打」的日子，從傍晚開始，任何一個人的性命，隨時可能被從天而降、不長眼睛的炮彈給帶走。

與橋仔村隔著一海相望的黃岐半島，剛好就是共產黨軍隊的炮陣地。一九七二年，黃鵬武二十二歲時，共軍的宣傳彈依舊在單日準時打來，躲防空洞已經成為村民生活的日常，也是在這一年，「兩個聲」正式鬆綁出入境限制，馬祖民眾若是想要前往臺灣，比起以前更加容易。門禁一開，黃鵬武身邊出現愈來愈多家庭，閤家挑著籮筐和擔子登上補給艦，一戶一戶搬到未知的臺灣去。只是這時候的青年黃鵬武，光是討生活就忙得不可開交，即使明白有鄉親離開，卻也很難想像，有一天家鄉竟然會走到近乎人去樓空。

一九七九年元旦，中共宣布結束炮擊，馬祖脫離了「單打雙不打」的日子，橋仔村總算不再受到炮火威脅，可是已經沒有人願意留下來。三十歲時，黃鵬武仍在打魚，但是村裡人口跟全盛時期相比，只剩下三分之一不到，遷出的勢頭還沒有要中斷的意思。早些年搬到臺灣的鄰居回到橋仔省親時，各個西裝筆挺，都會拉著黃鵬武相勸，要他別再討海了，不如跟著大家一塊到臺灣打拚去。鄉親們你一言我一語，這一個說，留在馬祖打魚賺不了什麼錢，像你半夜還要整理魚鉤，實在太辛苦了；那一個應和，到臺灣的工廠做事，加班頂多到晚上九點，老闆不但會給你多發錢，還有時間能回家看個電視，豈不愜意；他們每一個都說，馬祖人愛加班又不會偷懶，一個人可以抵過兩個臺灣人，臺灣老闆最喜歡了。

這時候，黃鵬武總算嘆了口氣，回家告訴母親，真希望遇到好的老闆，我們家大大小小都能幫他工作。

有邊界的海

數萬名國軍官兵進駐馬祖後，原先散居列島各村落的漁民，角色突然變得尷尬起來。本來，大海是一方自由來去、沒有劃線的邊界，漁民們穿梭在一衣帶水的大陸與島嶼之間，順利的話，一日之內就能往返，還能趕鮮將剛捕撈的漁獲直接駛船賣到福建沿岸各村落去。偏偏自從國共內戰、兩岸分治後，這些明明就近在眼前，原先可以輕鬆銷貨採買的地點，不再被允許靠近。在風聲鶴唳、朝不保夕的戰爭陰影下，依舊要出海的漁民，成了軍方眼中既可疑，卻又具有潛在利用價值的一群人。

一方面，軍方亟需這群熟悉洋流、水性，語言也與對岸相通的漁民，幫忙發送宣傳物資，甚至是協助刺探敵情。南竿、北竿、東莒、西莒等島嶼，都有漁民在情治單位要求下，負責接送國軍情報人員往返大陸，更有不少馬祖年輕人，直接被吸收，親自潛入對岸從事臥底情蒐任務。南竿島上的復興村（牛角），就因為曾有諸多情治機構隱身民宅中，加上不少居民受僱協助從事敵後滲透工作，私下被暱稱為「特務村」，當年從海保部隊退下的林蔭，就是棲身在復興村裡，祕密主持「閩北工作處」的諜報工作。

情報工作風險之高不在話下，遭到逮補者不是犧牲性命，就是被共產黨下放勞改，一不小心，就會與馬祖的家人音訊全斷；即便只是負責居間接送的漁民，為了避免被共軍發現，往往都得挑選風大浪大，或是海面起霧的日子作為掩護才敢出海，每個人都是拿性命作賭注。因此，會從事如此高風險作業的人，多半也是家境貧困，生活沒太多選擇才會出此下策。馬祖百姓生動地把這行工作稱作「載豬仔」，寓含任人宰割之意。

另一方面，聽不懂本地方言的「兩個聲」，也害怕這群漁民會遭到滲透利用，不小心將本地軍情洩漏出去，私下透過各種保密防諜手段，嚴格監控馬祖民眾的行蹤。只要發現有誰曾經跟對岸漁船、民眾接近過，就會特別隔離訊問，必要時甚至還會祭出電刑逼供，屈打成招的情況所在多有。

二十三歲那年的黃鵬武，就曾經遇上這樣的無妄之災，於鬼門關前驚險地兜了一圈。那是一九七三年前後的事了，但在黃鵬武記憶中，畫面依舊歷歷在目：

以前海芙蓉很值錢，有一回，我和四個同伴開船到靠近大陸的島嶼上採海芙蓉，沒想到被當地人發現，就被攔下用快艇帶到另一艘大船上訊問。雖然很快就被放回來，沒想到在大陸還沒事，回來馬祖反而出事。

事發後有人檢舉我們偷跑到大陸去，鄉長親自押送我們幾個到南竿島，載到雲台山關起來。在車上我還聽到一個軍官告訴憲兵，他們如果跳車你就馬上開槍。夜裡反情報組來訊問，問我有沒有透露馬祖司令官叫什麼名字、附近有沒有碉堡、海防情況如何，我回答說我們沒有洩密，也不知道這些地方，被詢問時我還跟同伴約好，大家全都假裝不識字、不會講國語。儘管如此，我們還是被軍方分別關進面積大概一平方公尺的小房間，裡頭只能站或蹲，沒辦法躺下來，目的就是要讓人疲勞，逼我們說出實話來。調查過程中，反情報組的組長還把我們帶去刑房，看裡頭的軍人被吊起來用扁擔打，我知道軍方想要嚇唬我們，但發生的事情我們都已經據實以告，也講不出什麼，沒有發生的事，問再多也沒有用。軍方為了保密政策，我能夠體諒，畢竟強敵當前，錯殺可以，錯放不可以，錯放是增加危險性。

儘管後來透過親戚說情，讓黃鵬武躲過牢獄之災，但是他的漁船還是被扣押了三年，對他來說，這是軍方透過控制肚皮進而控制人心的手法，而且確實很有效果。為了家計，黃鵬武只好出去外頭打工，幫忙人家醃帶魚、曬墨魚、管帳目。裁罰結束後，黃鵬武的母親賣掉首飾、標了會，湊出一筆錢才讓他能夠重新備辦漁網和漁具，再次出海。

橋仔村周遭有幾座小島，島與島之間的狹窄水道，往往水流湍急，只要算準潮汐時間，在近海架設好定置網，就有機會捕到被急流挾帶而來的漁獲，其中又有一些高經濟價值者，像是冬季盛產的蝦皮，漸漸開始有從臺灣遠道而來的冰船[1]會統一收購，漁民若是私下賣給其他人，會被視為不法的走私行為。

十幾歲承包工程時，黃鵬武接觸到水泥這種材料，讓他聯想出可以製作大型的水泥方塊沉入海底，改良傳統定置網需要至少十幾個人協同打樁、才能將網架固定在海底的新方法。在馬祖，水泥是受到管制的民生物資，必須向戰地政務委員會轄下的物資處採購，雖然民間商人按規定不可以任意進口水泥，但事實上每座島嶼的民眾都知道，除了物資處外，獲取水泥還有其他地下管道，就是偷偷到軍營裡跟交好的士官兵做買賣。水泥是前線軍事構工不可或缺的材料，幾乎每個部隊都有庫存，各單位往往會將需求數量刻意報高，如此一來，沒有用完的水泥，就可以拿去和老百姓私下交易、讓部隊弟兄賺點外快，雙方各取所需。

我記得物資處賣給老百姓的水泥，一包要一百二十元，可是我們跟阿兵哥買，一包只要六十元，比較便宜。其實兩種水泥都是一樣的，只有外包裝不一樣，賣給

1. 馬祖漁民慣稱的「冰船」，即冷凍運輸船。因為「統購統銷」是採招標方式進行，冰船不一定是官方船隻，民間公司也可以來投標。

老百姓的是黑色字，軍方自己的包裝是紅色字，上頭還會寫著「軍用」，所以我們一買來，就要馬上把最外層的包裝弄掉，不能被人家查到是軍用水泥。

我們港口前面是泥土地，我在退潮退到一半的時候開始灌水泥樁，等表面乾一點，漲潮後就不會被沖壞，一個禮拜後，水泥全乾了，我再用船載水泥樁出海，灌一個水泥樁要用掉六包水泥加兩籮筐的沙子，風平浪靜的時候，我一天就能打出兩個水泥樁。

大坵島和橋仔之間的水道，橋仔人稱呼為「門中」，潮水很急，海底都是石頭，以前漁民用竹子當樁，光靠人力沒辦法打下去，我才想到可以用水泥樁這招，全馬祖我是第一個這樣做的。將水泥樁當錨沉底後，定置網掛上去，等到潮水退了再去收網，一下子就有好多魚。冬天可以打蝦蛄、鱸魚、鮸魚，夏天也有帶魚、白鯧、海蜇皮、石斑魚什麼都有，一個潮水就能收一籮筐。我後來還繼續改良，直接用磨損的舊漁網，挖澳口的石頭綁起來，不用花錢也不用等水泥變乾，更方便又更快。

海禁與漁業現代化

到了黃鵬武改良漁法時，馬祖漁船已經完成了第一波「現代化」任務。在官方的推動與補助下，從一九五〇年代後期開始，原本以風帆和搖櫓為動力的漁船，陸續裝上柴油引擎，成了更快更有力的機動漁船；漁民傳統的天然纖維網，漸漸更換成石化原料合成的尼龍網。反倒是一些傳統漁法，比如黃鵬武還在堅持的定置網，因為費時耗工、需要龐大人力支援，愈來愈不受到青睞。

這波漁業「現代化」的歷程，剛好也和臺灣的工業發展緊密扣連——馬祖漁船最初的動力引擎，來自打著「發動機救國」名號，從生產船用柴油引擎起家，正逐步跨足汽車產業的裕隆機械廠；尼龍漁網則受惠於越戰爆發後，美軍大量從臺灣採購漁網援助南越漁民，帶動臺灣本島的家庭代工廠蓬勃發展，產能和品質都不斷提升。

這些官方主導的技術支持，背後目的不只是為了改善馬祖漁民生計，也有軍事方面的考量。例如輔導民間漁船機動化，同時也是為了增加運輸能力，讓漁船經過編組訓練後，可以在戰時協助運送步兵。除此之外，當軍方需要運送情報員、施放海漂宣傳品、乃至於整修海底電纜線時，也會需要徵用民間機動漁船幫忙，雖然軍方徵用時，通常會提供油錢和工資補貼，但對接到命令的漁民來說，有些工作就像刀口舔血，如果不是擔心被刁難，未必都會心甘情願執行。

為了向對岸民眾宣揚「三民主義」和「自由中國」的美好，國軍會將肥皂、白花油、牙膏、牙刷、原子筆、食物、飲料，乃至於衣物、手表等民生物資，夾帶印刷文宣之後，分別填入玻璃瓶、塑膠杯或塑膠桶中，利用潮汐漂海放送，寄望大陸沿海撿拾到宣傳品的民眾，讀了文宣後會心生動搖，甚至「起義來歸」。這項在馬祖持續將近三十年的海漂作業，多半是委託漁民駕船載到外海施放，可是在漁民看來，海漂任務不只有被共軍逮個正著的風險，有時候宣傳物資一拋入大海，經常在海面上散得到處都是，最後反而造成自己捕魚時的困擾。因此到了後期，有些奉派出任務的漁民，索性私下將國軍的海漂宣傳物資，偷偷帶回家自用，或是分送給親戚朋友，也有些人則會原封不動贈予大陸漁船，讓對方能夠繳回領賞，掙取生活津貼。

對像黃鵬武這樣的馬祖漁民來說，戰地政務就像一把雙面刃，雖然促進了漁業現代化，同時也帶來麻煩的差事以及更多的限制。在「兩個聲」的所有規定中，最被各島漁民詬病的一項，就是為了防範漁民摸黑與對岸私通，而硬性設下的出海時間限制。

當時捕魚有時間限制，早上要天亮才能出海，傍晚天黑之前一定要回來。如果超過時間，就會被罰不能出海。因為貧窮，不能出海打魚等於賺不到錢，就要餓肚子，所以老百姓都很乖。那時候戰地政務，軍人要關你就關你、要打你就打你，一切都是軍人當家，什麼都聽阿兵哥的。

當時漁民被扣船，是經常發生的事情，我也曾經有超時被處罰不能捕魚的經驗，一旦超過時間回港，隔天港口阿兵哥就不讓你出海了。你也無法申訴、村公所也不會幫你，因為是軍政時期，講再多也沒有用。

禁止出海的時間長度，雖然會因季節等因素而不同，從九到十一小時不等，偏偏無一例外，都是最容易捕捉到趨光性魚類的夜晚。在軍方還沒有設下管制前，漁民可以根據每天變化的潮汐時間，自由決定何時出港、何時返航最為妥當，現在被軍方多事一搞，不僅時間受到嚴格限制，還多出各種繁文縟節——漁民每次出港前，都要先到村公所登記蓋章，船槳或啟動板也都被港口站哨的衛兵給鎖起來，不到規定出海時間不准放行，假如臨時遇到火炮射擊或是重要人物來訪，出海討魚更是想都甭想。漁民前一天布下的流刺網或定置網，有時就會因此來不及收拾，隔天前去，往往只剩下一堆死去多時、不再新鮮的漁獲卡在漁網內，即使豐收也賣不了好價錢，軍方亦不會提供任何賠償。

十多年折騰下來，到了一九七〇年代，青年黃鵬武在橋仔村裡的漁民同業，幾乎都受不了這樣的日子，雪上加霜的是，本來是當地漁民重要收入來源的蝦皮，那幾年不知怎的，產量突然銳減，讓大家更加失去以打魚謀生的信心。這也就是為什麼，當軍方簡化了出入境手續，不再對居民遷居臺灣設下重重限制後，黃鵬武的鄰居們一個接一個毅然決然離開，終於讓橋仔村變成人們口中「神比人多」的地方。這些離開的人們，即使沒有奔向臺灣，加入當時中央興辦十大建設、民間開創經濟奇蹟的勞動行列，多半也會舉家遷往島上更加熱鬧的塘岐村，棄漁從商，改行當起服務阿兵哥的生意人。

但是黃鵬武有著自己的想法，想走自己的路。自從腦筋靈活的他，開發出用水泥塊沉底打樁的新做法後，他就可以用少少的人力作業，更聰明地撙節成本，延長自己討海的生命歷程，不用再像先人們一樣，需要糾集大量人力才能出海設置定置網。興趣使然，黃鵬武從小就不斷觀察學習，不但精通定置網、流刺網、延繩釣、圍網、章魚籠等各種漁法，連修理船隻、製作漁具的技巧都瞭然於心。當一個人將漁業知識鑽研到這種程度，「放棄」兩個字，就成了無比艱難的抉擇。

我那時也跟爸媽講，我們遲早會到臺灣，因為大家通通搬到臺灣去了。在這邊打魚，阿兵哥管得很嚴，晚上還要站衛兵出操，到臺灣就不用了。已經搬到臺灣的同伴都叫我去，我本來也以為我會過去，但我實在不甘心，最後還是沒有去。

我如果去了臺灣，不就等於把我所學到的，祖父輩講過的所有漁網、海洋、漁業的東西都丟掉？上一輩努力把所有懂的都教給我，我如果只顧著讓自己生活好一點，就把這些東西丟了，就是對不起我的祖父輩們。

黃鵬武選擇「留下來」，到頭來，他成了橋仔碩果僅存的年輕人，也是村裡最後一名還沒有放棄打魚的討海人。

漁業的最後掙扎

橋仔並不是唯一一個人口大量外移的馬祖漁村，同一時期馬祖出身的國大代表曹順官，已經意識到問題的嚴重性，在一九七八年投書《馬祖日報》，點明各島一波接一波外遷的人口，多半是來自「交通不便，賴漁農業維生之艱苦村落」，委婉呼籲主管機關應該要管得少一點、輔導多一點，正視人口外移的嚴重性，提高工商業者投資馬祖經濟建設的誘因。

對仍然留在家鄉打魚的人而言，此時的馬祖漁業愈來愈像一場軍備競賽。像黃鵬武這樣資本不夠雄厚的漁民，腦袋必須不斷變通，持續改良漁網、漁具，才能夠以少量人力維持家庭生計；更多漁民則是決定加入漁船「現代化」的升級行列，集體合資、貸款購入更大噸數的漁船，換裝馬力更大的引擎，甚至加裝最新科技的魚群探測器，拋棄傳統漁法，改採捕獲能力強大無數倍的圍網、拖網作業方式，並且擴大出海打魚的作業範圍。

新的作業方式看似更有效率，但是相對的，燃料成本也會大幅提高，沒多久，全球第一次石油危機爆發，國際油價大漲，讓一大批原本心懷豪情壯志的馬祖漁民，被油價逼得血本無歸，黯然結束討海生涯；其他幸運撐過石油危機的漁民，則把握接下來軍方鬆綁漁船作業時間、空間管制的契機，在一九七〇年代尾聲，組織起更大規模的船團，浩浩蕩蕩前往列島北方的亮島、東引島海域，捕撈肉質細緻鮮美的大黃魚，以及同屬石首魚科、俗稱「春子」或「假黃魚」的黃姑魚。

雖然抵達東引島後，漁民還是得要跟軍方開會協調、集中上課，認分遵守「兩個聲」訂下的各項規矩，卻不妨礙那幾年成為馬祖漁業迴光返照的一則傳奇——由於收穫量大、價格理想，只要下網時能幸運豐收，每個漁民都能發上橫財，一夜致富者比比皆是。當時出海一趟兩個月，靠黃魚賺到的錢，差不多就能夠在臺灣買下一戶房子。

那是一段堪稱美好幻夢的時光，當臺灣南部的漁民，紛紛歡慶滿載而歸的烏魚為他們創造無數桶「烏金」之際，馬祖的漁民也在驚呼，大黃魚盛產總算為他們帶來數也數不清的「黃金」。然而福兮禍之所伏，連續數年的大豐收，隱藏的卻是竭澤而漁的危機，進入一九八〇年代後，臺馬兩地都上演了相近劇本，臺灣的烏魚捕獲量多次雪崩，再也沒有回到先前水準，馬祖的野生大黃魚，更是直接走向形同滅絕的悲慘命運。

當馬祖列島的船團前往東引島周遭海域圍捕黃魚時，他們見到的還有傾巢而出、數量遠遠勝過己方的大陸漁船。一九七九年分發到東引島服役的前臺大校長管中閔，撰文回憶起黃魚季時，最記得那幾個月部隊三餐加消夜都有黃魚可吃，而且「海面上密密麻麻都是大陸漁船」。當晚間的東引島受限於戰地政務下的燈火管制，陸地仍是一片黑暗，「海上卻是萬家燈火，極為壯觀，士官兵稱之為『海上西門町』。」[2]

管中閔來到東引島的同一年，美國與中華人民共和國正式建交。建交當天，共產黨公布《告臺灣同胞書》，發表聲明停止對金馬炮擊，結束前線離島「單打雙不打」的漫長陰影。也是在這一年，中國大陸加速推進「改革開放」，決定在廣東、福建兩省試辦經濟特區。

對大陸漁民來說，改革開放意味著漁業政策準備鬆綁，準備從文革時期漁船歸屬人民公社或生產隊所有的集體經濟，轉向鼓勵私有化的個人經濟，為漁民創造了更強誘因積極討海，好將一切漁獲收入盡歸己有。對早些年就已經陷入過度捕撈困境的大黃魚而言，這樣的轉變，儼然敲響最後一記喪鐘，對其他悠遊在東海的經濟性魚種來說，無疑也是一曲不祥的哀歌。唯獨對像黃鵬武這樣的北竿漁民來說，哀歌中竟然埋藏了置之死地而後生的新旋律。

2. 管中閔，〈東引故事——夜行軍，黃魚季，海上西門町〉，轉載自《馬祖資訊網》，二〇二〇年九月二十四日，https://www.matsu.idv.tw/print.php?f=139&t=229418&p=1。

兩岸曖昧關係下的貿易與走私

中美締結正式外交關係後，國軍對臺灣海峽實施接近三十年的「關閉政策」等於失去了靠山，該年五月底，中國大陸的輪船睽違多年，終於再次成功穿越臺灣海峽，國內的南北航行不再需要繞行太平洋，幾個月後，我國政府也正式公告終止《戡亂時期截斷匪區海上交通辦法》，[3]不再任意扣留軍方認定的可疑船隻，來自中國大陸的民間船隻，自此可以更加沒有包袱地駛近馬祖周遭海域。

戰地前線的肅殺氣氛，一點一滴消退當中，少數機靈的馬祖漁民很快發現到，現在如果在海面上接觸到大陸漁民，不再那麼容易被扣上私通匪諜的罪名，兩岸關係在馬祖，至此走入一個官方睜一隻眼閉一隻眼的灰色地帶。

環顧馬祖的四鄉五島，其中就屬北竿島距離中國大陸最近，地利之便促使當地漁民最早和對岸漁船建立接觸管道，黃鵬武正是帶頭的其中一人。起初，雙方只是互相打探失去聯絡的親人，偶爾中共方面也會安排海上會親，促成因國共內戰隔離數十年的家人，彼此在漁船上見到一面。往來次數多了，雙方遂發展出日益緊密的地下貿易關係。

3. 一九四九年國軍退守臺澎金馬後，改採封鎖中共海空交通、關閉口岸等方式作對抗，由行政院頒布《戡亂時期截斷匪區海上交通辦法》，賦予海軍任意攔截、扣留甚至擊沉行經「匪區」中外船隻的權力，試圖影響其貿易活動，「匪區」的定義由國防部隨時公告認定。

早先我還不知道可以進大陸，因為部隊這邊有管制，怕我們跟大陸漁船接近會洩漏軍機、妨礙地區安全。後來調查局要送人去大陸蒐集情報，買通大陸人把裡面的報紙拿出來，也順便把紫菜、漁產品帶回來販售，我們在馬祖挖紫菜挖到累得半死，都挖不到幾斤，這時候才知道原來大陸的東西這麼便宜，所以我們也開始去那裡買東西，我剛過去的時候，黃岐半島都還是茅草屋。

一開始交換的主要是紫菜、貝類、白鯧、帶魚之類的水產，大陸的魚和農產品實在太便宜了，我們批來拿到馬祖的市場可以賣很多，自己捕魚反而划不來，又累又辛苦，不僅耗人力還不一定有魚。直接跟大陸市場交換，要一百斤鰻魚就有一百斤，要五百斤就有五百斤。只要透過交換，指定要什麼就有什麼，蝦皮跟丁香魚也不用再自己煮、自己曬了。當時中國漁船太多了，有幾萬艘，以這種情況，漁民都不用自己打魚了，所以好幾艘船跟我一樣，都是透過海上交易收購漁獲。

這些東西當時可以說是我賣得最多。我還記得我拿這些魚到南竿山隴的市場去賣，很多人跑來跟我買，後來有人反應說，只要我們北竿的魚拿下來，他們就不好賣了，所以之後有一段時間，我們換到山隴比較偏僻的地方賣，沒想到這樣一來，換成原本的市場一下子沒人光顧了。

兩岸關係一緩和下來，剛剛開始改革開放、希望盡快發展經濟的福建省，立刻成立四處臺灣漁民接待站，日後還不斷增加臺灣船舶停靠點和臺胞接待站，希望吸引更多臺灣漁船、商船、貨船前去交流和交易。從我國的角度來看，這些沒有經過海關納稅，直接從對岸進入馬祖本地市場的漁獲，都應該稱作「走私」，更不用說當時兩岸之間，檯面上還是「漢賊不兩立」的對峙狀態，連合法的直接貿易管道都付之闕如；然而，換成中共方面的視角，只要馬祖漁船是進到指定口岸，和擁有對臺貿易經營權的公司直接做買賣，一概都被視為合法的「小額貿易」。

「小額貿易」一詞的出現，正是兩岸曖昧關係下的畸形產物。由於中共官方視臺灣為國內的一省，發生在國內的交易行為，自然不同於國際貿易，享有不必繳納關稅的優惠。有鑒於一九八〇年代兩岸處在不同的經濟發展階段，生產技術、物價水準仍有極大落差，對臺貿易就成了一件套利空間龐大的活動，福建省政府為了增加財政收入、刺激產品出口，甚至規定轄下各級政府，都要有對臺貿易的責任額，[4]政府自己當起莊家來，民間因此出現「官辦走私」這樣的戲謔稱呼。

黃鵬武不在意官方怎麼定義名詞，他在意的是買賣本身是否有利可圖？怎麼樣才

4. 成之約、曾憲郎，〈中共對臺「小額貿易」的探討〉，《空大行政學報》（一九九五年十一月），頁九五至一一四。

能幫自己創造最大利益？與黃鵬武做交易的大陸漁民，腦袋裡想的也是同一回事，因此多數時刻，他們彼此不是在政府眼皮子底下往來，而是相互帶好對方需要的物品，直接約定在外海以物易魚，或是以物易物。對此，馬祖漁民稱之為「海上交易」。毫無疑問，這類的交易行為在中共官方看來，雖然「小額」，也是「貿易」，但因為不是經過政府允許的口岸和公司進行，絕對不能算是真正的「小額貿易」，本質上就成了與官方爭利的非法走私行為。只不過，不管當局怎樣三令五申，管理辦法一再推陳出新，漁民之間私相授受的走私活動，始終無法全然禁絕。

我們羨慕臺灣，大陸羨慕我們，連白米飯與煤油燈，他們都覺得稀有，特別是麻將牌、電子產品、收音機、塑膠連身雨衣，大陸漁民最是渴求。後來換成我們這邊的部隊，裡頭有些從大陸出來的軍官、阿兵哥，知道家鄉裡有什麼，就會跟我們講，他們需要添購什麼東西，哪裡又有什麼物產。我們就跟大陸裡面的人打聽，問看看可不可以買到，再拿到島上的土產店販賣。一家一家店，知道很多阿兵哥有意購買，就會跑來跟我批貨。當時大概除了司令官以外，各層級都有人拜託過我，就連副司令官都會託人請我幫忙將他家鄉的物產帶出來。

我跟大陸人講，你要保證東西不能壞，自己價錢買多少要講實話，不然我就換個人買了。當時很多漁民拿到貨，成本五十塊，卻跟商店要價五百元，但我批往商店的時候，成本五十塊我只賣八十塊。看到這麼好賣，山隴、馬港等村子的地方土產店老闆通通都來找我，他們知道我不會騙價錢，他們也不會上當。

黃鵬武幫忙帶過的特產和工藝品五花八門，舉凡壽山石、雞血石、藍田玉、貴州茅臺、瀘州老窖，乃至於「袁大頭」這類銀元，都曾經上過他的漁船。當年不只馬祖和金門周遭，整個福建沿海都興起走私熱潮。曾經在福建省官媒、省委宣傳部門任職的王仲莘，日後撰文回憶道，[5]當時福建省內錄影帶的地下貿易，就是受到臺灣漁民啟發而來，那時連喜愛看京劇的國民黨元老何應欽，都特地託漁民帶口信，向福建省有關部門索要國劇錄影帶，相關訊息正是由對岸連江縣的漁民遞送過去。

一九八〇年代，錄影機才剛進入中國大陸，但在臺灣已經相當普及，只要一卷母帶送過來，民間就有成百上千家出租店會幫忙拷貝。許多離鄉背井的老兵都希望透過影像來更新家鄉近況，稱這些從大陸送來的錄影帶為「電視家書」。王仲莘提及，得知有這樣的宣傳管道後，時任中共中央總書記胡耀邦甚至直接裁示，既然通商、通航、通郵的三通還行不通，那就先從錄影帶的「通像」先開始。為此，中央部門還特地出

5. 王仲莘，〈通像：兩岸交流最早的突破——福建錄像帶進入臺灣島記事〉，福建省炎黃文化研究會官方網站，二〇一〇年四月二十七日，http://fjsyhzh.com/zh/hxqy/1728.html。

資讓福建省成立影視公司，專營對臺、對外的錄影帶攝製與銷售業務。有意思的是，類似的影像傳播並不是單向進行，一九八〇年代後期，《豬哥亮歌廳秀》在臺灣民間爆紅，透過錄影帶拷貝不斷複製，在遊覽車和小吃店大量放送，當時福建沿海如廈門、泉州等地懂閩南語的民眾，也都會透過走私管道「追帶」，同步跟上來自臺灣的通俗流行文化。

或許因為許多軍官、甚至是黨政高層，自己就是這些貨品的買家或中間人，儘管這時候馬祖各島港口還是有軍人管制進出，但只要別太過明目張膽，針對這些「投奔自由」而來的走私品，查緝往往不太嚴格，民間商家也會抗議軍警不該斷人財路。有一次，黃鵬武將漁船開回南竿島的福澳港報關安檢時，單子上明白寫著「閩貨一批」，竟然也能被核准放行，一車一車搬下船載出去賣。此時從馬祖到金門，前線島嶼流傳著各種發生在碼頭、讓人啼笑皆非的荒謬笑話：有漁民在安檢時，被查到船上運載了電器用品，乾脆狡辯這是「海上撈到的」；也有軍人登船看到滿艙鰻魚，雖然漁民聲稱是自己捕捉，一摸竟然全部都是冷凍漁獲。

一九八八年後，大陸官方批准連江縣為沿海經濟開放區，提高對臺小額貿易的免稅額度，並追認黃岐港為合法的小額貿易口岸，逐步強化船隻檢查和管理規範。更加頻繁穿梭兩岸之間帶貨的漁民，成了大陸民眾口中的「馬祖販」，有些人選擇登岸，從事符合中共規範的「合法」小額貿易，也有人繼續進行私下的「海上交易」，樂此不疲。

然而，海面上是你好我好的互惠買賣，換到海面下，又成了你有我無的零和遊戲。

自從前線對峙的緊張情勢降溫後，大陸漁船持續逼近馬祖列島沿岸，開始以炸魚等方式濫肆捕撈，為海洋生態帶來嚴重浩劫。一九九二年戰地政務落幕之後，國軍愈來愈不敢對進入近岸水域的大陸漁船進行「驅離射擊」，就怕誤傷對岸漁民會引發不必要的衝突。少了武力嚇阻這招，馬祖近岸的漁源注定更加枯竭，漁業的前景也就更加黯淡了。到了一九九〇年代末，民選縣府乾脆核准將多艘噸數較大的漁船改裝為貨船，好讓漁民能夠轉行經營運輸貿易謀取生機。最盛大的時候，二十餘艘貨船一字排開，光明正大停靠在北竿島的白沙港，被本地民眾暱稱為「北洋艦隊」。

連續多年不斷穿梭兩岸轉手買賣，黃鵬武累積了不少財富，每趟交易經常都是「整筐子的錢帶回來，我媽媽跟我老婆會慢慢把錢摺好」。他不僅在臺灣的中壢買下三戶房子，自己也花了將近一千萬元，在橋仔村重新蓋起一間新房。很長一段時間，黃鵬武維持著一邊打魚、一邊從事海上交易的生活，雖然幾度遇到船難，卻都能化險為夷，保住老命。後來，二兒子回家協助打魚，讓黃鵬武從祖父輩那兒習得、加以改良的漁業知識，有了接班傳承的對象。

年過半百後，黃鵬武突然發現，不知道從哪天開始，橋仔村開始又有人搬回來了，而且愈來愈多，說不準哪天，這村子又會重新變回一個「人比神多」的地方，那是上一個世紀末的黃鵬武，難以想像的未來。戰地政務下的馬祖，任誰都難以想像未來，只能專心顧好當下。光是好好活過每一天，就已經很不簡單了。

當年大家都去了臺灣，那時候臺灣上班很好賺，比我們這邊好多了，是全家通通來，男女老幼都有工作。在馬祖，老人家、女孩子、小孩子沒有辦法賺錢，有一餐沒一餐，只能在家幫忙做點小事，沒有薪水，要想做工一定要男人才能做，女工都沒地方做，每個地方都一樣。

只有我打魚打了一輩子，一般人就會換好一點、輕鬆一點的工作。我不斷改造捕魚方法，在研究成立後繼續研究，生活不愁吃不愁穿。如果說漁業是科學，我就是幸運的科學家。

第六章 依存

對從事服務業的馬祖家庭來說，國軍象徵著收入與商機，兩者之間甚至可以說是相互依賴的關係。

在馬祖，像橋仔村這樣的傳統漁村，絕大多數都在戰地政務時期逐漸凋蔽，陷入人口外流的窘境，唯有少數村落有著相反的命運，成了這段軍事管制年代的受惠者，例如大坪村。

大坪村位於馬祖列島最南方的東莒島，是島上唯一一處沒有臨海的聚落，規模本來不如討海為業的漁村。兩岸分治之初，海保部隊轄下的分支隊伍，曾經在此設立指揮部，當時的大坪村，還是一副處處可見番薯田的面貌。在地方耆老們的印象中，直到國軍上島之前，盤踞在大坪村的地主就像是黑道勢力，即使村莊人口不多，住在這裡的地痞流氓，卻有實力前往島上因漁業而繁盛的福正、大浦兩個聚落，向居民們收取保護費。

自從國軍接管東莒島後，原有的權力結構就跟著改變了，「兩個聲」帶來基本的法律制度，讓舌頭變得比拳頭還要重要，懂得說「國語」、知道怎麼和部隊長官建立交情、攀附關係的人，就有機會翻轉自己，甚至整個家族的命運。

地理位置接近東莒島中心的大坪村，也因為大批軍隊的到來而躍上枝頭。一九六七年，在軍方的構工協助下，東莒島上第一批住商合一的國民住宅，在大坪村落成啟用；一九七三年，由軍方經營管理、以「中正堂」為名的電影院，也在村子裡風光開幕；一九七六年，島上第二批國民住宅同樣擇址於此，很快又被居民改造成全新的商店街。

從第一批國民住宅完工後，不到十年時間，大坪村迅速發展成一處提供士官兵多元娛樂的小型商圈，當一九七〇年代馬祖遷臺的移民潮，也在東莒島的漁村蔓延開來時，出現生意機會的大坪村，卻像磁鐵般吸引了一戶戶的「島內移民」，讓那些不願離開家鄉、也不願再過苦日子打魚的島民，有了全新的營生可能。

一九六五年出生在大坪村的陳雄官，用童年和少年時光，見證村裡起朱樓、宴賓客的榮光，卻又在而後的青年和壯年歲月，目睹它走向盛極而衰的命運，塌了海市蜃樓，留下長滿青苔的斷垣殘瓦，在過來人們的心中。

村長的雜貨店

陳雄官的家族在島上勢單力薄，這是因為他的父親和母親恰好都是獨生子女，同樣因為戰亂之故，和福建原鄉的家族成員失去聯繫。在當年的馬祖列島，沒有宗族庇蔭，要憑一己之力出人頭地絕非易事，但對陳雄官的父親來說，有個好消息是，國民政府的軍隊在他剛出社會時登島了，先是游擊隊性質的海保部隊，而後又有正規編制的國軍移防至此。陳雄官還記得父親生前說過的故事：

國軍剛來的時候，跟島上居民有段磨合期：他們有錢，但是沒物資，而且語言不通，跟居民說要買「雞」，偏偏這個發音在馬祖話裡頭，是女性生殖器的意思，讓大家覺得未免太粗俗。雙方一直溝通不良，後來軍人乾脆直接抓一隻雞過來，示意說我要的是這個。我爸爸雖然家境不好，但他有去上民教班，[1] 在那裡學會了講國語，可以和軍方溝通無礙，後來就被政府指派為大坪村長，一當就當了好多年。

出生沒多久，陳雄官闔家就跟著當上村長的父親，連同家裡經營的雜貨店，一塊搬到剛完工、被稱為「八間排」的第一批國民住宅。當年馬祖的雜貨店主要是販售蔬菜、肉品、海鮮、雞蛋、調味料等部隊副食品，也兼營批發給軍中福利社的飲料、餅乾等零食。由於駐軍人數浩大，經營雜貨是門有利可圖的生意，同業間的競爭頗為激烈。

表面上，島上商家之間的立足點相差無幾，畢竟稻米、麵粉、沙拉油、菸酒這些重要民生物資，都由軍方一手掌握，至於其他本地沒有生產的物資，後來也採取統購統銷的方式，由半官方性質的商會統一向臺灣採購——換句話說，各家雜貨店的進貨價格，理論上差異不會太大，在這種情況下，「人」的因素就成了決定誰能勝出的關鍵。

在村長仍然由政府指派的年代，雖然真正實權掌握在代表軍方的副村長手上，但是村長手上多少還是能夠掌握救濟品等物資的分配權。另外，每當軍方要更新戰備物資，準備將堆放在倉庫好一陣子的戰備米、戰備酒、戰備菸、戰備油，「推陳」賣給

1. 一九五七到一九六七年間，連江縣政府開辦民教補習班，讓失學民眾在夜間學習注音符號、國語、算數等課程。

民間時，也是交由村辦公室負責。由於官派村長握有接觸這些戰備物資的權力，因此，當其他商店裡頭已經買不到公賣局的糯米酒、福壽酒時，左鄰右舍看到村長家中竟然有酒品庫存可資販售時，難免會懷疑裡頭有勾結弊端。

我爸爸當村長的時候，身邊都是一些想要從他身上圖利、巴結他的朋友。他對朋友義氣相挺的程度，有時甚至會讓我媽媽很火大。比如有一次，有朋友為了蓋房子，臨時跑來找我爸調度，當時鋼筋水泥很難取得，對方希望能先從村公所支用，但這些都是公家庫存，怎麼可以隨便動用？結果我爸爸竟然答應人家，請他之後記得補回來就好。我媽媽氣翻了，要是在對方回補之前，被長官查到物資短缺，下場不是坐牢就是槍斃，我爸爸竟然還義氣到告訴對方，包在我身上，如果出了事，你幫我照顧家裡妻小就是。

鄰居的質疑固然有其所本，但是光憑官派村長這一點，仍然不足以解釋陳家的商業成功之道，即便父親已經卸下村長職務，不久後，島上的村長也正式開放民選，陳家的雜貨生意依舊不受影響，反而更加興旺。在打點與軍方的互惠關係上，陳家是島上公認的第一把交椅。

我們知道臺灣做生意的那一套，很簡單，價格、品質、售後服務，這是最基本的。比如你賣的東西被顧客發現過期了，按照臺灣的方式，一定趕快陪不是，將過期品回收，另外補償對方。但是這邊老一輩的不一樣，他們反而會把客人凶回去，過期品難道不能吃嗎？吃了會死掉嗎？顧客當然會不高興。又比如說島上缺水的時候，連隊弟兄會來請求支援，希望你能出趟貨車幫他載水，這種忙我們一定會幫，因為這是互相，幫完之後對方就會覺得我們人很不錯，不是只顧著賣東西而已。

軍管下的收入與商機

對馬祖的漁民來說，國軍帶來的是管制與限制，但對從事服務業的家庭來說，國軍卻象徵著收入與商機，兩者之間甚至可以說是互相依賴的關係。東莒島上各項地方建設，從國民住宅到大大小小的廟宇修繕，幾乎都是靠國軍弟兄完成；相對的，廟宇提供給離島士官兵一定的心靈寄託，而入住國民住宅的居民，則成了分銷、供應部隊物資的重要窗口。在小島上有數千名駐軍的全盛時期，每當食品雜貨、五金工具等民生物資從臺灣送抵東莒，都是由軍方負責調度卡車，協助民間商家進行載運。

一九七〇年代開始，整座東莒島的經濟活動，更加圍繞著部隊而生，由農漁業快速地轉向服務業。尤其當軍方興建的中正堂電影院啟用後，大坪村的商家生意更是蒸蒸日上。電影院開幕之初，電視機在離島仍不普遍，因此，一天放映兩到四場電影的中正堂，便是全島居民和官兵最珍貴的影視娛樂，即使是在臺灣本島已經退了流行的黃梅調電影，來到這座偏遠小島依舊是票房保證。

早年追隨國民政府撤退來臺的外省老兵，此時已經逐漸凋零，退出第一線戰備。島上的新進官兵，愈來愈多是來自臺灣的義務役男，新的商業模式便配合著這群年輕的外地人而發展，臺灣流行什麼，東莒島沒幾年就會跟上。因此，除了原先的雜貨店、餐館、撞球間、照相館之外，又多了文具店、漫畫店、簡餐店、冰果室、澡堂、卡拉ＯＫ、五金行、特產店等新興行當。自從冒出這群服役期間和思春期重疊、又幾乎無法離開島上的年輕役男後，東莒年輕女性在家中的地位也開始有了轉變。她們畢業後往往得先留在家中扮演「財神爺」，幫忙父母「和氣生財」。

當時每個做生意的家庭都心知肚明，只要有年輕女孩站櫃檯，生意就能做得比別人突出。每名在家顧店的年輕女孩，都有好幾名為她傾心的仰慕者，每一名仰慕者後面，又代表著更多義氣相挺的軍中同袍。這些仰慕者不但不會任意跳槽，還會經常帶上弟兄們前往店家捧場，彰顯自己的忠誠以及「罩得住」。因此，包括陳雄官一家在內，每一戶留在島上做生意的家庭，若是家中有女初長成，都巴不得她們讀完義務教育後，繼續留在家裡「做小姐」，幫忙招徠生意。有些家長甚至還得千方百計討好，不管女兒想要什麼，零用錢、梳妝檯、赴臺休假，全都會一一奉上，就怕青少女突然改變心意、不願繼續留在家中。

從一九六七年第一批國民住宅落成起算，大坪村舉村從事軍需生意的榮景，一直延續將近三十個年頭，和不斷凋敝的漁村形成鮮明對比。雖然每隔一段時間，士官兵偏好的休閒娛樂就會隨著時下流行而改變，導致村民們的營業項目也得因時制宜，伺機轉換，但只要人流還在，賺錢的商機就不會輕易消失，這樣的榮景將一直延續到一九九〇年代，直到國防部漸進式地推動裁軍計畫後，大坪村的輝煌時光，才真正走入最終一章。

由於生意實在太過火熱，軍方訂單彷彿無止盡般做也做不完，身為男丁的陳雄官，雖然國中畢業後一度以升學為理由，暫時離家到臺灣念個幾年書、看看外頭的花花世界，但是專科學業一完成，還是馬上被父親召回，半強迫地幫忙家中的雜貨事業。陳家的孩子一共五男四女，幾乎沒有人能夠自外，全都要為家中事業奉獻服務，就算有夢想也只能擱置在一旁。

那時候長輩眼裡看到的只有生意，他們認為世界就這樣，天空就那麼大，這裡生意這麼好做，你為什麼不回來做？長輩們就在等我們小孩一個一個畢業，要一個一個拉回來做事。村裡其他家庭也是一樣，大家人手都不夠，孩子一畢業就會被叫回來幫忙。我們那時候正年輕，被抓回來心裡是無比掙扎，極度不情願，不回來不行，可是回來又很鬱卒。長輩們看不見我們在臺灣還有什麼別的發展，只有我們自己知道，我們放棄的天空有多麼大。

就像我大哥，他的頭腦非常好，年輕時一直想在臺灣闖蕩，這是他的理想，而且看對了市場，如果他一直做到現在，成績一定會很不得了，但是我爸爸沒有看到他的世界，硬生生把他拉回來，等到後來島上生意開始走下坡，我大哥想要回臺灣發展時，職場環境已經改變，和當年完全不一樣了。

青年陳雄官不情不願回家的一九八〇年代，正是他們一家雜貨生意的巔峰時期，東莒島上的連隊，大多數都是他們的客戶，只是對於背後沒有家族勢力撐腰的陳家來說，商場上掙來的絕對優勢地位，既是福氣也是禍害。從前人際關係上的舊恨未解，如今生意競爭上的新仇又來，哪怕是曾經友好的鄰居，明槍暗箭的針鋒相對，登時成了家常便飯。特別在這樣一座蕞爾小島上，外來軍人的數量遠遠高過本地居民，每名役男都是龐大利益的一環，能夠輕易讓寡占的商家賺到快錢，誰都不願意拱手相讓，不惜撕破臉也要挺身捍衛。因此，商場上的競爭在這處小地方，對人際關係造成的傷害，遠比大城市還要嚴厲。

我們陳家在大坪村屬於外來姓氏，是小眾姓氏，但我爸爸當年出盡風頭，講話又很直，在別人看來就成了財大氣粗。有大家族的人曾經直接侵門踏戶，指責我們這些外來姓，憑什麼站在他們的地盤上，還拿走那麼大比例的生意？直接要我們把手頭幾個連隊的生意交出來！他們動不動就上門叫囂，衝到你面前用三字經問候，也會有第三者在旁邊幫腔，聲稱不過就是幾個連隊的生意，為什麼我們家就是這麼難協調？

但是做生意本來就各憑本事，我們知道只要有一次不反抗，未來就是軟土深掘會被吃死，所以只要對方準備動手，我們就五個兄弟一塊衝出去打，一定要團結起來展現出實力，才不會被別人活生生吞掉。當然後來慢慢學乖了，知道法律上要站得住腳，我們還不能先出拳。也是因為這樣，我們全家人後來向心力非常強，兄弟姊妹沒有人領薪水，三餐一起吃、一起賺錢一起拚，收入全部存進爸爸的戶頭，我的同學都覺得這太不可思議，但唯有身歷其境的人才知道，為什麼我們非團結不可。因為全心投入事業，大家都忙到沒有時間交男女朋友，婚事多半也就耽擱了。

小地方的激烈競爭

不只雜貨業，各行各業的商業競爭，在大坪村裡都日趨白熱化，為了擴大生意規模，店家們各出奇招，也會互相模仿。由於部隊弟兄手頭現金不多，允許來客賒帳，將來有錢時再一次還清，這種做法已經普及到全村莊，大家都知道「不給賒帳就不會有生意」，坊間於是流行起「一支筆就能遊遍大坪村」的說法，在這座渺小卻又苦悶的前線島嶼，今朝有酒今朝醉，所有人都在透過預支未來的方式，變相鼓勵消費。

聚會上酒酣耳熱之際，許多士官兵往往大筆一揮，打腫臉充胖子宴請其他同袍，日積月累下來，光是一家店就能欠上數萬元的債務，導致準備退伍前，還得請家人匯款或寄錢到島上，才能夠全身而退。信用擴張這一招，讓東莒商家賺得盆盈缽滿，過年前追收賒欠帳款時，經常一次就能回收上百萬元。不過既有道高一尺，也必然有魔高一丈，部隊中總會出些本領高強的奇才，即便賒欠了一屁股債，最終還是能成功躲過追討，搭上退伍返臺的軍艦，從此以後消聲匿跡，討不到錢的商家只能徒呼負負，莫可奈何。

為了延長士官兵來店後的逗留時間，盡量擴大每次的消費金額，從事餐飲生意的店家，往往傾向採取複合式經營，不只供餐，也要供飲料，最好還能附上卡拉OK，一條龍包辦各種娛樂。發展到了後來，連原本只經營雜貨生意的陳雄官一家人，也跨入這塊戰場，跟著開起小吃店和卡拉OK，但是這樣一來，注定他們將在村裡樹立起更多敵人。

很多人以為我們家是野心太大，才會想做那麼多生意，但其實是在沒辦法的情況下非開不可。當年雜貨店的生意掌握在連隊主官或是採購身上，我們發現有些本來的固定客戶，怎麼突然間就跑走了？追查之後才知道，原來競爭對手的雜貨店，家裡開了卡拉OK，連隊主官過去消費，對方會請客招待，生意就這樣慢慢被拉走。我們只好也跟進，小妹負責經營卡拉OK，二哥去做小吃店，負責和軍方交際應酬，喝酒打點關係。為了應付軍方這些擁有採購權力的人，我們真的要長出三頭六臂來，什麼副業都要做，目的全是為了顧好外交，把雜貨店的本業生意給穩住。

但是那年頭的阿兵哥，要比現在講情面、講義氣多了，和我們特別熟的連隊弟兄，會在我們的生意快被搶走前，提早跑來通風報信，不會一聲不響就跑掉。譬如說當他發現連上的福利社，突然出現其他商家的貨車時，就會要我們注意，可能這家客戶準備跑掉了，提醒我們盡速查明原因，把他爭取回來。又或者，當其他對手針對某些品項降價，阿兵哥也會提前告知我們，甚至把對方降價的目錄拿給我們看，讓我們能夠及早因應。

海上交易改變商業結構

眾人都沒想到的是，大坪村的商戰風雲在進入一九九〇年代前夕，卻出現一樁戲劇性變化，這顆震撼彈突然引爆後，幾乎一瞬間就把各家原先的經商模式和銷貨通路給顛覆掉，那就是以「海上交易」為名的走私經濟。

與黃鵬武所在的北竿島相比，東莒島正式發展起走私生意，晚了足足將近十年。居民們隱約知道這類地下交易已經在北竿盛行起來，但是苦無接觸管道，對交易的細節也不甚清楚。一直到一九八八年，開始有來自香港以及福建平潭島的大型漁船，前來東莒島周遭海域垂釣、收購石斑魚，這才讓本地漁民意外和對岸漁民搭上了線，從一開始的漁獲買賣，陸續發展出菸酒、工藝品、雜貨等海上交易。過去一度沉寂的漁民家庭，轉瞬間鹹魚翻身，再次變成舉足輕重的市場要角。

雖然腳步晚了北竿漁民好多年，但是東莒漁民進入走私市場沒多久，就獲得後進者的「技術優勢」。一九八九年，東莒島的家庭總算裝上市內電話，有了五位數的電話號碼，再過幾年，對臺長途電話以及國際電話功能也都一一開通，漁民們從此不必大費周章輾轉聯繫，只要一通國際電話撥出，馬上就能跟對岸的賣家敲定交易時間和地點。此後，和馬祖其他島嶼的情況如出一轍，走私而來的商品挾著極其低廉的價格優勢，將市場秩序整個翻了過來，每戶做生意的人家，都想盡辦法取得進貨管道，一時之間，銷售海上交易而來的貨品，在大坪村蔚為風潮。

一九六七年出生，比陳雄官小兩歲的學妹曹鳳金，是這場海上交易熱潮的見證者。

早在大坪村的第二批國民住宅完工時，曹鳳金的雙親就將住家從逐漸衰頹的大浦聚落遷來，在村裡開起一間土特產商店。父親繼續打魚，母親和女兒負責將曬好的漁獲，諸如蝦皮、丁香魚、黃魚乾、鰻魚乾、墨魚乾、淡菜乾等等，賣給島上的士官兵郵寄回家。如同當時其他年齡相仿的馬祖女孩，曹鳳金的少女年代也是身不由己，必須扮演起家中招徠軍方生意的活招牌：

我從國中畢業就留在家裡幫忙，一開始很害羞，根本不會做生意，只是站在櫃檯耳濡目染，看家人怎麼和阿兵哥講價，從旁學習說話和識人技巧。我一直幫忙到二十四歲，才去臺灣繼續念書，這時輪到小我五歲的妹妹來接手了。那年代的男生多半高中畢業就當兵了，對他們來說，我二十四歲已經算老小姐，沒有誘惑力了，得換一個更年輕的小姐，生意才會更好，這是自然而然的市場淘汰機制。

短暫離開家鄉三年後，為了照顧生病的家人，本來已經離家到臺灣半工半讀的「老小姐」曹鳳金，又帶著她新婚的先生以及剛出生的孩子，重新回到大坪村，剛好躬逢其盛，目睹海上交易發展至近乎失控的瘋狂場面。

我再次回來時，家裡的特產店已經變成精品店，販售名牌手表、真皮皮夾、進口香水、玉佩、茶壺，利潤比起以前賣魚乾還要高得多。光是我們這條街上就有三、四家店在賣精品，已經成了精品一條街。當時連南竿島也只有兩、三家做這門生意，而且店還開在不同地方，所以不管是南竿來的，或是臺灣國防部來的軍官，都喜歡來東莒島買精品，他們也知道裡頭很多是走私來的，來一趟就是為了買走私貨，因為比較便宜，而且我們街上又有好幾家店，可以讓他們分別比價。

那時潮流變得很快，有幾年玉佩、玉手環非常流行，不只阿兵哥自己戴，連軍犬都要掛玉佩在脖子上。大家聽說前線的鬼很多，玉佩可以辟邪，每個來當兵的都想保平安，跟他們推銷一下就都乖乖買了。最早玉佩跟茶壺是走私來的，但是如果直接從大陸拿貨，一次都要拿很大批，得要花很多錢，也沒辦法提前知道貨色長怎樣，我們膽子不夠大，怕賣不完會變存貨，後來乾脆跑到臺北光華商場旁邊的玉市挑貨，那裡的玉佩也是走私貨，但是我們可以挑自己喜歡的買。玉市裡擺攤的店家好多，連茶壺都有賣。

至於手表、香水、皮夾這些，我們也是直接從臺灣進貨，一次批很大的量，不過這就是有保證書的真貨，因為我們在家裡做生意，不用付店租，店員也是自家人，商品可以打對折賣給阿兵哥，類似免稅商店的概念。店裡的香水和古龍水，阿兵哥可以買來自用，或是寫張卡片放在裡頭，再請我們幫忙包裝，寄回臺灣送給女朋友。

真正會賺錢的人賣的是宜興壺、紫砂壺，這些茶壺有些是透過海上交易直接送過來，有些也是從臺灣買回來的，一樣都是走私品。精品茶壺沒有現成行情，就靠一張嘴巴，愈是能講得天花亂墜的人，賺得就愈多。長官一來，把人家請到貴賓室裡開始泡茶，茶壺擺出來，告訴你這個手工壺是哪個工藝名人做的，有對方親自落款的保證書，只有那麼一個，你今天不買，明天就沒了，很快就讓人家把錢掏出來了。

海上交易在東莒島盛行起來時，馬祖列島正逢解除戰地政務的當口，軍方已經鬆綁對海上的監控，但是應該負責接管的警政單位，尤其是剛成立不久、專司查緝海上走私的保七總隊，還沒有全面進駐馬祖，東莒僅存的幾艘漁船便抓緊這個大時代給出的難得契機，大量參與海上交易，不只銷售給島上服役的士官兵，來自臺灣的訂單數量也愈來愈龐大。

自從一九八七年臺灣解除戒嚴、開放大陸探親後，透過探親名義往返兩岸的民眾愈來愈多，早期走私流行的茅臺酒、湘繡一類商品，這下子都可以透過行李箱夾帶，漸漸變得沒那麼稀奇，反倒是蒜頭、乾香菇一類民生物資，赴陸歸來的旅客很難一次大量攜帶入關，然而民間市場的消費量一直很大，因此成為這個階段東莒島海上交易的重點品項。

臺灣和馬祖之間的海底光纖電纜，才剛剛鋪設完成，還新穎得很，民眾不管要通匯或是提款，都比從前方便許多，加上郵政包裹的安全檢查比以往寬鬆，許多海上交易而來的商品，都可以大剌剌地直接透過郵局寄往臺灣。最典型的就是乾香菇，質量輕、價差高，不需要刻意行銷，臺灣埔里等地的廠商就會自己循線找上門，「不管數量多少，隨便寄都有人要」，只要從馬祖寄個十箱乾香菇到臺灣去，一來一往間就能淨賺數萬元。很快的，寄送乾香菇到臺灣去，發展成為大坪村的全民運動，每一位有海上交易管道、能夠進貨的居民，都積極投入其中，宛如《東方快車謀殺案》一樣的完美串通，只要沒有人刻意檢舉，就連軍警單位都知道要睜一隻眼閉一隻眼，不願與民眾的利益作對。

當走私商品進展到乾香菇這類民生物資時，商業敏感度很高的陳雄官一家人，也感受到了壓力，他們在雜貨業的競爭對手，這時也找到直接從大陸走私生鮮食品的快速管道，導致陳家從臺灣採購而來的商品，瞬間失去價格競爭力。舉凡豬肉、牛肉、花生、綠豆、白米、河豚乾、紫菜、蒜頭、蛤蠣、雞蛋、鴨梨、人參等等，不管臺灣買得到或是買不到，全部都可以透過海上交易取得，此時就連東莒島上原有的養豬戶和屠戶，也不敵對岸快速又廉價的供貨管道，全都得要收攤轉行。

價格競爭變得很激烈，最明顯的就是牛肉，我們從臺灣進貨，還沒有計入冷凍費和運費，一公斤就要一百八十元，但是對手直接從大陸拿貨，一公斤只要四十元到六十元。再來就是品質，像小黃瓜、青椒這類生鮮蔬果，等貨船從臺灣送到島上時，很多已經在船艙裡悶壞了，可是直接從大陸進貨，因為運送時間短，品質就好很多。在那種環境下，只要有一家開始走私，其他家也得跟著就範，後來我們還被逼到必須自己去買漁船，託對岸的親戚幫忙採購、送貨，明明知道這樣很辛苦，但現實是不加入走私就沒辦法生存，只剩關門一條路。

其實軍方如果真心想抓走私，是非常容易的事，但部隊裡的老鳥都會交代底下不要抓得太嚴，我們也不會白目到要上岸還敲鑼打鼓。雖然如此，走私終究是提著性命在做的，晚上接應都要偷偷摸摸來，不敢開車燈；漁船也是要偷偷摸摸出去，即使風浪很大，還是得硬著頭皮出海；上岸卸貨一樣很辛苦，島上幾乎每個海岸我們都嘗試過，如果發現某個方向被盯得很緊，我們就想辦法從另一個方向靠進來。有時候遇到坡度很陡的泥土地，身上扛著幾十公斤的貨物，也要抓著草像攀岩一樣爬上來，好不容易快爬到頂了，萬一手一鬆整個人又滑下去，心裡是嘔得不得了。當時全靠年輕體力好，現在同樣的地方根本連爬都爬不上來。

表面上，我們家的生意還是很好，但只有我們自己知道，利潤已經因為過度競爭壓到太低，變得吃力卻不討好，放手不是，不放手也不是，大家都變得比以前更累，因為每隔幾天就得親自出海一趟，半夜好不容易把東西搬回來，還要將蔬菜、肉品分堆整理，挑出品相不好的部分後，才能放進冰箱和冷凍庫，通宵忙到天亮，馬上又要開始做生意，一天能夠睡到五個小時就要偷笑了。每個兄弟都是這樣，我大哥甚至睡得更少，他寧願犧牲自己的休息時間，也要先讓家人補眠。到後來反而是賣玉佩、茶壺、香菇的店家，獲利比我們還高還輕鬆。我們只賺到面子，他們卻贏了裡子。

互不相讓，玉石俱焚

經年累月的商業利益競爭，把僅僅二・六四平方公里的東莒島，變成了「相對剝奪感」的人性試煉場，以及人際關係的巨大壓力鍋。殺價、密告、造謠等等競爭手段層出不窮，連鄰居、親戚都互相猜忌起來，哪怕只是單純的眼紅，都可以讓已經臻至臨界點的小島瞬間炸鍋。最後，本來已經是完美串通的乾香菇生意，卻也敗在同業檢舉上，玉石俱焚。

曹鳳金還記得，當時乾香菇的訂單龐大，正逢出貨高峰，每家每戶都傾全力包裝寄送，偏偏裡頭有一戶業者，或許是眼見自家的出貨量不如別人，心裡不服氣，就在全島貨物準備從郵局送往臺灣前夕，堅持上警局報案，要求警方全數查緝，即使鄰居求情也不買帳。

同行是冤家，從古至今都是這樣，不只馬祖，臺灣也是。只不過在臺灣，即便同行，也未必知道你家底細，但是這座小島上的人生活太緊密了，你的一舉一動，別人都看得很清楚，心態更容易因此不平衡，所以檢舉的數量特別多，我們也曾經被島上的人舉報過，說我們倉庫裡藏有私酒。

那一次的香菇事件，讓大家都全軍覆沒，損失慘重，導致後來很多人不敢再寄了。一來損失太大，二來做完筆錄後，每個人都收到一張通知，敬告我們已經都是有前科的人了，如果下次再犯被抓到，會有更重的刑罰。出事之前，我每天忙著包裝都來不及了，但是出事之後我也害怕，覺得不能再這樣子下去，應該趕快換個工作才行。

即便是向來能將軍方關係打點良好的陳雄官一家人，也在「香菇事件」不久後，遭到同樣也在走私雜貨的競爭對手強勢舉發，最後還吃上官司。

那天出海前，已經有風聲傳來說可能會針對我們嚴辦，我大哥不相信，他人比較厚道，覺得大家都做這一行，應該不會這樣子弄我們。沒想到貨物才剛上車，就被軍警聯合逮著了，車上貨物的市值已經達到《懲治走私條例》的處罰標準。我們知道自己樹大招風，是對手和某個營長串通好要弄我們，所以我們也對外嗆聲，大家都不要動，今天換成你們走私，我也要往上舉報。那次案件可以說是一個分界點，撕破臉後，我們不再冒險出海，其他人也都跟著退出。

老實說，雖然被搞的當下很氣憤，覺得同行之間為什麼要這樣互相陷害，但後來退一步想，或許是老天爺叫我們該停止了，繼續再這樣做下去，說不定會出人命！那段時間我們全家都已經過勞，有天晚上我沒睡覺，通宵準備完各連隊採買的食材後，一早又開始送貨，最後一趟已經接近中午，我腳底踩著油門，但是整個人已經睡著了，開到翻車都不知道，醒來時才發現貨車已經九十度翻覆，倒在草堆之中，那次真的是命不該絕，要是翻車翻得晚一點，後頭就是一個大坑洞，一定會出大事。我大哥也是，有一次送貨到燈塔那邊的連隊，半路上已經累到眼皮張不開，完全沒法控制，乾脆把摩托車停下擱到一旁，人躺在路邊直接睡著。要到這時候才知道，我們每個人都是拿生命在換的。

軍隊走了，另覓出路

塞翁失馬焉知非福，雖然大坪村的「海上交易」事業，在巔峰時期戛然而止，但是事後看來，即便沒有遇上同行相互檢舉，其實也沒剩下多少年的好光景了。

由於現代軍武技術不斷演化，武器投射距離突飛猛進，金馬的戰略重要性跟著下滑，加上「反攻大陸」的國策不再，我國建軍方針改採守勢防衛，囤駐大軍在金馬前線，愈來愈顯得不合時宜。因此，當一九九七年開始，國軍陸續推動「精實」、「精進」等裁軍計畫，進行大規模軍事組織變革後，馬祖列島也加速裁軍步伐。東莒島也不例外，每一回裁軍，就是成百上千名員額離開，到了世紀之交，除了新興的網咖還曾經在大坪村裡熱門過一陣子，早前多元的娛樂行業，大多走上歇業一途，居民之間流傳一句，「你以為阿兵哥少一半，還有一半生意嗎？錯了，是一下子什麼生意都沒了。」

不再寄送乾香菇後，曹鳳金短暫兼營過幾年便當店，也開過幾年網咖，只是網咖生意很快也不敵殺價競爭，讓她毅然決定退出市場，找份公家單位的差事做。

我後來都跟大家說，不要再把同行當成冤家，其實同行應該要合作。我家是島上最早收起來的精品店，但是等我關門後，別人的生意也沒有變好，因為人潮已經不再聚集，當逛街氛圍出不來，最後就沒有人要來了。當時已經開始裁軍，我的鄰居問我為什麼要歇業？上班薪水才一萬多元，在家隨便做都有幾萬元。我說不是這樣，等到沒有阿兵哥的時候，在家可能連一萬多都賺不到。後來果然如此，大家都沒有任何一點生意可做了。

裁軍讓大坪村長達三十年的繁華畫下了句點，但也讓村裡頭過度緊張的人際關係，多多少少獲得了緩解，有機會在日後慢慢修補。滄海桑田的變化，令許多身歷其境者不勝唏噓，唯有一個人，有著完全不一樣的心境，那是陳雄官的大哥，弟妹們口中個性耿直、厚道、願意犧牲睡眠照顧兄弟的那個人。

我大哥是為了家人，逼不得已才放下在臺灣的夢想回來。他是個非黑即白、沒有灰色地帶的人，裁軍開始以後，我們發現愈裁，他心裡反而愈高興，因為他知道家裡已經不再需要那麼多人手，代表他離開這個地方的時間愈來愈近了。他回到臺灣後，幾乎沒有再回來，離開前很感嘆地說：「我終於能夠離開這個地方了。」你知道那多悲哀嗎？同是馬祖人，同是這個地方的人，為什麼一定要這樣互相傷害？不就是為了眼前那一點利益？

我因為有家庭，考慮的比較多，還能做的話就盡量做，現在留在島上賣飲料，我一個人就綽綽有餘了。只是孩子都在臺灣念書，我只能當候鳥爸爸，幾乎沒有陪伴他們成長，自己覺得有所虧欠。有時候跟孩子們聊天，我問他們會不會覺得我不夠盡責？但是孩子們都很體諒我，知道我留在馬祖是為了他們的生活在打拚。

我能為孩子做的，就是不對他們的教育設定框架，我告訴孩子們，你想做任何事情，只要不犯法，隨便你去做，想讀什麼科系都沒關係。在我很小的時候，爸爸覺得我個頭瘦小，規劃我長大後去學修理眼鏡、手表，做些不用費力氣的工作，後來因為家裡生意太好，才沒有真的走這一行，不然現在也要失業了；有幾年我在經營網咖，我爸爸不知道世界上有網路這種東西，質疑我們整天看著電腦是在做些什麼？後來我深刻反省，爸爸的天空就這麼大，看到的東西跟我們是不一樣的，相對的，當我看我孩子的時候，可能我自以為正確的地方，對他們來說也已經太小了，他們未來的天空，不是現在的我可以度量的。

第七章 抗爭

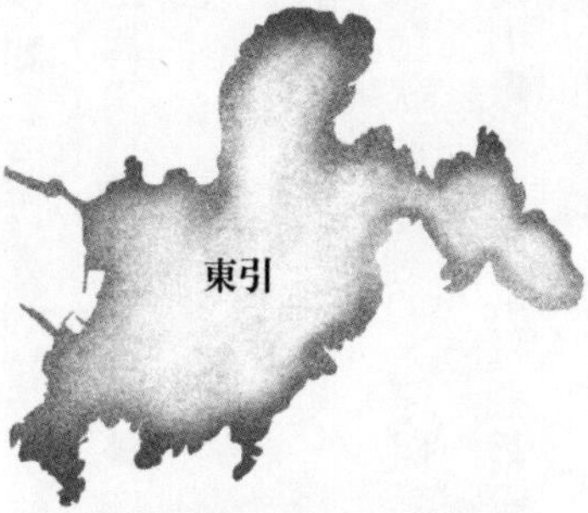

軍方願意鬆綁與民生需求相關的管制是一回事，要讓習慣戰地政務的民眾從價值觀上真正認同「民主」，又是另外一回事。

到了一九八〇年代，馬祖已成了一個祖先們認不出來的世界。曾經因討海而興盛的澳口漁村，這時已洗盡鉛華，取而代之的，是以服務軍人為主的商業聚落。原本岩石裸露的光禿禿島嶼，經過國軍積極造林，增添愈來愈多綠意。這時候，每座主要島嶼都有了自己的燃油發電廠，有些地方甚至還接得上乾淨的自來水；村落與村落之間，有水泥道路相互連接，上頭除了軍用的吉普車和卡車之外，還有愈來愈多私家機車和汽車呼嘯而過。物質生活上，馬祖與臺灣之間一度巨大的發展「時差」，慢慢被拉近了，但在精神生活上，仍然接受軍政一元化治理的馬祖社會，與當時外面世界益發高漲的自由化、民主化浪潮，鴻溝愈來愈大。

一九八〇年，南韓爆發爭取民主化的光州事件。前一年，臺灣也爆發堪稱民主運動分水嶺的美麗島事件，民間反對專制的聲音蠢蠢欲動，勞工、環保等社會運動陸續衝撞體制，遍地開花。一九八六年初，菲律賓發生人民力量革命，推翻獨裁統治二十年的馬可仕政權，成了轟動國際的重大新聞。一時之間，爭取自由化、民主化幾乎成為跨國共同追求的一致目標，也刺激臺灣的黨外運動人士，發起要求政府解除戒嚴的群眾運動，幾個月後，民主進步黨在臺北圓山大飯店正式宣布成立，像高速火車般一舉撞破臺灣島內黨禁的高牆；就連海峽彼岸的中國大陸也不平靜，八六學潮的爆發，為日後的天安門運動埋下伏筆。

相較於動盪不安的外在世界，此時馬祖的政治環境，卻是異常穩定，沒有太多反對運動的開展空間。儘管如此，軍政當局感受的外在壓力，仍以一種幽微的形式，欲言又止地表露出來——雖然當時媒體受到嚴格管制，馬祖民眾幾乎不曉得海外的流血與不流血革命正在遍地開花，然而代表官方立場的《馬祖日報》上，卻頻頻出現「不要聽信偏激言論，不參加群眾運動」、「提防共匪利用臺灣內部力量顛覆臺灣」、「唾棄民進黨和偏激分子」等警語，過度頻繁的三令五申，反而顯得事態並不尋常。

對來自東引島的劉家國來說，這一切變化本來都與他無關。一九五二年出生的他，事業蒸蒸日上，生意火燙得很，就像那些留在馬祖默默做起軍隊生意的老百姓一樣，他不需要也不應該去淌政治這攤渾水，只要專心把握這筆冷戰時代留下的機會之財就好。

只是時代的力量，連續兩次改變了劉家國，彷彿他接下來的人生，注定要受到名字中的「家國」兩字恆常牽引。

逐漸鬆綁的管制

時代第一次扭轉劉家國的人生，完全是個意外。國中就來到臺灣求學的他，原本打算畢業後留在本島工作，偏偏一九七三年底，行政院長蔣經國蒞臨東引島視察，劉家國作為全東引島第二位大學生，受邀回鄉與地方仕紳同列，在碼頭迎接這名準備接掌政權的儲君。當時青年劉家國只是和蔣經國握了個手，報上自己的姓名和學校，哪想到幾個月後，準強人竟然親自提筆，寫了一封公開信，稱許東引國中教師林國淦，畢業後願意返回東引服務桑梓難能可貴，同一封信中，也順便提及劉家國的姓名和就讀學校。日後他回憶道：

蔣經國寫那封信時，報導很大，信的全文都刊出了，他寫這封公開信是有目的的，當時年輕人畢業都留在都會區，山地、鄉下、離島的人才不足，他希望鼓勵大家回鄉服務。因為這封信，《青年戰士報》的記者跑來學校採訪我，在報導中寫說我受到蔣經國的感召，也決定要回鄉服務。其實我根本沒有講這句話，記者這樣把我登出來，變得我不得不回去。我本來不想回去的，我大學就在編校刊，畢業後想留在臺灣當記者，但是整個時代不容許我不回去。

在戒嚴時期威權統治的氛圍下，劉家國被迫放棄記者夢，在一九七六年回到東引任教，然而在校僅僅一年，不適應的他就掛冠求去。拜先前幾年旅臺經驗所賜，年方二十開外、頗有生意頭腦的劉家國，相中駐軍消費市場的潛力，將當年臺灣年輕世代風行的消費元素一一複製搬上東引島，陸續開設島上第一間唱片行及第一間咖啡廳，生意扶搖直上。

位於馬祖列島最北方的東引島，和其他島有著不太一致的發展脈絡。由於特殊的戰略地位，東引島和馬祖其他各島，在大多數的年頭裡，分屬不同的軍事守備區，前者是反共救國軍指揮部，[1]後者則統一隸屬馬祖防衛司令部，[2]各有一名最高指揮官。一九七八年後，反共救國軍指揮部劃歸陸軍總司令部直轄，導致東引島雖然名義上是歸入福建省連江縣，理應由馬祖戰地政務委員會負責管轄，實際上卻是一處獨立發展的區域，定期透過基隆港執行物資運補。

有兩個例子可以說明當時東引島的特殊情況：首先，戰地政務期間，馬祖列島的首善之區南竿島，有固定的交通船開往周遭各島，裡頭獨缺東引，因此如果有民眾需要往來南竿與東引，明明近在咫尺，卻必須繞個大遠路，跨越臺灣海峽兩次，以基隆港作為轉運中繼站；其次，東引島上雖然有自辦的東引酒廠生產高粱酒，但是根據馬祖戰地政務委員會規定，酒品是公營專賣物資，南竿、北竿、東莒、西莒等島嶼上，只能販售物資供應處統銷的臺灣酒，以及馬祖酒廠自己生產的釀造酒與蒸餾酒，來自金門和東引島的酒品，都被視為違禁物品，不准輸入到馬祖各島，反之亦然。

1. 反共救國軍原為浙江、福建兩省沿海游擊隊的番號，第一章出現過的海保部隊，就曾經隸屬於福建反共救國軍轄下。一九五〇年代，國軍部隊陸續整併，前述游擊隊改納入國軍正式編制。一九六〇年，陸軍反共救國軍指揮部在東引成立，設指揮官一名，原由馬祖防衛司令部負責督導，一九七八年後，改由陸軍總司令部直轄，與馬防部成為平行單位。東引地區的戰地政務，雖然名義上歸屬馬祖政委會管轄，但由於地理上的隔閡，實際上乃是由東引反共救國軍指揮部負責統轄。
2. 國軍進駐後，馬祖列島的防禦編制幾經更迭，一九六五年起，陸軍馬祖守備區指揮部，改組為馬祖防衛司令部，簡稱馬防部，由陸軍總司令部直轄。馬防部設中將司令官一員，負責馬祖列島守備任務，司令官兼任馬祖政委會主任委員。

對酒品設下流通區域的限制，來自各個實施戰地政務的軍事守備區，都有自籌財源的壓力，而販售烈酒又是軍方很重要的生財管道，既然東引島跟馬祖其他島嶼不屬於同一個軍事守備區，財政上是兩套帳目，為了避免自家公賣獨占利益被分食一杯羹，便出現這種離奇的本位主義交易限制。

在黨政軍一元的體制下，指揮官大權獨攬，既是軍事首長，也是將民眾生計掐在手裡的「父母官」，各島公務員的薪水幾乎全靠軍方發放，民間商家的營業項目也是軍方說了算，導致民間社會的活力與興衰，受到「人治」的影響非常大，可能隨著掌權者的更迭，出現鬆緊不一、或張或弛的巨大差異，東引島也不例外。一九八三年中，當劉家國的咖啡廳生意穩定獲利之際，東引島上也迎來戰地政務時期最開明的指揮官王易謙。

和歷任東引反共救國軍指揮官，甚至是馬防部指揮官相比，王易謙的鬆綁與改革步調可說是無人能及。他到任之後，先是放寬部隊官兵的休假規定，在不影響戰備和構工的原則下，除了星期四莒光日以外，各營每天輪流放假，並且在每人每月三千元的額度內，開放官兵領取來自臺灣家人的匯款。這項改革對東引島倚賴軍方生意的商家而言，不啻是一大福音，登門的官兵變得更有錢也更有閒，使得島上的餐飲和娛樂服務業大發利市。此外，王易謙還鬆綁長年以來的「燈火管制」規定，並且放寬宵禁限制，讓商家可以營業至晚上九點，在夜間亮起現代化的五彩霓虹燈。

在東引，王易謙就是老大，他那時候看到臺灣都有抽水馬桶了，東引人還在上公廁，就要居民自己買抽水馬桶，由軍方派遣阿兵哥，挨家挨戶幫忙挖化糞池、整修衛浴。一家一家做完，讓東引民眾比馬祖其他島嶼還要提早個十幾年，不用再上公用廁所，這對東引來說是個很大的進步。所以王易謙特別受到官兵和地方居民愛戴，他在東引擔任指揮官三年又十個月，離任時家家戶戶為他放鞭炮，一路送他到碼頭，等他上了交通船，漁民還動員了全鄉所有船隻，尾隨在後頭，繼續放鞭炮，直到追趕不上為止。

一九八〇年代自由化風潮之所以在臺灣風起雲湧，其中一個經濟上的理由，就是社會各界已經受夠了政府高度管制下的效率不彰。王易謙在東引的改革雖然基於體恤民情，卻剛好創造一個正向循環的市場機制，他日後回憶道：「外離島的老百姓就是靠士官兵做生意養家活口，士官兵最大的福利也就是休假，兩相結合後，大家都能各蒙其利。」[3]這個茁壯中的消費市場，又因為臺灣與東引之間的通匯鬆綁，士官兵家屬能夠金援更多零用錢到外島，讓東引也能間接受惠於臺灣的經濟奇蹟。

劉家國在東引島經營的咖啡廳，引進臺灣風行的卡拉OK時，剛好搭上王易謙鬆

3. 哈用．勒巴克主編，〈轉型——王易謙處長〉，收錄於《霧林老兵》（宜蘭市：國軍退除役官兵輔導委員會榮民森林保育事業管理處，二〇一四），頁九七。

綁管制的順風車，士官兵的休假時數倍增，讓他生意應接不暇，人手不足，還得商請南竿島的表妹前來幫忙。生意上的甜頭讓劉家國產生更大的企圖心，想將卡拉ＯＫ拓展到人口和駐紮兵力更多的南竿島上，卻萬萬沒想到，會在那兒又一次與大時代撞個正著。

《馬祖之光》出刊

時代第二次扭轉劉家國的人生，不單單只是個意外。

他籌備近半年的「歡樂島」卡拉ＯＫ一炮而紅，幾近暴利的生意，很快招來模仿者搶進，一時之間，卡拉ＯＫ店在南竿到處冒出頭，島上進入休閒生活笙歌鼎沸的新紀元，卻也埋下與軍方衝突的導火線。

卡拉ＯＫ的生意，主要倚賴酒水收入，咖啡一杯喝完就沒了，啤酒可以一瓶接一瓶開，不供酒的話收入就會差很多。只是酒喝多了也特別危險，阿兵哥瓶子拿起來直接互砸，動不動就打架、鬧事。東引的卡拉ＯＫ生意，雖然也會遇到阿兵哥打架，但是指揮部比較開明，沒有特別約束，可是到了南竿就不一樣，大概才開了半年多，軍方認為已經造成軍紀困擾，必須開始管制。一開始把我們每個月要繳的營業稅調高十倍，從兩千元調到兩萬元，想讓我們自己知難而退，但我們幾家業者聯合起來訴願，讓稅額降到五千元，生意還是繼續做下去，阿兵哥也還是繼續打架。軍方後來乾脆直接下令禁止，派遣憲兵站到我們店門口，讓我們完全無法生存下去。

到了一九八六年，劉家國只得將卡拉OK店面頂讓出去，黯然退出南竿島回到東引，然而，即便是原本管制比較鬆散的家鄉，這時也不知是哪來的壓力，指揮部下令「全面管制伴唱機進口，嚴禁官兵前往附設伴唱機之餐飲店酗酒滋事」。好端端的營生活動被封殺，刺激劉家國重新思考，馬祖社會到底為什麼讓他感覺愈來愈不對勁，愈來愈生氣。

我在臺灣念大學時就開始看黨外雜誌，那時候這類刊物很流行，回到馬祖還是繼續看。但一開始我只能理解到臺灣的狀況，不能理解到馬祖。我們從小生活在馬祖，認為出入境管制、宵禁這些都是理所當然的，臺灣之所以沒有，是因為臺灣是後方，馬祖是前線，我們會自己找理由合理化這種體制，把它當成理所當然。如果不是因為軍方直接禁掉我的生意，我不會特別意識到軍管，有生意的時候幹嘛去管？做生意忙都忙不完了。

不滿的情緒需要找尋出口，劉家國開始成為馬祖旅臺同鄉會刊物《馬祖之光》的投稿人，這本在一九八三年底創刊的雜誌，以擦邊球的方式，對地方政策提出包括縣長民選、開放觀光、解除出入境管制等等「建言」。這些倡議改革的內容，對仍處於戰地政務管制下的馬祖，是帶有爆炸性色彩的言論，但因為發言尺度比臺灣風行的黨外雜誌保守許多，而且只聚焦地方事務，不會論及國政，意外地沒有被負責審查言論的警備總部盯上。那幾年《馬祖日報》上，幾乎每個月都會刊載查獲、銷毀禁書的新聞，許多臺灣的黨外雜誌都名列其中，唯獨同樣在臺灣刊印的《馬祖之光》從未上榜。

當時《馬祖之光》的主要投稿人，幾乎都是鳳毛麟角受過大學教育的知識分子。這處本來地處荒陬的離島，在「兩個聲」的「管、教、養、衛」之下，獲得資源提升教育水平，得以培養出更多高學歷的專業人才，但也正是這批到臺灣接受高等教育的青年，從臺灣的公民教材和黨外運動中汲取養分，意識到民主理想與馬祖現實之間的落差，成了日後帶頭衝撞戰地政務的第一線領導者。

排除金馬的解嚴

當劉家國還在奮筆疾書投稿時，臺灣島內先傳來一則震撼中外的重磅消息：一代強人總統蔣經國，宣布解除長達三十八年的戒嚴，從今而後，臺灣人民得以依法組黨結社、組織並參加集會遊行，合法地從事政治活動，過去箝制言論自由的報禁和出版禁令，也都獲得解除。這個決定讓許多人感到意外，就連奉命對中外媒體宣布消息的新聞局長邵玉銘，接獲總統囑咐時也都不敢置信。

一九八七年七月十五日零時起，臺灣本島以及澎湖地區，正式解除戒嚴。

然而，位於前線的金門、馬祖及東沙群島，卻不在鬆綁的範圍內，必須繼續維持戒嚴狀態，仍然由軍方負責管理，人民還是無法享有集會、結社、遊行、請願、出版等自由，也無法禁止軍警任意進入住宅內執行搜查。

因此，儘管名義上，臺澎金馬同屬「自由地區」，但是臺澎已經加入了自由化、民主化的進步行列，金馬卻被排除在外，無從分享民主改革的果實，讓部分出身前線島嶼的居民心裡不太高興，尤其像劉家國這樣本來就跟軍方發生過衝突，對高高在上的軍事管理有所不滿的年輕人，知道消息後更是跳腳。臺灣宣布解嚴兩個月後，人在東引的劉家國，趁著王易謙離任後，年輕鄉長遭到新任軍事指揮官羞辱的契機下，串連將近六十位民眾，在東引島發動連署請願，呼籲主管機關「取消金馬地區戰地政務實驗」。

一開始我們根本不知道那個時代叫作戰地政務，只覺得被軍人管是常態，但制度是什麼名稱完全不知道，也沒有必要知道。「戰地政務」這四個字在馬祖各島都沒有宣傳，它就是一個制度不需要宣傳，是我們決定從事民主運動之後，自己去圖書館找資料，才知道原來戰地政務有法規，國防部裡竟然還有一個戰地政務處，軍方有一本刊物直接就叫《戰地政務》。再去研究之後又發現，原來當年蔣中正總統還講過，戰地政務只是實驗，這段話就記載在《金門縣誌》中。我們決定做民主運動，攻擊總要有個目標，你要解除什麼？解除戰地政務呀！你要知道它幾年實施？為何實施？蔣中正總統說過哪些話？你就拿那些話攻擊他。

《金門縣誌》中明白記載，民國五十三年（一九六四年）六月一日，總統蔣介石手諭指示，「金門此後政治建設，須漸向民權主義方面注重，予以實施訓政，最後進入憲政。但不宜操之過急，明年可照余所提示，先以鄉鎮長試辦民選，然後再進一步民選縣長。」這段話讓劉家國等人宛如撿到武器一般，以子之矛攻子之盾，影射黨政高層一直阻撓金馬民選縣長，就是缺乏誠意，不願意貫徹當年老強人蔣介石的指示。

東引島連署過後沒多久，劉家國又前往南竿島發動第二次連署，這次獲得了八十多人響應，就人口比例來看，數目並不算多，但願意在上頭具名連署的民眾可說是勇氣非凡，連署過程彷彿一場貓捉老鼠的諜報戰。

當時由我起草籲請解除戰地政務的請願書，連署沒多久就引起軍方注意和施壓，由警察局派員進行跟監，負責跟監的人是南竿出身的林國安。有趣的是，請願書上第一個簽名的人，是來自北竿的計程車司機張文財，他剛剛好是林國安的妹婿。張文財滿腔熱血幫我將請願書帶到北竿連署，最後卻被大舅子以戒嚴時期禁止請願為由，沒收了請願書。慶幸的是，在林國安奉命收沒請願書之前，我們已經先偷偷影印了一份副本下來，那時張文財的太太林淑芳有孕在身，最後夫妻倆以赴臺灣待產為名義申請出境，那份副本就綁在林淑芳的肚皮上，躲過碼頭軍警的嚴密聯檢，搭乘運輸艦偷渡到了臺灣，讓民主運動人士可以帶著前往立法院、監察院等中央單位陳情。

後來我才知道，當年奉命沒收請願書的林國安，其實一直是《馬祖之光》的長期贊助者，只是礙於警員身分不能具名曝光。在軍管氛圍下，最後請願書影本由他的妹妹偷渡出境，應該算是「雙贏」結局吧。

投身民主運動的馬祖青年

劉家國決定放下馬祖的工作到臺灣，成為民主運動的全職參與者。當時已經解除戒嚴的臺灣，比起馬祖有更多群眾運動空間，也更接近行政院、立法院等中央機關。劉家國從《馬祖之光》的投稿人，進一步成為編輯、總編輯，大學時編校刊的經驗剛好派上用場，某種意義上也算圓了十多年前未竟的記者夢。由於經費不多，這本雜誌一直是以最小的編制在運作，總編輯常常要校長兼撞鐘，過程中一路手把手帶著劉家國邀稿、採訪、編輯、跑印刷廠、募款的人是《馬祖之光》的發行人曹原彰。

南竿島出身、當時在臺灣《民生報》擔任記者的曹原彰，同樣是馬祖少數的大學畢業生。曹原彰畢業後曾經回鄉當過五年的老師和記者，他在一九八三年轉往臺灣謀職時，就和劉秋貴等鄉親共同創刊《馬祖之光》，並在這份本來設計讓旅臺鄉親聯繫情感、交流訊息的同鄉會刊物之中，偷渡他們想要宣揚的自由民主理念。

在曹原彰的牽線下，馬祖與金門的民主運動人士合流，一群人邀請立委和學者辦公聽會、走入國會遊說、召開記者會、座談會，出版《我的家鄉是戰地》[4]一書，多管齊下將金馬的戰地政務現況，訴諸輿論公評，其中的高潮，是一九八九年八月的「八二三金馬愛鄉大遊行」，數百人以解除金馬戒嚴為號召，舉著「軍管廢除，百姓幸福」、「三民主義模範縣，竟是軍人當縣長」、「馬祖要飛機」、「馬祖也要一位立法委員」等標語走上臺北街頭。

4. 劉家國，《我的家鄉是戰地：金馬問題面面觀》（自行出版，一九八八）。劉家國雖然掛名作者，但曹原彰是幕後重要角色，惟當時為了不被盯上，由劉家國一人掛名。

曹原彰是民主運動真正的主導者，金馬民主運動他有不可抹滅的地位。他在媒體工作，可以找來像《新新聞》、《自立晚報》的記者幫忙報導，他也有很豐沛的人脈，像趙少康、黃主文、謝長廷、朱高正等人，不管是執政黨裡的開明派，或是反對黨的政治人物，都靠他出面邀請來參加座談會，增加我們的聲勢。這些人也都很需要媒體，對抗威權可以增加他們的人設，但如果沒有曹原彰居中聯繫，我們哪有人脈去邀請？根本見不到他們！

不只媒體，曹原彰甚至連黑道的人脈都有。桃園八德有馬祖人混黑道，民主運動需要很多年輕人參與，他就去找黑道，對方派了二十幾個小弟過來，遊行時幫忙拿旗子壯聲勢，黑道老大是馬祖人，小弟也是馬祖人，這些人我都認識，有些人後來就沒在做了。其實小弟未必支持民主運動，只是曹原彰跟黑道老大有淵源，老大叫他來就跟著來了。

這場遊行獲得臺灣各大媒體報導，但是不意外的，不管是公聽會或大遊行，雖然攸關島嶼未來，同樣不見載於官方的《馬祖日報》。為了讓更多馬祖居民能夠理解金馬民主運動在臺灣的進展，每一期《馬祖之光》出刊後，劉家國都會親自帶著雜誌，前往基隆的西六碼頭發放。那年頭臺馬之間的交通，仍然倚賴每個月三到四航次的海軍人員運輸艦，只要有鄉親要往返馬祖，不可能不經過基隆。

每趟發船前，都會有幾百名馬祖人在候船室的圍牆外排隊，大家在外面等，我就在外頭慢慢發，不分年齡都發。當時反對言論具有稀有性，不管寫得好不好、多不多，都會有人仔細看完。搭船的時間很長、很無聊，大家一定會看，勇敢一點的還會帶回家看。支持者以年輕人居多，我每發一本《馬祖之光》給他，他就拿出一千元、兩千元、三千元，贊助我們繼續印製刊物。

但是有一次我因為刊物沒發完，覺得拿回去可惜，偷偷混進圍牆裡面繼續發，結果有兩個穿便服的軍人，作勢要把我抓到辦公室裡頭去，我猜他們是打算海扁我一頓，幸好旁邊有個混黑道的馬祖鄉親，膽子比較大，出面幫我解圍，我才能夠脫身。

戰地政務時期，軍方不只掌控馬祖的行政權力，也握有經濟生殺大權。各家戶的生計命脈不是仰賴公家飯碗，就是和軍人消費掛勾在一塊，當軍方想要壓抑異議分子時，手段幾乎是信手拈來，甚至不需要針對本人，只要對他身邊的親友施加壓力，威脅之後不再允許部隊與其進行生意往來，就能達到恫嚇效果。

剛投入民主運動沒多久，劉家國就被盯上。軍方教訓他的手法多管齊下，任意取消他準備搭乘的船班，故意下令和他同船的所有旅客不許下船，使其他不相干的鄉親無辜受累。曹原彰經常警告劉家國，在運動中不要跑得太前面，畢竟情治人員都是軍方系統出身，要謹記陳文成命案的教訓，小心不要哪天被人給弄墜樓。

一開始我並沒有感受到危險，應該說是過度樂觀，而且不懂得危險，所以才會站到最明顯的位置去。曹原彰就很小心保護自己，像八二三遊行時，總指揮是金門人（黃積軍），我是副總指揮，實際上整個活動都是曹原彰一手策劃，可是他也清楚知道，站在太明顯的位置會有危險。

後來我的家人也感受到壓力，我爸爸有來勸過我，我的妹婿是軍人也有勸我，但我決定反正事情就是做下去，沒有回頭路了。甚至有東引的指揮官跟我說，只要我答應不從事民主運動，就找一塊地給我，幫我蓋一個店面。軍方嘗試用各種手段收買、恐嚇、用人情手段給我壓力都不行，他們也很無奈。

有一次參謀總長郝柏村到東引去，指稱我是反動分子，交代鄉公所和指揮部要把我趕出去，我心想臺灣還是一個民主國家，怎麼參謀總長可以下令把民眾驅逐出境？但我確實一度因為壓力太大，決定跑去桃園龍潭找當時的陸軍總司令蔣仲苓。我爸爸年輕時參與過剿匪戰爭，剛好就是蔣仲苓的班兵，跟他等於是出生入死的關係，蔣後來還曾經在東引當過參謀長。

我沒有蔣的電話，也沒有通知他，抵達時就請衛兵通報總司令，某某某的兒子求見。後來蔣仲苓很快讓我進去，和我談了一個多小時。其實在裡頭，蔣也是叫我不要搞民主運動，他可以幫我在國防部史政編譯局找個工作。但是其他人不知道我們談些什麼，只能猜想總司令可能跟我熟識。那次離開後，軍方對我的態度就比較好，我那時候也是利用這層關係來保護自己。

爭取「日常」正常化

像劉家國這樣的金馬民主運動人士抨擊戰地政務體制時，並不只是照搬西方的政治理論，高舉天賦人權那一套，反而聚焦在食衣住行的具體細節，指出現行體制的自相矛盾和不合時宜，尋求改革與更多支持。嚴格說起來，這些相當生活化的目標，和早些年臺灣黨外運動人士的訴求其實不盡相同，甚至有著本質性的差異。關鍵在於，即使是解嚴前夕的臺灣民眾都難以想像，原來前線戰地竟然還有那麼多跟不上時代的管制，讓人民的日常生活顯得無比荒謬。

馬祖起初的夜間燈火管制，是為了預防燈光成為敵人炮擊鎖定的目標，然而一九七九年中美建交後，原先「單打雙不打」的炮擊跟著中止，兩岸不再駁火對峙，燈火管制的效用就日趨淡薄。更何況馬祖列島中，並非所有島嶼都是共軍炮擊的目標，像是東莒島和東引島，都沒有真正經歷「單打雙不打」，卻被迫一體適用燈火管制，數十年如一日，與現實生活大大脫鉤。即便是在炮擊中遭遇最多傷亡的南竿島，到了局勢緩和的一九八〇年代，軍方自己在聯外的福澳碼頭執行夜間運補作業時，現場經常也是燈火通明，在部分較具批判意識的百姓看來，難免有「只許州官放火，不許百姓點燈」之質疑。

此外，早年軍方為了避免馬祖居民與共軍打暗號通訊，便以國安為由立下「不准養鴿子」、「不准放風箏」等禁令，隨著科技飛快進步，坊間早就出現更多先進的通訊手法，導致相關禁令到了金馬民主運動時期，已經顯得過時落伍，卻遲遲不見軍方提出修正；更讓金馬民眾氣餒的是，眼看臺灣、澎湖兩地解除戒嚴後，百姓可以合法申請前往大陸探親，從臺灣撥出的長途電話，也都已經可以直通尚未垮臺的東歐共黨國家了，軍方卻仍然用擔心前線軍民潛逃，管制民間使用「籃球、救生圈、輪胎、汽油桶」，並且刻意延宕，遲遲不願意開放臺灣和馬祖之間的長途電話，讓民眾感覺到宛如「一國兩制」般的差別待遇。

因此，執政當局被迫回應民主運動人士時，這些涉及民生基本需求的「不合理」管制措施，也是最快列上改革議程的項目。

臺灣解嚴後的兩年內，馬祖陸續鬆綁各項禁令：先是牛肉、水果等食品開放自由進口，島際之間往來手續簡化；接著又大幅調降電價、停徵貨品進口規費、逐步解除宵禁、開放臺馬之間自由匯兌、開放汽機車新車進口、放寬漁民出海作業時間；一九八九年「八二三金馬愛鄉大遊行」之後，鬆綁腳步馬不停蹄，僅限馬祖地區使用的紙幣也被全面回收，一概通用新臺幣；燈火管制開始放寬、臺馬之間的長途電話逐步啟用。最具指標性意義的改革，則是一九九〇年一月，允許以往都是官派的縣政諮詢代表，正式開放民選，投身民主運動的劉家國順利當選，進入馬祖的議事殿堂，和助產士出身的李金梅成為同事。

我們雖然選上諮詢代表，但是馬祖之前沒實踐過民主，大家連開會該怎麼開都不曉得。我透過關係，請到一位基隆市議員幫忙，所有諮詢代表一塊跑去基隆，請他教我們怎麼質詢、提案、覆議，介紹議事槌在不同情境下的敲法，他還告訴我們，質詢時不能自稱「我」，要稱「本席」，因為我們代表的不是自己，而是這個當選席次背後的民眾。基本上馬祖整套議事規則和質詢辦法，因為過去沒有經驗，都是直接從臺灣的縣市議會照抄過來。

理解規則後，我們又找當時基隆市長接受質詢的錄影帶來看，一邊看一邊學習，瞭解實際的議事運作究竟是怎麼一回事。後來我們也去過當時還沒改名新北市的臺北縣議會參觀，有個縣議員帶我們進到議事廳，指著議長的座位，說要坐上這位置得花三億元，把大家都給嚇了一大跳。

這個階段的鬆綁成果，很難單純歸因於特定一兩個人的努力，事實上不只民主運動人士在外抗爭，執政的國民黨內部也有來自金門與馬祖的黨代表，意識到民心思變，在黨內合縱連橫，提出相關改革方案，以軟性手段施加壓力。當時臺灣媒體輿論幾近一面倒地支持金馬民主運動人士，呼籲前線戰地應該也要解除戒嚴，某種程度上亦是反映一九八九年前後，世界各地幾近同步共振、此起彼落的民主化、自由化運動，正在走向戲劇化的最高潮。

烽火連天的一九八九

一九八九年六月四日，坦克開進北京天安門廣場，中國的民主化運動胎死腹中；然而同一天，在地球另一端的波蘭，立場反共的團結工聯在國會選舉中大獲全勝，帶動鐵幕下東歐共黨政權雪崩式垮臺；同年十一月柏林圍牆倒塌，更是全球矚目的重大事件，即便是對金馬民主運動被迫噤聲的《馬祖日報》，社論中也一再以東歐國家對馬列主義的揚棄為例，對照不願進行政治改革、抗拒實施民主的中共政權，聲稱後者終究要「被時代埋葬」。

乍看之下，那是一個政治民主化、自由化改革被奉為圭臬的年代，金馬民主運動恰好躬逢其盛。但是軍方願意鬆綁與民生需求相關的管制是一回事，要讓習慣戰地政務的民眾從價值觀上真正認同「民主」，又是另外一回事。鬆綁管制可以與威權統治並行不悖，但要在馬祖呼籲「還政於民」，不是所有民眾都能理所當然地同意，尤其牽涉到利益結構的改變時，更會讓人感到惶惶不安。這段期間，劉家國嘗盡了各種人情冷暖。

> 民主在馬祖的發揚是一個漸進的過程，不是有人旗子拿著，大家跟著走這樣，不是，甚至有人為此打起來，還有人擁護軍管。改變現狀會讓有些人無法接受，中國大陸如果有人跳出來說要民主、要民選、要學美國，我看反對的人一定一大堆。他們會說中國人那麼多，不適合實施民主，以及民主會亂等等理由，這些話我在馬祖全都聽過。不是說臺灣已經有民主了，馬祖就一定會有。

經歷過戰地政務時期的人很容易理解，為什麼有人會認同威權統治？馬祖長久軍管後也是這樣，民眾跟軍方糾纏不清。軍管統治會興辦教育、改善交通、建築道路、綠化造林，這些當然對人民都是好的，但是它也會以國家安全為理由，限制人民自由。這套制度站在一個非常高的道德制高點，聲稱都是為了國家好，所以民眾你憑什麼反對它？

曾經有人在碼頭，把我發的刊物直接丟地上，也有人當面嗆我，如果將來沒有飯吃，我要不要負責？雖然後來各種管制解除後，對這些人都是好事，但當時現狀改變可能造成他利益上的損失，他會有不安全感，不見得會感謝你。嗆我的那個人當時在馬祖電力公司上班，戰地政務時期他的薪資比較低，是被馬祖防衛司令部剝削的，加班費很少，也沒有工會，要你走人就走人，要記你過就記你過；後來戰地政務解除後，馬電併入臺電，員工有了工會，有了加班費，薪水也比以前高，他可以先從馬電拿到一筆退休金，將來在臺電退休，又有另一筆退休金；所以從結果看來，他其實是解嚴的實際獲利者。但是在變化的當下，他不會知道後面有這些利益，還是很恐懼現狀的改變。

後來知道他有獲益後，我心裡也放下一塊石頭，慶幸他沒有因此沒飯吃。如果他真的來找我，我要怎麼負責？我也沒有辦法負責！馬祖的社會很緊密，大家都不願意撕破臉說壞事。戰地政務真的解除後，就沒人跑來告訴我不該做這些事了。

雖然一九九〇年起，馬祖已經出現劉家國和李金梅這樣的民選諮詢代表，表面上擁有審核預算、質詢縣府官員、制定法規等權力，但在戰地政務尚未完全解除、縣長仍是官派的大背景下，一般民眾依舊要看軍方臉色行事。例如當年最早參與金馬民主運動的北竿青年王長明，一直遭到限制入境馬祖，剛剛選上諮詢代表的劉家國便以人民擁有遷徙自由為理由，在議會殿堂質詢縣長，換來官方「特准」王長明返回馬祖一次，之後繼續維持管制。即便到了此刻，馬祖地方實質權力和影響力的歸屬，仍然不言可喻。

靜坐、絕食、「勳章」

同樣的，在海峽另一端的臺灣，即便戒嚴令已經解除，還是有位階優於憲法的《動員戡亂時期臨時條款》，以及由此衍生而出、具有侵害人權風險的《懲治叛亂條例》、《戡亂時期檢肅匪諜條例》兩條特別法尚未廢除。這些法律條文，仍舊像沒拆完的不定時炸彈，足以終結解嚴後蓬勃發展的民間社會。最後，在學生運動以及社會輿論的壓力下，一九九一年五月一日，時任總統李登輝總算明令公告廢止《動員戡亂時期臨時條款》，名義上結束與中共內戰的特別狀態，帶領國家正式進入民主憲政時代。

然而這一次，金門、馬祖又再次被排除在外。

就在《動員戡亂時期臨時條款》廢止的同時，金馬兩地的司令官繼續以戰備安全為由，援引《戒嚴法》第三條規定，宣告金馬地區進入「臨時戒嚴」，提交立法院追認。也就是說，當中央政府已經從法律上表明內戰結束，金馬的軍管體系卻繼續將自身標示為「戰地」，主張戰地政務和戒嚴規定都有必要繼續存在。這樣的尷尬處境，立刻引來民意代表的反彈，代表金馬地區的唯一一席立委，出身金門的黃武仁，便緊急連署提案，質疑臨時戒嚴有違憲、違法之虞，要求另外訂定特別法作為替代方案。

微妙的是，不過幾年前，當憤怒的劉家國在馬祖各地連署解除戰地政務時，剛就任立委沒多久的黃武仁，第一時間就在報章上簽署聯合聲明，[5]公開反對劉家國等人未經行政體制的申訴請願，也不同意還在敵人炮火下的金門和馬祖輕率解嚴；沒想到才短短幾年過去，黃武仁的公開立場丕變，竟然選擇站到原先的對立面去。這件事也投射出在民主化浪潮一波接一波衝擊下，出身金馬的政治人物，在服膺黨意和尊重民意之間，曾經陷入多大的掙扎與兩難。

臨時戒嚴的突發風暴，將金馬兩地的民主運動人士再次聚攏到一塊，數十人迅速集結前往立院法門口陳情抗議，在未獲具體成果之前，持續靜坐與夜宿，並在現場掛出「反

5. 見《民眾日報》，一九八七年十月八日。

對軍人干政」、「反對一國兩制」等白色布條或海報。這場後來被稱為「五〇七反金馬二度戒嚴」的抗爭，從一九九一年五月七日持續至十七日，與一年多前的「八二三金馬愛鄉大遊行」相較，多了火爆場面與肢體衝突，活動頭一天，就有三名金門籍女大學生在拉扯中瘀傷，[6]混亂場景迅速被放送到中外媒體。

當時執政黨高層的真實意向撲朔迷離，軍人出身的行政院長郝柏村，明確站在支持金馬繼續戒嚴的一方，更在視察馬祖時抨擊「少數偏激分子」不能代表馬祖全體民意。倒是國防部長陳履安在接受陳情時表示，等到特別法制定完成後，戰地政務就會廢止，釋出將會還政於民的善意。還有記者私下對劉家國透露，總統李登輝與行政院長郝柏村在金馬戒嚴議題上暗中攻防，是府院兩邊的鬥法。有鑒於當時國民黨內「主流派」與「非主流派」[7]的鬥爭方酣，這樣的臆測也非全然空穴來風。

這一次的抗爭，劉家國被推舉為副總召集人，不只是衝在前線，還必須扛起主導者和組織者的責任，從帶頭陳情、主持、衝撞、安排活動、接受採訪，到成員之間的意見整合、溝通協調、行政帳務等等無所不包，隨時都在應付突發狀況，而且就跟其他公開露面的參與者一樣，也要做好可能被秋後算帳的打算。這是劉家國第一次承受如此大量且密集的現場壓力，但也是最後一次。

6. 陳永富，《戰地三六：金馬戒嚴民主運動實錄》（金門：行政院金馬聯合服務中心，二〇二〇），頁一四五至一四六。
7. 一九八八年蔣經國逝世後，國民黨內發生權力鬥爭，擁護繼任總統兼黨主席李登輝者，被稱為「主流派」，反李勢力則被劃分為「非主流派」，後者中較知名者，包括日後脫黨搭檔參選總統的郝柏村和林洋港。

一九九一年五月十六日，國防部副部長陳守山出面接見金馬代表，承諾會盡快解除臨時戒嚴，屆時將頒布適用於前線離島的安全輔導條例作為替代，並且在「管制區劃定」與「出入境檢查」做出重大讓步，次日民主運動人士宣布退場，結束在立法院前的靜坐與夜宿。

離開立法院後的劉家國，則走進了醫院。

夜宿立法院那十一天，每天全身是汗，我會在下午的時候，搭公車回內湖的家洗個澡，之後再回去現場。有天公車搭到一半，突然一陣慌亂，覺得自己好像快死掉了，趕緊下車想走到醫院做檢查，走了一段路以後又沒事，於是又再上車回家洗澡，其實那時候恐慌症已經發作了，只是當下不知道，還一直硬撐到抗爭結束。

那段時間一直覺得自己快要死掉，直到後來去看醫生，醫生才說是壓力太大造成的恐慌症，併發憂鬱症，廣義上都叫精神官能症，讓我吃藥吃了半年。生病的過程非常痛苦，我本來是很喜歡看書的人，那陣子卻一個字都看不下去，完全沒法靜下心來閱讀，最嚴重的時候，甚至連過個馬路都會恐慌。我也曾經在飛機上發作過，之後就再也不敢搭飛機，因為記憶裡面已經把飛機跟恐慌症聯想在一起。每個人能承受的壓力是有限度的，發作時才知道自己不是無敵鐵金剛，也會被打垮。

本來我擔任諮詢代表時，要上臺質詢官員，但是精神官能症發作後，後面三年我變得都沒辦法質詢，只要到人多的地方，不要說上臺演講，光是鎂光燈或鏡頭對著我都會恐慌。之後我慢慢調養，盡量不讓恐慌症再發作，但這種疾病只要患了，雖然會減緩，但是一輩子都不會完全好。我以前怕的東西很多，這麼多年下來，現在怕的只剩下飛機了。

所以我對憂鬱症的人感同身受，我知道發作時書看不下去，電視也看不下去，什麼事都不想做是什麼感覺。不是有句話講，革命不是請客吃飯，你要付出代價，精神官能症就是我的代價，我不怕跟人家講，只是不會特地宣揚，我覺得得到精神官能症這件事，是我人生最大的一個勳章，我會說這是我的勳章，不是我的不幸。

戰地政務落幕

一九九二年十一月七日，長達三十六年之久的戰地政務實驗落幕，金馬地區正式解除戒嚴，步入地方自治的新時代，並在次年加入臺灣各縣市行列，舉行首次縣長民選，本地人正式取代「兩個聲」當家作主。如同民主運動人士先前爭取到的承諾，金馬民眾從此可以憑身分證自由往返臺灣，不需要再申辦入出境證件，曾經扮演鼓吹角色的《馬祖之光》，也在解嚴前夕功成身退，結束發行。

然而，大破大立後，充滿太多未知變數。曹原彰曾回憶，解嚴當天人在南竿島的他，本來準備好要和金門連線，象徵性地燃放鞭炮慶祝，卻看見「多數的鄉親以狐疑和逃避的眼神面對我們」，讓他「心情錯綜複雜、悲涼又無奈，實在難以形容」。[8]反觀同屬戰地的金門人，同一天在金城鎮公所前迤灑近千公尺的鞭炮，震耳欲聾的煙硝聲，加上武術社、舞獅隊表演，展現迫不及待擺脫軍人統治，全力發展觀光業的雄厚企圖心。

一份馬祖解除戒嚴前夕的民調透露出端倪，儘管近半民眾希望「無條件逐年取消管制範圍」（四九．二%），卻也擔心戰地政務取消後，生計受影響，「軍中消費減少，縣民所得減少」（一七．四%）、「民間活動與建設，在缺乏軍中支援下，更加匱乏」（一五．一%），高居民眾憂心的前兩名。同一份民調中，被問到戰地政務的主要目的時，多數馬祖民眾的認知是「結合軍民力量，達成作戰目標」（五八．一%），其次才是「為軍管而管制民眾自由」（一九．二%）。[9]

軍方的影響力仍然若隱若現，當時一名《遠見》雜誌記者前往馬祖採訪，發現地方盛傳軍方以生意為籌碼，積極介入，圍堵參選立委的曹原彰，凡是表態支持這名民主運動人士的菜商、計程車、商家，就會遭到軍方列為拒絕往來戶。另一方面，

8. 曹原彰，〈那些年，我們曾經一起反軍管——一個馬祖老人家的回憶與期盼〉，《馬祖資訊網》，二〇一二年十一月六日。
9. 《今日馬祖》第三十五期（一九九一年四月），頁四。

儘管司令部高層矢口否認，一般民眾也都能從營業額的變化，感覺到駐軍陸續裁撤，對多年來已經習慣也倚賴官兵消費的商家來說，馬祖想要真正走出戰地政務，實現「觀光立縣」，仍是可望不可及——聯絡臺灣的船班，依舊一個月只有三到四航次；各個島嶼的碼頭設施也是百廢待舉；準備在北竿島興建的民用機場，同樣不知道何年何月才能完工。交通建設沒有一樣搞定，又要怎麼期待觀光客洶湧而來？

劉家國後來慢慢淡出政治第一線，二〇〇一年起投身經營《馬祖資訊網》，從民主運動的熱情參與者，變成網路媒體的冷眼觀察家，長住臺北，不定時搭船往返馬祖，繼續對馬祖時政提出針砭。

第八章 重繫

走小三通到對岸去，兩地之間來往方便頻繁，和一九四九年之前沒有什麼兩樣，宛如一日生活圈。

當馬祖青年們走上街頭、爭取解嚴之時，臺海兩岸僵固對峙的邊界，也正在鬆動。

一九八七年臺灣本島解嚴，各種民主訴求百花齊放，一群原本是國民黨政府最死忠支持者的外省退伍老兵，也為了爭取返鄉回家而走上街頭。由於當時蔣經國對中共採取「不接觸、不談判、不妥協」的三不政策，思鄉的老兵們甚至與民進黨人士推動的自由返鄉運動合流，最終在該年年底，迫使執政當局開放大陸探親，並且解除將近四十年的旅遊禁令。此後，除政府官員與現役軍人外，舉凡有一至三等親在中國大陸境內的中華民國公民，都可以透過臺灣紅十字會安排，經香港或第三地前往中華人民共和國。許多少小被迫離家的老兵，終於可以合法回到故鄉探親，後續以探親為名的旅遊攬勝、經商探路等活動，交織出兩岸展開大規模交流的前奏。

其實在此之前，位處前線的馬祖，比臺灣本島更早感受到兩岸鬆弛的氛圍。一九八〇年初期雙方停止炮擊，中國開始進行改革開放後，許多海上接觸早已趁著管制縫隙熱絡起來，只要不在我方管轄海域，基本上軍方都是睜一隻眼閉一隻眼。而對岸更是門戶洞開，不僅沒有海上監控，甚至澳口、漁港也幾乎不設防。於是兩岸漁民不只開始海上交易，也趁著交易的時候打探消息，特別是那些還有親人留在原鄉的馬祖人，藉著漁船回鄉探訪的例子比比皆是。

三十餘年的分離，原本的親人生活在兩個不同的世界，即使終於能夠回去，大多數的馬祖人也只是短暫停留，有餘裕者紛紛帶錢回去幫家人蓋房修祠，較不寬裕的花個百來塊錢就足以宴請全村好好吃頓大餐。然而這些都不是最要緊的，他們最掛心的還是與久違的親人見上一面，以及打探失聯親友的下落。這些失去音訊的人，許多是在兩岸分治初期被軍方收編的馬祖漁民，他們被要求以漁民身分掩護，潛回原鄉打探情報。這是一個被馬祖人稱為「豬仔」的行當，一旦被識破就只能任人宰割，有的被送去北大荒勞改，更不幸的就此喪命、天人永隔。

於此同時，從中國大陸往臺灣的反向移動，馬祖通常不在他們的選項之中。一則因馬祖當時還是所謂的戰地，全域屬於軍事管制區，顯然不是什麼機會之地；二則因為馬祖地方小，任何陌生臉孔根本無所遁形。因此許多懷抱著淘金夢的大陸民眾，不惜冒著橫渡黑水溝的風險，偷偷摸摸卻又前仆後繼地搭上前往臺灣的漁船，他們在臺灣有了一個新的稱號，叫作「偷渡客」。

淹沒於兩岸惡水的人

在兩岸壁壘分明、漢賊不兩立的年代，「投誠」與「叛逃」是一體兩面。以臺灣的角度來看，從中國大陸跨越海峽來到臺灣，稱作「投奔自由」，特別是駕駛軍機、軍艦「起義來歸」

的中共解放軍，更被冠上「反共義士」的頭銜，不僅可以獲得高額黃金獎勵，更是政府對外宣傳的樣板，集鎂光燈焦點於一身。自一九六〇到一九八九年期間，共有十三架飛機從中國直飛臺灣或借道南韓「投誠」。[1][2] 此外，也有劫機者以暴力手段劫持大型民航客機「投奔自由」。反過來說，由臺灣駕機「起義」飛往中國的國軍飛行員其實也不在少數。[3][4]

相較於飛機，以船隻為工具的「投誠」雖然也不少見，但因為不像飛機那樣戲劇性，行動者也多半是一般民眾，因此較少受到矚目。以馬祖列島來說，在國民政府於韓戰結束，並與美國簽訂《中美共同防禦條約》確定臺澎金馬的統治格局後，仍然偶見對岸人民以舢舨、船隻、登陸艇為工具的「投奔自由」事件。根據《馬祖日報》報導，這類案例自一九五五至一九八五年之間就有十餘則，其中不乏原本居住在馬祖的漁民，在國共內戰中被迫滯留在中國大陸，年久思鄉，因而冒險越界的案例。

然而，步入一九八〇年代後，發展經濟成為兩岸共通顯學：臺灣工業化成果卓著，不僅躋身亞洲四小龍之列，更有「臺灣錢淹腳目」之說。流行音樂、影視作品勾畫起一個又一個美好生活的想像，逐步風靡華人世界；反觀剛從十年文革浩劫脫身的中國大陸，歷經長時間物質與精神的匱乏，宛如惡

1. 〈范園焱義士駕機投奔自由〉，《光華畫報》第二卷第八期（一九七七年八月）。
2. 姍姍，〈歡迎，歡迎——孫天勤回來了！〉，《光華畫報》第八卷第九期（一九八三年九月）。
3. 倪孟安，〈「反共義士」之研究——以投臺中共飛行員為中心〉（國立中央大學歷史研究所碩士論文，二〇〇六）。
4. 自由清道夫，〈「反共義士」劫機來臺已成歷史，中國人投奔自由仍不過時？〉，《關鍵評論》中國異言專欄，二〇二〇年三月十七日，https://www.thenewslens.com/article/132472。

夢初醒般，決定改弦易轍，推行改革開放，同時借鑒臺灣經驗，走向「出口創匯，招商引資」的發展路線。

在這樣的歷史情境下，冒著生命危險離開中國的移動者不再享有「反共義士」光環，動機也不會被解讀為「投奔自由」，尤其是國際間不認同的劫機投奔行為，更是愈來愈難站得住腳。從前政治先行的非法光榮，在經濟掛帥的此刻，成了明日黃花。「偷渡潮」與「探親熱」幾乎同時而生，卻彼此逆向而行。

根據官方紀錄，一九八七年臺灣緝獲了七百六十二名中國偷渡客，此後幾年人數節節攀升、居高不下，一九九〇年甚至來到五千六百二十六人。當時軍方對於偷渡來臺的船隻，採取海上驅離，一旦上岸被捕，經偵訊後也是由軍艦押送，原船遣返中國大陸。然而，當我方軍艦調頭回航，脫離軍艦掌控的偷渡船隻，往往也就跟著轉頭，繼續航向臺灣。由於那個年代兩岸官方沒有正式的外交接觸、沒有通報管道、也沒有對接窗口，光靠這種單方面的遣返，完全無法遏止偷渡者一而再、再而三的試探。

為了杜絕這種情況，負責執行遣返工作的軍方，一度改採併船遣返模式，將互相不認識的偷渡者，集中到同一艘被扣押的越界捕魚或走私漁船後，再統一進行遣返。為了防止航行途中發生變數，船上除了負責開船的船長、船工外，所有偷渡客都被用膠帶綁住雙手，拘禁在船艙底下，並且用木板封住船艙，防止鬥毆、脫逃。如此執行一段時間後，發生了一起難以避免的意外。

一九九〇年七月二十二日清晨，福建平潭島的漁民，發現一艘漁船擱淺在沙灘上，甲板上空無一人，但被封死的船艙底下，竟然躺著多具屍體。[5]這艘名為「閩平漁五五四〇」的平潭籍漁船，是在臺灣海峽與臺灣漁民進行走私交易時，被巡邏軍艦當場查獲，六名船員被逮捕，漁船也被拖到宜蘭澳底漁港。七月二十一日上午，因為其他走私與偷渡案件被抓的大陸民眾，交由「閩平漁五五四〇」運載一同遣返。船上除了十三名船員可以自由行動外，其他六十三人分別被關押在四個船艙之中。其中有二個船艙，因為艙門木板釘得太過密實，加上長時間航行，導致有二十五人因為缺氧，活活被悶死在船艙之中。

這樁悲慘事件引發各界譁然，但負責執行遣返的軍方卻不認為處理不當，宣稱只是一起意外。為了杜絕抨擊的悠悠之口，半個多月後，軍方按照慣例，將五十名偷渡客送上被羈押的「閩平漁五二〇二」漁船遣返，還特別允許六位立法委員和記者登上海軍巡邏艦，共同見證遣返作業。沒想到「閩平漁五二〇二」行駛到基隆北方十三海浬處，竟然與臺灣海軍艦艇發生碰撞，導致漁船船身斷裂成兩截，軍方又未能及時救援，落海的偷渡客只有二十九人獲救，其餘的人都不知所蹤，消失在茫茫大海之中。

5. 〈一九九〇年八月八日　中國來臺偷渡客的遣返悲劇〉，《公視新聞議題中心》庫存頁面，二〇一〇年八月八日，https://web.archive.org/web/20131202224909/http://pnn.pts.org.tw/main/2010/08/08/1990%E5%B9%B48%E6%9C%888%E6%97%A5-%E4%B8%AD%E5%9C%8B%E4%BE%86%E5%8F%B0%E5%81%B7%E6%B8%A1%E5%AE%A2%E7%9A%84%E9%81%A3%E8%BF%94%E6%82%B2%E5%8A%87/。

兩岸往來制度化

連續兩次人道危機，終於促使冷戰多年的兩岸政府展開對話協商。一九九〇年九月十一日，雙方紅十字會人員在金門會面，針對遣返偷渡犯、刑事嫌疑犯或刑事犯，簽訂建立人道互助機制的《金門協議》。協議中約定，遣返的交接地點以馬祖到福州馬尾為主，除非有其他因素考量，才會改採金門到廈門作為替代。

因此，馬祖便成了遣返中國偷渡客的最終轉運站。在臺灣各地被緝捕安置的偷渡客，泰半被送到南竿島上俗稱「靖廬收容所」的「大陸地區人民處理中心」等候，再由中國紅十字會安排船隻，載送他們回到福州的門戶馬尾港。一九九二年戰地政務解除之後，南竿島上的收容安置工作，也由軍方交到內政部所屬的警政單位手中。

出身南竿島、後來當選馬祖首屆民選立法委員的曹爾忠，曾經以警察局長身分協助處理遣返作業，他認為兩岸之所以會選擇馬祖作為遣返交接點，主要是因為偷渡到臺灣的大陸民眾，多數來自福建省的平潭、福清、長樂、連江這幾個縣，不管是地緣關係或語言，跟馬祖列島都頗為接近。

馬防部負責管理時，將準備被遣返的偷渡客集中在馬港村的清輝樓，因為人很多、很擠，情緒又不好，經常有暴動、抗議，丟東西、打壞門窗之類的事情。等到我接手後，和偷渡客之間因為有原鄉的情誼，彼此變得比較好溝通。

那些年正逢偷渡高峰，需要收容的人數暴增，原本的清輝樓根本不敷使用，官方於是利用南竿島上東西兩側的閒置軍營與校舍，設立「東靖廬」與「西靖廬」。雖然收容條件有了改善，但是等待遣返的日子依舊難熬，時間從數天至數週不等，一切端視中國大陸方面接人的船期安排，我方只能被動對應，像收容於靖廬的偷渡客一樣苦苦等待。對人力、物資都非常有限的馬祖來說，執行這項任務不比備戰輕鬆。

東、西靖廬最大的容納人數是四百人，但我們曾經一天同時收容六百多人，最多的時候，一整年累計下來，進進出出也有個四、五千人，對我們來講是一個沉重的負擔，所以說得要努力去協調大陸，趕快把人送回去。

隨著兩岸關係漸趨和緩，出入境管制鬆綁，一九九二年七月《臺灣地區與大陸地區人民關係條例》也完成立法，正式施行，比馬祖解除戰地政務還早了幾個月。根據該法第十七條規定，有意前來臺灣的中國大陸民眾，可以用依親、婚配等正式名義提出申請，來到臺灣與親人團聚、長住或定居。從此之後，馬祖列島又多了一批來自原鄉的訪客，他們不再只是等著被遣返、趕著送回的過客，而是帶著過往連繫或婚姻關係，將人生帶到島上重新開始的馬祖新住民。

成為馬祖媳婦

在福建省長樂縣厚福村長大的林秀，二十二歲的時候經由鄰居介紹，嫁給隔壁曹朱村的曹以杰。

長樂縣是眾多馬祖列島居民的原鄉，亦即祖籍所在地，兩地之間的人員和貿易往來，在兩岸分治前曾經連綿不斷。林秀的公公出生在南竿島，出生不久母親就過世了，從小跟著做買賣的父親往返大陸。十幾歲那年，有一天因為颱風來襲，父親將他暫時留宿在曹朱村的親戚家，自己返回南竿，豈料臺海局勢突然急轉直下，原本以為兩天後就能與家人重逢，殊不知竟成了永別。

接下來四十多年，彼此杳無音訊，一直到一九八七年兩岸開放探親後，公公的姊姊背負著父親遺願，終於找到失聯許久的弟弟。一九九六年，林秀的公公以依親名義搬回南竿島定居。這一年，剛好就是林秀結婚那一年，剛剛嫁為人婦的林秀，便跟著公公和先生的腳步，也踏上了馬祖。

來臺灣之前，聽大家說臺灣很好、是個寶島，我下飛機的時候，看外面的房子覺得也還好。我們家在長樂縣，有很多華僑，生活過得還不錯，我爸爸自己開工廠製作鰻苗網，車工很細，經濟條件比先生家裡好很多，所以來到這裡非常不習慣。

第一次來到馬祖時，我們在公公老家的牛角村（復興村）租房子住，那時候村裡很多都還是石頭老房子，外面下大雨時，裡面一定下小雨，瓦片會漏水，也沒有衛浴設備，我問先生要去哪裡上廁所？他居然跟我說沒有馬桶！我十幾歲時，長樂的家裡就已經有抽水馬桶了。我在想日子要怎麼過？太恐怖了！

不久，先生被徵召入伍，分派到高雄服役，林秀沒有繼續留在馬祖，她寧可一個人到臺灣找工作，等待先生退伍，然而先生退伍後，還是堅持要回馬祖陪伴老父親，嫁雞隨雞的林秀，只得說服自己接受，開始充滿挑戰的新生活。

剛回來時，先生說幫我找了一份飯店的工作，我想說飯店工作應該就是在櫃檯，就穿了一身的白洋裝去，沒想到老闆娘拿了一根馬桶刷給我，原來是要做房務清潔！當場我就嚇到了，很想找個地洞鑽下去。

我從大陸帶來的衣服，都是洋裝、裙子那種比較正式、比較美的衣服，根本沒有適合的衣服做清潔工作，來到馬祖買什麼都不方便，但是後悔也不來及了。後來只得請我要回大陸的朋友去找我媽媽一趟，幫忙把一些比較簡便的衣服帶過來。

公公從小就吃苦，很快就適應回到老家的日子，他在村裡閒置的土地上種菜，彷彿從來沒有離開過。對比公公的無縫接軌，說著同樣語言的林秀，卻是花了好多時間才漸漸習慣馬祖的生活。

這一次從臺灣搬回馬祖後，一家三口擠身在租來的石砌老屋，簡陋且不說，夫妻倆只能睡在閣樓，低矮的空間，連站著穿衣服都不能。後來漏水問題愈來愈嚴重，夫妻倆便決定在老家的土地上自己蓋房子。

那個房子是我公公、我老公和我三個人自己蓋的，我們有請師傅，但是蓋房子需要的磚、沙子都是我們自己搬的。牛角的路都是窄小的階梯，材料就先放在比較大的路邊空地，每天早上五點起來，我負責鏟沙到推車上，他們兩個負責推進去，因為推車沒辦法直接進到我們家，還得先將沙子暫放在鄰居家的空地上，再接大水管送進去，等全部建材運到了，再請師傅來幫忙蓋。

每天起早搬完建材，師傅開始工作，公公去市場買菜，林秀和先生留在工地幫忙搬磚頭。到了上午十點鐘左右，林秀便回家準備午餐給大家吃，不僅比買便當省錢，菜色也比較豐盛，還有剩菜可以留著晚上吃。這樣忙碌與辛苦的日子過了幾個月，房子蓋好了，林秀的心才終於踏實安定下來。有了自己的房子，也才敢讓在大陸的父母前來馬祖看看，而這已經是結婚整整十年之後的事了。

臺灣幻夢破滅

兩岸隔絕將近半世紀，重新開始接觸時，經常是以誤會開場。林秀在南竿島落地生根後，經常遇到村子裡的長輩，提出讓她啞口無言、時空錯置的問題：「你們大陸有熱水器嗎？」「你們大陸有紙尿褲嗎？」「妳會寫字嗎？」在不少老一輩的印象中，仍然留有當年國民黨政府的制式宣傳，誤以為對岸民眾依舊活在水深火熱之中。

在福州市區長大的任惠雲，沒經歷過吃樹皮、啃樹根的日子，但她對臺灣的想像也是誤會一場。

任惠雲在家中排行老三，從小沒做過什麼家事，出社會後在福州一家臺商工廠上班，她不瞭解國共內戰這些歷史恩怨，倒是因為看了劉雪華主演的瓊瑤連續劇後，對臺灣產生了莫名嚮往。一九九四年，在親友牽線介紹下，任惠雲認識了老家在南竿島的另一半，她以為自己是要嫁到臺灣去，沒想到最後竟是落腳在馬祖，成為第一代的陸籍「馬媳」。

結婚幾個月後，我就跟老公從桃園來到馬祖，老公的家在南竿鐵板村，住的地方會漏水，桶子掛在屋頂上，人在地板上睡。真的很悲慘，第一個晚上根本無法入睡，覺得好恐怖，一直聽到海浪聲，窗戶完全沒辦法給人有保護的感覺。以前腦筋裡面都是臺灣應該很好吧，來到這裡，希望就破滅了。

就像林秀一樣，當年馬祖的物質條件也讓任惠雲難以適應，兩個月不到就搬回桃園，只是先生因為工作之故，沒多久又重返南竿島。囿於當年的法令規定，陸籍配偶每次來臺只能居住三個月，最多再展延三個月，換句話說，任惠雲一整個年頭，都得在福州、桃園、馬祖三地之間不停遷徙移動，大兒子就是在福州出生的。那時兩岸直航受阻，她只能假道香港或澳門轉機，從香港過境還得另外辦理簽證，程序複雜又舟車勞頓，而且所費不貲。

一想到要在馬祖那棟漏水的房子生活，任惠雲的眼淚只能往心裡吞，來來回回住了好幾年，也無力改善。每次父母問她在臺灣過得好不好，她都不敢老實承認。直到有一次大兒子回福州，不小心說溜了嘴，回道：「我們住的地方，上面掛了一個水桶，外面下大雨，裡面下小雨。」任惠雲的母親聽了很是難過，沒想到女兒竟然住在這樣的地方。

多年以後，任惠雲拜託大伯把房子隔壁那塊地讓給她蓋房子，雖然只是間鐵皮屋，夫家的人卻不贊同，公公還反駁道：「妳這房子蓋了幹嘛？民進黨執政以後馬祖就會被放棄了。」任惠雲不懂公公為什麼這樣說，但她心意已決，總算在大伯的支持與金錢幫助下，有了一間不會漏水的房子。

我爸媽一直很想知道我在馬祖到底是過什麼樣的生活，想要過來看我，前面說要來的時候，我怕他們住不慣之前的房子，要他們等我房子蓋好再過來。大概十年前，我房子已經蓋好了，有地方給他們住了，他們有來過一次，走小三通，來三天就回去了，我沒有帶他們去玩，但我印象很深刻，他們是為了看看我，看看我究竟住在什麼地方。

自食其力的「大陸人」

居住方面的適應，只是人生轉折的一部分，身分取得，更是當年陸籍配偶要面對的巨大挑戰。根據《臺灣地區與大陸地區人民關係條例》，陸籍配偶來臺居住，關卡和限制重重，大約要等待八到十年才能取得身分證。在此之前，陸籍配偶沒有合法的工作權，倘若夫家無法給予足夠支持，經濟上肯定會遇到困難。

任惠雲遠嫁之後，才知道先生婚前就染上惡習無法穩定工作，生活所需多半仰賴公婆支持，只是公婆年事已高，很多時候她只能自己面對，常常感到孤立無援，心事不敢跟父母說，也不好跟同樣從大陸嫁過來的姐妹坦白，就是擔心馬祖地方太小，流言傳來傳去總是不好。

捱了八年取得居留權，不必再曠日廢時往返兩岸，再撐兩年又拿到身分證，任惠雲總算可以如願以償投入職場，進入南竿島的旅社擔任清潔工。二十一世紀初，馬祖列島的觀光還在萌芽階段，平日旅社的客源多半是阿兵哥，以及極少數來馬祖工作的外地客。輪流休假時，一群沒辦法回臺灣的軍人，經常就在旅社裡頭洗澡、睡覺、看電視、打電動。渴望賺錢的任惠雲，後來幫阿兵哥洗起衣服來，晚上騎著機車前往各營區收件。軍隊的營區往往設在比較偏僻陰暗的地方，老人家都會勸她：「妳不要走那條路啊，那裡是什麼地方妳不知道嗎？」

任惠雲的確不知道關於這類軍事禁地的恐怖傳說，她不想聽，也不想知道，她只想多賺一點錢。從部隊收來清潔的衣服，一疊一疊放在機車上，數量多到前座幾乎沒辦法坐下。但這一切讓任惠雲覺得很值得，多虧了這群休假時顧著進旅社睡覺、上網咖打電動的阿兵哥，單單靠洗衣服，她一個月最多可以賺到將近六萬臺幣，比起剛開始打掃房務的一萬多臺幣收入，實在是優渥太多了。

有了房子也開始工作後，讓任惠雲多了不少安全感，但在許多馬祖人眼中，甚至是社會運作的潛規則裡，說著同樣方言的她，依舊還是一名「大陸人」。

我住在鐵板村，雖然左鄰右舍不會歧視我，但是剛過來的前幾年，其他村子的人還是會說我是大陸囝，會說很多閒話，衣服穿好一點、打扮太漂亮也有話說。這些話我聽聽就算了，也不會特別去回應，想說這裡畢竟是鄉下地方。結果等到我回福州娘家時，換成弟弟唸我，幹嘛穿得像個乞丐似地回來，弟媳陪我去買衣服時，我顧慮到鄉親看法，覺得某些衣服可能太暴露不能被接受，弟媳也懷疑我到底生活在什麼樣的環境裡？怎麼這個不能穿，那個也不能穿！

還有一段時間，我一邊洗衣服，一邊幫報社送報紙：白天送完《馬祖日報》，晚上到部隊收衣服。後來卻發生一件讓我很生氣的事，我都已經送報送了三年，身分證也拿到了，有天縣政府突然以我是大陸人，不能在公家機關工作為理由，就不讓我送報了，這件事情讓我一直印象深刻。

這種被當作外人的感覺，不僅在她身上發生，她的小孩也有同樣遭遇。

大兒子念國小三年級時，回來跟我抱怨說：「媽媽，妳為什麼把我生在大陸？為什麼弟弟妹妹都出生在臺灣？為什麼只有我生在大陸？」我說：「怎麼啦？」他說：「人家都叫我大陸囝！」

抱怨歸抱怨，兒子在學習方面卻從來不讓她擔心，知道在大陸求學的媽媽沒有學過注音符號ㄅㄆㄇ，孩子只要任惠雲在作業上簽名就好，不用幫忙檢查。儘管兒子沒有給她學習壓力，倒是同樣來自大陸、跟著老公依親來馬祖的陸配姐妹提點了她：「惠雲，妳要去學電腦，沒有學電腦的話，妳永遠都是在外面工作，只能割草、掃街之類的。」

她比我晚來馬祖，可是她這一句給了我動力，算是指引了我，我回來想想真的是這樣子。剛好有朋友介紹我去一家旅行社工作，我發現我真的什麼都不會，就下定決心要去學電腦，一開始不會用鍵盤打字，我就跑去仁愛國小，從頭開始學ㄅㄆㄇ，每天晚上都去。學校那時候有針對成年人開課，我的同學裡面也有馬祖的長輩，為了要用手機傳簡訊，才跑去學ㄅㄆㄇ。我還記得那時候不只學ㄅㄆㄇ，還有上英文課，反正有機會我就去學。

現在孩子都長大了，馬祖孩子到了臺灣讀書都會有壓力，怕學習跟不上，我會鼓勵孩子，遇到什麼挫折要跟我講，不要悶在心裡，我自己當年就是所有心事都往肚子裡吞，差點都要憂鬱症了。

兩岸都是原鄉

二〇〇〇年五月，臺灣首次政黨輪替，執政的民進黨政府針對《臺灣地區與大陸地區人民關係條例》第十六條第一項第六款：「民國三十八年政府遷臺前，赴大陸地區之臺籍人員，在臺灣地區原有戶籍且有直系血親、配偶或兄弟姊妹者，得申請在臺灣地區定居。」規定，就馬祖的特殊情況提出權宜措施。

由於馬祖列島遲至一九五六年之後才有戶籍登記，有些原來住在馬祖，卻因爲兩岸分治被迫滯留大陸的民眾身分便無從稽考，因此陸委會特別放寬認定，只要有三名馬祖人作證，即可申請來臺回復國籍。

這項權宜措施，幫助許多原籍馬祖的民眾得以回家。但也因為認定寬鬆，許多原來滯陸馬祖人的配偶、子女，也循此管道申請依親來臺；某些出生地並非馬祖，但跟馬祖人有血緣關係的大陸民眾，也藉著三人作保的條件，取得來臺定居的資格，其中不乏不法集團藉此管道，偽造身分合法偷渡，進而衍生國安與治安問題。本來是一番美意，卻出現漏洞可鑽的權宜辦法，實行短短兩年就宣告廢止，但在這段期間，已經有將近五千位居住在大陸的馬祖人及其親屬，以依親名義取得中華民國身分。

一九五二年出生在福建省連江縣曉澳鎮的李榮光，剛好趕上了這波「寬鬆政策」的短暫機會窗口，跟著南竿島出生的老父親來到臺灣，並在父親過世後，搬回那個他其實非常陌生，在生命經驗裡從缺的「原鄉」馬祖。

李榮光在曉澳的家，前方是一片沙灘與海洋，天氣稍好的時候，可以清楚看到不遠處的兩座島。他記得小時候父親曾經指著其中一座島說：「從前我們在那座島上有個家。」父親還說自己十幾歲時才從那座島搬到曉澳來，小島上還有一些親戚、鄰居，以及小時候的玩伴。

至於把家從那座島搬到曉澳的祖父，李榮光從來沒有聽他說過關於那座島、那個家的隻字片語，直到六十四歲臨終前，才留下一段耐人尋味的話。那是一九七四年的事，兩岸還不見和解跡象，文化大革命才剛要邁入尾聲。李榮光回憶道：

爺爺對著我和妹妹說：「你們可能是回不去了，沒有辦法回去了。你們如果有機會回去，津沙澳中最大的那間房子，就是我們家。」

爺爺當時講的時候，我也沒什麼在意，回不去就回不去，因為從來也不知道那是哪裡。一直到這幾年遇上疫情，我才有所同感，一個人離開自己出生的地方幾十年，什麼親友都見不到，應該是很傷心的事情，但是爺爺卻都埋在心底不敢講出來。

李榮光的祖父原來住在南竿島上的津沙村，以開船為業。一九四六年島上瘟疫盛行，他帶著全家暫時回到大陸原鄉避難，直到一九四九年兩岸分治後，一家人才在曉澳正式定居下來。那年頭，共產黨對於有臺灣以及馬祖背景的人都懷有戒心，加上一波又一波的政治運動，如四清、反右，文化大革命，更讓老人家戒慎恐懼，絕口不提過往的馬祖經歷。

祖父和父親都在國營事業跑船，工作內容是將從漁民那裡收購的漁獲，載運到福州進行冷凍處理。生活雖然不算太好，但比一般農漁民要穩定許多。儘管來自馬祖的家族「成分」，還是讓爺兒倆的生活受到一些限制。

因為是馬祖人的原因，我爸爸和我爺爺都不可能有升遷的機會，我爸爸也會開船，但是一輩子就只能當水手；我爺爺雖然可以開船，但是碰到有政治運動的時候，就會被調到岸上去做雜工，因為船一出海就是馬祖，上頭也怕爺爺把船開到馬祖去。

被祖父深埋的「馬祖身分」，並未對李榮光造成太大影響，因為祖母那頭也有「烈士遺族身分」庇蔭，讓他們家在文化大革命期間，不至於過得太糟。

那時候上山下鄉鬧革命，我們本來就在鄉下，沒什麼革命好鬧。我奶奶有個弟弟在國共內戰時幫共產黨打仗，後來犧牲了，就把我姑姑過繼給他們家，算是烈士的子女，生產大隊給一個名額讓她去挑花蛤，一個退潮可以賺到三毛人民幣，我媽媽叫我跟著去，可以賺錢也可以撿些螺貝拿去賣或自己吃。

改革開放後，李榮光在廣東省的東莞經營一家成衣廠，專門做臺商生意。隨著身邊接觸到的臺灣人愈來愈多，一家人開始有了申請來臺定居的念頭。

我們家鄉有很多人，當年是被國民黨抓去當兵，兩岸開放之後，很多人回來家鄉，回來時都會帶著美金回去，也會捐錢給學校，所以印象中就覺得臺灣來的都很有錢，想去臺灣的念頭都是衝著錢來的，倒不是什麼家鄉情懷之類的。

在東莞的時候，大家都說臺灣有多好多好，很多人都偷渡去了，他們只是去不了，你有這麼好的條件，名正言順的，為什麼不去？我想也對，就想去臺灣走一走，人在物質缺乏的時候，改善物質生活是第一步。後來我父親就去辦探親，我姑婆寫信回去找幾個我父親小時候的玩伴，證明我父親是在那邊出生的，然後姑婆的兒子幫我們去辦依親，就先在臺灣定居下來。

來臺以後，李榮光跟父親回過南竿島幾次，第一次登島時，祖父口中那個「津沙澳中最大的那間房子」僅存斷壁殘垣，但可以看出是兩層樓的房子，只是後來因為毀損太嚴重，有安全疑慮，就被政府拆掉了。沒了老家的原鄉，好像也只能走走逛逛。

李榮光在臺灣工作了幾年，父親過世後，一直想找個安靜地方過日子的他，不知怎地突然冒出回馬祖老家生活的念頭。

回馬祖之前我在一家保全公司當副理，覺得沒什麼意思，我父母親都走了，兒子也長大了，一個女兒嫁到馬祖，我倒不是因為女兒在這裡才來，她有她的生活，我有我的生活。

人的意念很奇妙，我也不知道怎麼產生回馬祖的念頭。當時馬祖交通公司是我姑婆的女兒開的，本來是我女兒在那裡工作，我女兒說你回來接我的工作，我去開便利商店，我就回來做這個工作。

住了一段時間，李榮光決心要在南竿島上落腳，便把太太也給接了過來。回到馬祖第二年，他遇到一間剛蓋好的五層樓房子，爬到頂樓一看，又驚又喜，沒想到會在這裡與夢想相遇。

我以前在曉澳的老家，二樓是小閣樓，只有中間才可站起來，兩側直不起腰來。我一直在想什麼時候才可以有個房子，可以居高臨下地看海，一直做那個夢，最大的願望就是一起床就面對著海。後來就跟我在東莞開工廠的妹妹商量，借錢把那棟房子買下來，我妹妹沒有反對，倒是親戚都反對，說去馬祖那個鳥不拉屎的地方做什麼。

自認懶散也沒有想要發大財的李榮光，就這樣在馬祖安頓下來。加入多元就業方案，參與社區活動，閒暇時在網路上寫文章抒發己見。每年總會有幾次，走小三通到對岸去，找老同學和朋友敘舊出遊，兩地之間來往方便頻繁，和一九四九年之前沒有什麼兩樣，宛如一日生活圈，就像姑婆跟他說的：「我以前都是坐你阿公的船去大陸看戲，過一夜然後回來。」

後來李榮光的兒子一家，也舉家遷來馬祖定居，就這樣，一家人兜兜轉轉，竟然陸陸續續又從對岸，回到了祖父生長的地方。李榮光在曉澳的族譜中，看到清朝道光年間，高祖父定居在「外山」的記載，又在南竿島津沙天后宮的捐款芳名錄上，找到曾祖父的名字。

我現在有點糊塗了，我的原鄉是在馬祖，還是在對岸的連江，也許這兩個地方，都是我的原鄉。

第九章 脫困

每一趟來回搭船，就像是死了一次再活過來那種感覺。

每個人心中，總有些一輩子忘不了的日子，對楊綏生來說，其中一天是一九九六年的四月五日。

那是清明連假結束的第一天，他和太太搭上從臺北飛往北竿島的國華航空班機，即將降落前，飛機突然一陣劇烈震盪，在距離北竿機場跑道僅數百公尺處，咚地一聲落入海面。

機上乘客對於這突如其來的墜海感到驚慌與不知所措，但從小深黯水性同時也受過完整醫科訓練的楊綏生，冷靜地打開左後方的安全門逃生。海水不斷灌入機艙，他和太太以及同機的朋友逃出，共同攀附在海面載浮載沉的機翼，隨後又有幾名乘客從逃生出口竄了出來，一眾死裡逃生的人聚集到機身上方等待救援。天色將暗，大海茫茫，所幸事故發生不久即有救生筏趕赴現場，其中一名倖存者被拉上救生筏時已沒了呼吸心跳，楊綏生緊急施以人工呼吸，驚險救回一條人命。

當時甫從廢棄軍用機場轉為民航使用的北竿機場，完全依賴目視方式起降，遇上冷熱空氣交替的時節，瞬息萬變的天候，讓每一次降落都是命懸一線。事發當時是馬祖列島最容易起霧的四月，機場處於開開關關的不穩定狀態。在惡劣的天候與機場條件下，這起因為降落進場高度判斷失準，正副駕駛瞬間反應不及釀成的墜海意外，造成十七名機組員與乘客中，五人當場罹難，一名幼童從此失蹤。[1]

1. 《馬祖日報》，一九九六年四月六日至八日。

然而，事發後不到一星期，大難不死的楊綏生，再次從北竿島搭上同一型號飛機前往臺北，上電視節目倡議改善馬祖的交通問題。雖然餘悸猶存，但他意識到自己國大代表任期即將結束，改善馬祖交通刻不容緩，電視臺代表一句話說服了他，「你平常建議都沒有人聽，這個時候講是最好的時機。」楊綏生自己也體悟到，「如果會死，你怕沒有用；如果不會死，你怕就是多餘的。」

空難發生後，百餘名北竿民眾發動抗爭，占據機場跑道靜坐，要求民航局提出具體承諾並且立即改善。這起抗爭事件，對於剛結束戰地政務沒幾年的馬祖列島，是不容易的事。早先劉家國等人爭取解除戒嚴，本地民眾普遍不敢公開表態，如今輪到民選縣長當家，又遇上如此人命攸關的議題，民眾紛紛走出家門一抒胸臆。雖然最後帶頭抗爭的鄉長、民代和民眾被依違反《民用航空法》判刑，但也爭取到民航局允諾投入更多經費，加速北竿機場擴建，以及規劃在南竿島上興建另一座機場。

儘管如此，楊綏生心裡依舊覺得不太踏實，頻頻被詬病的北竿民用機場，才啟用短短兩年就發生事故，以眼下依舊克難的硬體和地理條件，難保日後不會再出意外。腦袋裡還在這麼想著，命運就派發給他既像挑戰也像捉弄的新劇本，這名掛心馬祖交通的空難倖存者，不久就被需才孔亟的縣府，借調擔任代理建設局長，職司馬祖交通建設與規畫業務。

這一年，楊綏生將滿四十二歲，暫時從醫治病人轉行到醫治交通。

馬祖人的暈船惡夢

一九五四年出生於南竿島的楊綏生，是馬祖戰後第一代受惠於九年國民義務教育的漁村子弟，讓他得以擺脫國小畢業後就要出社會工作的命運。更加幸運的是，在他高中即將畢業前，政府為了解決山地和離島地區醫療人力不足的問題，推出「醫事人員養成計畫」，馬祖獲得一名醫學系甄選保送公費生名額，條件是畢業後必須回鄉連續服務十年以上。楊綏生回憶道：

學醫對我來說是沒有想像過的事情，小時候作文寫「我的志願」時，我想當的是科學家或者偵探。考大學那年，馬祖高中多了中央警官學校以及臺北醫學院的保送名額，就從我這一屆開始。我對刑事警察學系很有興趣，覺得可以當偵探，但我媽媽以前在市場外面賣魚，常常被警察趕，讓她對警察非常反感。剛好我是馬祖高中那一屆唯一符合臺北醫學院學業成績與體檢合格兩項甄選資格的畢業生，就這樣進了醫學院。

我對醫學沒有偏好，也沒有特殊興趣。以前馬祖學校教師不足，軍中都會派預官來幫大家上課，其中一名軍官是臺大醫科生，我還特別跑去問他，請問老師是第幾志願考上臺大醫學系？問出這種問題，就知道當時我有多外行。其實媽媽本來連高中都不想讓我念，一直希望我趕快畢業回家幫忙，最後是在親友師長共同勸說下，想想醫師畢竟可以救人，才同意我繼續念上去。

種種機緣巧合下，楊綏生成了全馬祖第一位赴臺灣讀書的醫科生。對他而言，這是一條想起來頭皮都會發麻的路。從南竿島前往臺灣，空間上雖然只有一百四十海浬，時間上卻是十天以上的等待，再加上乘船過程十八小時起跳的不適。交通衍生的心理排斥感，是家鄉與臺灣最遙遠的距離。

從楊綏生出生的一九五〇年代，到接下來整個一九六〇年代，連繫臺灣與馬祖之間的主要交通工具，是俗稱「開口笑」的LST（Landing Ship, Tank）戰車登陸艦。這批曾經在二次大戰諾曼第登陸等戰役大出風頭的船艦，於《中美共同防禦條約》簽訂後，由美軍移交給國軍，並且改以「中、美、合、作」字號命名，從登陸艦改為運補艦，肩負金門、馬祖等外島與離島間的補給任務。

楊綏生中學時期前往臺灣時，搭乘的便是約莫十天一個航班的LST。雖然馬祖居民可以免費搭乘軍船，卻必須經過嚴格繁複的申請程序：首先得到照相館拍大頭照、填寫申請書詳細敘明事由、附上保證書、送交村公所轉警察局，再上呈指揮部，層層核批下來，往往是數個月的等待。

好不容易等到證件核發下來，等船又是一番波折。由於ＬＳＴ開航與到岸時間不定，也不會有人通知，所以打聽消息以及判斷天候海象，就是候船者必要的生存智慧。當望穿秋水的船艦總算從海面上緩緩駛來，這時還不能輕易鬆懈下來。ＬＳＴ靠岸得要配合潮汐時間，必須藉著潮水漲退進行搶灘與退回海上的作業，相關的人員往來、貨物清運，都要跟時間賽跑。

搶灘靠岸時，船艏會先往左右打開，再慢慢放下跳板，那個開口就像是黑色巨獸的嘴巴，不管是戰車、武器、燃料，或是阿兵哥與小老百姓，全都靠著這張嘴巴吞吐。負責清運的部隊官兵忙進忙出，船艦不僅載來了生存所需物資，也為這座以戰地之名被隔絕的島嶼，帶來些許遠方的訊息與慰藉——那是至少十天前的臺灣報紙以及至少二十天前寄出信件的回音。

當船艦物資逐漸清空，港口安靜下來後，便輪到在岸上經歷漫長等待的乘客，蜂擁進入船艙，展開一趟少則十幾個小時，多則二十甚至三十小時以上的海上漂流。

ＬＳＴ畢竟是軍船，主要任務是載送戰備物資與兵員，老百姓只是隨船附帶，並沒有被當作真正的乘客對待。船艙內僅有少數四層吊床提供人員休息，一般民眾根本分不到床位，上了船就是各憑本事，自己想辦法找個角落，鋪上報紙、草蓆、衣物就地安身。平靜無波的夏天，甲板是眾人首選，儘管曝曬炎熱、海水濺溼，至少呼吸得到空氣，比混雜著柴油味、機油味、汗漬味、汗臭味、食物味的船艙內來得清新。當然，若是遇到颱風過境，被迫改變航線的話，那又另當別論。

進入冬天後，強勁、冷冽的東北季風刮過臺灣海峽，這時艙底由郵務包裹堆積而成的郵包堆，會比冰冷的艙板來得溫暖，只不過出海後若遇上大風大浪，不管睡在艙底還是艙板，照樣都會被顛個七葷八素。對此楊綏生特別有感：

我從國中畢業到高中暑假偶爾去臺灣，搭的都是LST。這種運補艦是設計來登陸用的，所以對速度和抗浪能力都沒有要求，從馬祖到臺灣，起碼要在海上晃個十八個小時。有次為了探望一名搬到臺灣去的親戚，我媽媽買了半籮筐的鯧魚，還沒開船，上頭的冰就已經化掉了，抵達臺灣時，魚身上已經有蟲跑出來了。

臺灣海峽又不是很平穩，冬天尤其顛簸，航程中都是嘔吐物，不是自己的就是別人的，很多年紀比我小的孩子最後吐到連膽汁都吐了出來。我有一個妹妹送到臺灣給別人家當養女，她離開的時候才三歲，剛剛有一點記憶。長大以後問她對於馬祖的記憶是什麼？她回答說：暈船。

因為交通實在太不方便，小時候很少去臺灣，反倒是念了大學後，每年寒暑假都要來回，每一趟來回搭船，就像是死了一次再活過來那種感覺。

當青年楊綏生獲得保送，幸運進入醫學系就讀時，馬祖聯外的海上交通正從LST時代進入AP時代。AP指的是海軍的「人員運輸艦」，客貨兩用，一開始是向日本的造船廠訂購，但在蔣經國主政的一九七〇年代，被列為「十大建設」之一的造船廠，獲得政府刻意扶持，此後新船就改由國內的中船公司打造，自產自銷，以軍養商。

比起LST，新的AP艦多了冷氣，儘管經常故障，但終究聊勝於無。此外，船上也出現吊臂，方便裝卸物資。海象若是正常，AP艦每月可以開航三至四航次，頻率比先前稍高，如逢春、端、秋三節或寒暑假，還會視需要加開。從這個階段開始，人不再只是戰備目標下的附帶之物，老百姓也總算有了鋪位可睡。然而所謂的鋪位，其實也只是一張粗糙帆布繫在金屬床柱的吊床，以三層為一個單元，隔著狹小的走道，密密麻麻填滿整個艙體。每一層吊床的格距極小，加上身體的重量一沉，乘客與乘客之間，至此已經談不上什麼界線與隱私。

儘管有了吊床棲身，不變的是船艙中濃重的氣味，以及依舊經不起風浪的船身。海象惡劣時，從吊床上摔下來是常有的事，嘔吐物從上層到下層再到地板、廁所裡更是隨處可見。一位來自臺灣的馬祖媳婦如此回憶道：

有一次自己的床位在吊床最下面一層，睡一睡覺得怎麼臉上有八寶粥，後來才發現原來是上面的人嘔吐的東西，我都嚇死了。每一次想到要回娘家，一個星期以前就開始暈了，好不容易回到臺灣娘家，昏睡了一個禮拜，人好不容易清醒了，又要坐船回馬祖。後來北竿開始有十九人座的飛機，打死我都不去坐船了，再危險都沒關係。

AP艦的速度比起LST有所提升，但對一般民眾來說，它的最大考驗卻是發生在海上接駁時。AP艦不像它的前輩LST可以搶灘登陸，因此，在馬祖各島都還沒興建新式碼頭之前，它只能暫時先碇泊海上，再透過其他小船或是小型登陸艇，進行貨物與乘客轉運。民眾要登上AP艦，就得以小船為中介，攀爬繩梯上去，下船時則反是。遇到海象不好時，波浪會驟升驟降，高低之間經常是數公尺的起伏落差，乘客宛如冒著生命危險行走於絕壁之間，因此接駁之際，必須細數海浪節奏，看準適當瞬間跨步離手，年輕人尚覺心驚膽跳，老弱婦孺更是險象環生。

「簡直就是逃難！」許多曾經搭乘過AP艦的人都如此形容，也有人事後回想，「感覺那個年代的生命很不值錢。」直到一九八〇年代南竿島福澳港及東引島中柱港經過填海造陸工程，雙雙落成深水碼頭後，依賴小船海上接駁AP艦的歲月才終告落幕。住在北竿、東莒、西莒等其他島嶼的民眾，此後都得提早前往南竿島候船，奠定了福澳港成為馬祖列島轉運樞紐的關鍵地位。

醫生轉行國大，力爭小島機場

一九八一年春末夏初，馬祖首位公費醫保生楊綏生準備回鄉服務，畢業前，他算準還有二十餘天的空檔，可以先回南竿島上的家一趟。沒想到返鄉之後，接下來的日子竟然沒有一艘AP艦開航，他就這樣錯過了自己的畢業典禮，無緣在眾人祝福聲中戴上方帽。

返鄉行醫的楊綏生，在醫療資源缺乏的前線小島，幾乎是大大小小毛病都得處理，三更半夜同樣需要出診，甚至為產婦接生也成了他的工作。也是在這些年，他益發體會到馬祖的醫療，比起臺灣任何地方，更與交通息息相關。

擔任離島醫師十年期間，他最常開給病人的不是止痛藥，而是暈船藥；然而暈船還是解決得了的痛苦，由於馬祖的醫療人力與設備都不足，無論是生病或生產，都帶有極高風險，受到交通阻隔延誤治療、或是被迫在船艦上生產的情況時有所聞。在離島，交通就是醫療的延伸。

本來無意仕途，對政治冷眼旁觀的楊綏生，在十年公費服務即將期滿前夕，被師長力拱，半推半就下加入國民黨，並在戰地政務解除前夕的一九九一年，參與了第二屆國民大會代表的選舉，高票當選。

我不喜歡政治，但是我有關心的事，其中就屬交通給我的感受最深。醫學系的訓練，從第一堂課老師就告訴我們要「視病如親」，如果想要賺錢，就不要來當醫生。我看到馬祖很多醫療問題，都是卡在交通，而交通不能改善，又是卡在軍方，雖然我不知道國大代表究竟能做什麼，但我感覺只要選上了，就有機會可以代表民眾跟軍方溝通。

以前馬祖雖然也有增額選舉選出的國代，但他們都是看軍人臉色行事，沒辦法說自己想說的話，就算說了，別人也未必會重視。我想我有醫師背景，不受制於軍方，比較能夠說自己想說的話，就算上頭對我有意見，因此不讓我在馬祖工作，我也還有退路。

第二屆國民大會代表選舉，在當時是臺灣民主運動的重要里程碑，它是《動員戡亂時期臨時條款》正式廢除，以及被詬病的「萬年國會」終結後，首次辦理的全面性中央民代選舉。這批新科國代的重要任務之一就是「修憲」，包括總統直接民選，以及監察、司法、考試三院的職權調整。天真的楊綏生，每一次都在國民大會提案討論馬祖交通問題，卻都得不到重視，一方面當時朝野的重點都放在修憲之上，二方面馬祖的人口實在太少，難以形成什麼政治影響力。

馬祖高中的老校長曹金平，當年教過我一句馬祖諺語，他說「尾囝尾珍珠，又好疼又好摸」，意思就是家裡的老么跟珍珠寶貝一樣，最受疼愛。這是一種弱勢的生存法則，馬祖的人很少，若是要搞抗爭，變成毒藥都毒不死人，但是如果你裝得很可愛，像老么一樣人見人愛，那就不一樣了。所以我就開始找學者和其他國代幫忙，很誠懇、很低調地請他們幫我簽名連署。

連署什麼呢？連署提案把馬祖放進憲法增修條文。當時國民黨有一個提案條款是，「國家對於自由地區山胞之地位及政治參與，應予保障；對其教育文化、社會福利及經濟事業，應予扶助並促其發展。」我們就請求，在條文後頭加入「對於金門、馬祖地區人民亦同。」道理是這樣的：本來火車若是沒有這個班次，你要它增開一班很難，但是在即將開動的火車後頭，加掛一節車廂，就簡單多了。我沒有辦法在國民大會上凸顯交通問題，只能靠這一招。

在憲法增修條文中放入馬祖，只是幫己方累積彈藥，或許更為關鍵、影響也更深遠的是，楊綏生和其他地方人士為馬祖爭取到的一席立法委員。唯有立委才有實權，可以為馬祖爭取預算、改善交通，讓修憲條文中的彈藥，有效地擊發出去。

在萬年國會年代，金門馬祖都屬於「福建省」，合計只有一席立委名額，然而兩地人口相差懸殊，不管怎樣選，最後當選的都會是金門人，馬祖人只有抬轎的分。然而，根據前一屆修憲後的條文，未來「福建省」可以增加到兩席立委，楊綏生的目標，就是想辦法拜託中央選舉委員會的委員，讓馬祖可以成為獨立選區。

選區劃分是事務性的東西，不用通過立法院或是國民大會，而是由中央選委會決定。中選會的委員各黨派都有，也有無黨籍的。我想辦法透過關係進到開會會場，只要求在委員們開會之前，讓我跟大家打個招呼，拜託一下。我還記得進去時在樓梯間碰到姚嘉文，我說馬祖是弱勢，你們要支持，他還說你們不弱啊，但是呢，他說他擔心馬祖人那麼少，會不會有買票的問題？我們那時候很單純，向他掛保證絕對不會有任何買票問題。

我在委員們面前只講說我們要交通，這個立委席次很重要，就這樣，後來開會結果出來，金門跟馬祖分開成為兩個選區。以前我們每一次坐船坐得死去活來，都不會有人知道，沒有中央民代，聲音就出不去，但是從此以後，就有人能把我們的感受帶進國會殿堂，而且還掌有預算的生殺大權。

楊綏生當選國代次年，立法院首度全面改選，戶籍人口數僅有五九五八人的連江縣，選出了史上第一位馬祖籍的立法委員曹爾忠，只比金馬正式解除戰地政務晚了一個月。

這一席立委，為改善馬祖人念茲在茲的交通問題，開啟了有力大門，此後代表馬祖的立委，遇上立法院開議時，不管院內和黨內制度如何規定，多數仍會想方設法，讓自己「交換」進入交通委員會。日後國內開始推行立委減半、單一選區兩票制後，馬祖沒有被砍掉的這一席立委席次，實質影響力又進一步提升。

二十世紀最後十年，對前線島嶼金門、馬祖來說，正處於擺脫軍事管制後，準備自立自強的劇烈轉型震盪期。兩岸曾有的緊張局勢已經和緩，改革開放後的中共，剛剛結束了百萬大裁軍，而解除戒嚴、邁入民主的臺灣，也重新調整兵役制度與建軍思維，逐步裁撤駐紮金馬的大批軍隊。當前線島嶼褪去戰地迷彩，原先設備陽春、僅供軍隊使用的機場，確實也有了開放民用、擴大建設的條件與空間。

一九九四年初，新的民用機場在金門和馬祖兩地不約而同正式啟用。國大代表楊綏生、裝成「尾囝」示弱的楊綏生、跟李登輝總統吃飯時喊出「我不要摸頭，我只要飛機」而被周圍國代訕笑的楊綏生，終於要到了他夢寐以求的新機場。然而，相較於金門腹地寬闊、起降條件優越，且可容納百人以上班機起降的尚義機場，迅速迎來揭祕戰地禁區的觀光紅利；楊綏生眼巴巴盼得的新年禮物，卻是一座差強人意，只能飛行十九人座小飛機的北竿機場。

飛安事故換來交通推進

很少有機場像北竿機場這樣，才剛落成啟用沒多久，就因為飛安問題，一直遭到民眾關切和抗議。

由小型軍用輕航機場改建的北竿機場，原本專供偵察機起降，雖然廢棄了一段時間，但因為已有跑道、停機坪、機房及塔臺等雛型，為了回應馬祖民眾要求，便匆匆進行整建，因陋就簡地負擔起民航機的起降任務。

在地形蜿蜒起伏的馬祖列島，北竿機場所在地已經相對平坦，只是北邊仍有風山及鐵拳山包夾，西邊又有短坡山阻礙，有霧不能飛，風大不能飛，加上缺乏導航設施，跑道也不夠長，駕駛員每次起降都是艱難考驗，充滿不確定因素。

馬祖居民沒過上幾天開心日子，便發現新機場並不好用，每次搭機都讓人膽戰心驚。地方人士積極倡議改善飛安，希望馬祖也能擁有一個起降五十人座飛機的中型機場。偏偏自己人內部連共識都無法達成，大家為了究竟是要在南竿島興建一座全新機場，還是直接擴建北竿島上的既有機場，吵成一團僵持不下。這也是脫離軍事管制的一言堂後，進入民主時代的馬祖民眾，必須面對與學習的一門全新課題。

戰地政務時期，不管是在哪座島嶼，民眾都是被軍方「管、教、養、衛」，很難為自己的權益發聲，即使心存不滿也無從表達；解嚴之後，人民當家了，一時之間眾聲喧譁，儘管不同島嶼之間，擁有近似的閩東文化，對外都被視為「馬祖人」，但是內部遇到資源分配時，地方民代無不希望為自家島嶼爭取更多建設，經常分化成「南竿人」、「北竿人」、「莒光人」、「東引人」，同一座島嶼內部，也常常因為氏族不同等理由，又再分化成更多的次級團體。

就在馬祖內部聲音都還沒有取得共識時，一九九六年的空難倏忽發生，僥倖活下來的楊綏生，剛好國大代表任期屆滿，被邀請進入縣府建設局任職，直接面對第一線的交通問題；他也更加深刻認識到，機場不只是工程問題，更是政治問題，他此時最主要的工作，就是排除縣府內部的行政阻礙。

當時機場有兩種方案，一種是炸掉北竿的鐵拳山，把炸完山的土石拿來填海，讓北竿機場的跑道能夠東移，所有問題都可以解決，而且跑道將來可以一直延伸；另一種方案，是在南竿蓋一座新的機場，但是當時評估要花數十億元，八年以後才能完成，而且最終機場環境還是會受限。

從我的角度看，馬祖是在跟時間賽跑，不能再蹉跎了，戰地政務解除後，部隊人數一直在精簡，馬祖只剩一條路，那就是觀光，而觀光的基礎就是交通。交通弄好了，其他的民間自己可以跟上。我並沒有反對在南竿蓋機場，但我希望先全力促成北竿機場改建，因為速度會快上很多。

這樣的意見，在當時與許多人相左。炸掉鐵拳山的工程，其實老早就標出去了，卻一直不能動工，卡在地目不符。當時有些鄉親，害怕南竿機場蓋不成，就用這一招來柔性抵制，但是以前官方要蓋什麼，哪裡有什麼地目限制？甚至我們在規劃採買臺馬交通船時，也有人持反對意見，擔心買了船之後，南竿機場就不會蓋了。

為了解決鐵拳山動工的問題，必須在最快的時間召開縣級的都市計畫委員會，辦理變更地目。縣長是當然主席，當時各鄉的鄉長，都是委員會成員，所以開會時我就建議縣長運用之前從國民黨政爭中學到的「起立派」技巧，要求大家舉手投票，讓反對的人不敢公開表態，果然派上用場。問題一一解決後，廠商動工起來就挖得很快，照那個態勢持續下去，很快就能完工，只是遇到反對者阻撓，又放緩了進度。

就在這時候，一起新的意外發生了。

一九九七年八月十日早晨，一架由臺北飛往北竿島的國華航空班機再度出事。這天之前，馬祖豔陽高照，但是北竿機場卻因南風過強已經關場三天。當天早上七點半，北竿機場宣布開場，天空卻是一副山雨欲來、霧氣壟罩的景象，在盛夏的八月並不尋常。

一名剛好在臨近軍事據點服勤的哨兵，目擊到天空突然出現一個光點，按常理判斷應該是國華航空的班機，但是移動的軌跡非常怪異，正常的班機起降，光點應該先出現在一點鐘方向，再慢慢降低高度、繞個小圈，從三點鐘方向對準機場跑道進場，但是這一天的光點，竟然是往左邊偏了過來。

當時也在北竿服役的醫務士范植源，多年後如此回憶這起空難：

那是一個星期天早上，吃完飯部隊集合檢查服裝儀容後，和輔導長站在集合場看著霧靄瀰漫的午沙海岸，平常篤信佛教的溫和輔導長，聽見遠方飛來的飛機聲，罕見地罵了一句：「這種鬼天氣居然還飛？不怕摔死啊！」

八點三十分，安全士官接了電話紀錄後，忽然像發瘋似地撇開衛兵直接衝下中山室，拿著電話紀錄大喊：「出事了！」

聽到消息和電話紀錄後，急急忙忙和排長要幾個禁足公差，衝到醫務室旁庫房，一手一支擔架和滿滿一袋急救藥包，叫了計程車直接殺上炮本連下，路上運將一直在罵：「去年掉進海裡，今年又撞進山裡，那些空軍退役機師都把飛機當戰鬥機在飛啊！」

一頭撞上山壁的客機，墜落後爆炸起火燃燒，國防部搜救中心獲報，立即動員軍警民眾五百多人進行搜救。當天雨霧交加，搜救極為困難，下午二時左右，十六具遺體全部尋獲，無人生還。隔天，北竿機場塔臺的氣象觀測站管制員自焚，由直升機後送臺北三軍總醫院治療。[2]事發後，北竿機場外再次集結超過百名民眾，抗議民航局漠視馬祖人的生命安全。

這起意外最後證實，是因為駕駛降落時誤判航道、重飛不及才不幸釀成。[3]不幸犧牲的十六條寶貴生命，換來北竿機場改善工程加速進行。跑道順利東移後，北竿機場的班機起降風險大幅降低，代價是原本會隨著潮汐不時隱現的沙連島景觀，從此永遠消失；至於南竿機場的規畫案，也以超乎平常的速度通過環境影響評估，迅速通過辦理，並在二〇〇三年正式啟用。

對楊綏生來說，這樣的結果「很難說好或不好，因為政治上有很多很難去解釋的

2. 《馬祖日報》，一九九七年八月十一日。
3. 《華視新聞》，一九九七年八月十三日。

事情」。在有限的預算分配下，儘管馬祖從此有了兩座機場，卻都是不盡完美的「跛腳」機場，沒辦法像金門和澎湖一樣，直接升級成適航大型噴射客機的機場。在楊綏生心中，這終究是個遺憾。但一年多的建設局代理局長任內，他還是以最快速度一關一關克服障礙，成功地從日本購入一艘五千噸的中古客輪，「臺馬輪」像及時雨般，為「恐機症」的馬祖民眾，提供一個往來臺灣與馬祖間的新選擇。

此後二十餘年，橘白相間的臺馬輪，大幅提升民眾乘船的便利性與舒適度。海象許可時，臺馬輪每週可以開航六天，每次航行時間大約八至十一小時，在基隆港、南竿島、東引島之間固定往返，由於船身裝設了平衡儀，乘客暈船的狀況也比從前少。從LST到AP艦，再從AP艦到臺馬輪，一層一層堆疊起的是「比較級的幸福」。

進入二十一世紀後，就連在馬祖服役的軍人，都改以臺馬輪為聯外的主要交通工具，原先負擔軍隊運補的AP艦，也陸陸續續提早除役，消失在臺灣海軍艦隊的編制之中。完成階段性任務的AP艦，象徵著一個時代的結束，顯示出臺灣的離島駐軍，暫時不再有大量運輸裝備的需求，對已經習慣依賴軍需消費謀生的馬祖民眾來說，愈來愈少的阿兵哥，意味著愈來愈多的關門歇業。

難以帶動的馬祖觀光

北竿機場開始營運的那一年，馬祖全面解除出入境管制，向觀光客招手。嗅聞到商機的王樹欽是北竿島上第一位、也是馬祖頭一位旅遊業的起跑者。這名補過漁網、開過照相館、火鍋店、冰果室、計程車、養雞場、電動玩具店、早餐店的商人，一聽說新機場即將啟用，就決定投入旅館經營。民航機駛來島上的第一天，就是旅館開張首日，雖然當天就有旅客入住，接下來卻是一段長長的陣痛期。

剛開始根本不知道有什麼客人、也不知道客人從哪裡來，只知道如果飛機起霧沒飛，遊客沒地方睡覺。我買了兩部九人座車，做了一兩年都沒有什麼生意，飛機只有十九人座，讓旅行社很難經營馬祖線，地方都還在做軍人生意，也很難轉型做旅遊餐。

包括王樹欽的龍興旅館在內，到了一九九四年底，北竿島上僅僅只有三間旅宿，當時馬祖的旅遊業慘澹，來訪的幾乎都是釣客。雖然戰地政務已經解除，第一任民選縣長也喊出「觀光立縣」的口號，但是一般民眾還沒有做好與軍方以及軍需消費脫鉤的心理準備。

這一年，民進黨主席施明德提出「金馬撤軍論」，主張金門跟馬祖應該徹底非軍事化，以觀光取代戰地，從過去的反攻跳板，蛻變成兩岸和平往來的橋梁。這樣的論調，卻在剛剛脫離軍事管制的金馬招來猛烈炮轟，許多民眾抨擊，金馬撤軍如同放棄金馬，將兩地拱手讓予中共，未免有兔死狗烹之嫌疑。

在當時的國際與兩岸局勢中，裁軍是大勢所趨，國防部明裡暗裡，一直在推動人事精簡。馬祖的駐軍人數，原本數倍於老百姓，後來慢慢變成不相上下，甚至比老百姓還少了。且戰且走的馬祖人，逐漸認清現實，往觀光發展轉型，但是和幾乎同年、同步起跑的金門相比，落差已經極為龐大。

同樣是一九九四年啟用的新機場，到了二〇〇八年時，金門機場一年的旅客已經超過一百七十萬人次，而馬祖兩座機場相加，卻還不足二十五萬人次，大約只有前者的七分之一；二〇〇一年起，金馬兩地同時啟動「小三通」，與中國大陸試點人員往來，到了二〇〇八年，金門一年的入出境人數已經接近百萬，馬祖卻還只有七萬出頭。這一年政黨輪替後，「小三通擴大方案」實施，戶籍不限金門、馬祖，兩岸民眾只要持有「兩岸出入境有效證件」，就能合法通過金馬進出，金門的入境陸客人數，從此更是倍數成長，反觀馬祖，不僅沒有成長，甚至還反向衰退。同屬戰地，心情卻是冷、暖不同。

馬祖的交通和旅客能量其實一直有在改善，不但有了兩座機場，飛行安全跟載客能力也在逐步提升，航線轉由立榮航空經營後，班機機型也從十九人座、三十七人座，提升至五十六人座，更別說還有從基隆港出發的臺馬輪，也能夠協助旅客疏運。只是對地方民眾來說，這樣的改變速度似乎還是不夠，霧季時的天候限制，造成馬祖空中交通經常停擺，相關問題也還沒有獲得妥善解決。

從官場重回醫師崗位的楊綏生，對於交通改革仍難忘懷，他持續考察、蒐集各種機場、船舶、碼頭的資料，自稱是在念一所「沒有文憑、也沒有畢業證書」的研究所。這名醫師心中一直懷著第一次出國考察時，接觸到各種新技術的滿心喜悅。一九九三年時，他以國大代表的身分，前往歐洲考察適合臺馬交通的新船，碰巧馬祖的長途電話開通不久，他從丹麥打電話回馬祖報平安，驚訝於現代科技的進步，竟然可以從那麼遠的地方，和半個地球外的母親說上話。也是在同一趟旅程中，向來容易暈船的楊綏生，在北歐搭上了極其舒適、完全不會讓他暈眩的郵輪，徹底改變了他的觀念。

如果我們沒有接觸到外面的世界，我們不會知道要去改善。原來不是人人都會暈船，而是船叫我們暈。

幾次上書建言未果後，楊綏生乾脆自己重新跳下海，打著改善交通的口號參選縣長，最終在二〇〇九年二度參選時勝出，重返馬祖政壇。

走馬上任後，楊綏生總算可以按照他研究多年、心目中的理想機場藍圖以及新型客輪需求，積極爭取中央政府預算支持。他認定馬祖的交通運能，如果能夠照著他的規畫走，有機會就此大幅提升。偏偏這些努力進入中央，頻頻吃上軟釘子，得到的回應不是技術上不可能，就是馬祖沒有那麼大的需求。當時政府願意提供的資源，對他來說就像是「要的是燒餅，給的卻是芝麻」。

充滿爭議的博弈公投

坐困愁城之際，一則報紙上的新聞讓楊綏生重燃希望，也為他後來的人生揚起意想不到的波瀾。

當時中央政府打算在澎湖蓋賭場，行政院長劉兆玄說要補助二百七十幾億配合款，我想這筆錢如果拿到馬祖，我們所有問題都解決了。後來立法院通過法條，單獨允許離島地區可以經過公民投票設立賭場。最先辦公投的澎湖沒過，金門縣長還在第一任，為了連任，我猜他一定不敢提，接下來就是馬祖的機會。

詩人鄭愁予來馬祖時給過我一個觀念，他說賭場並不只是大家想像的那樣，在國外，它已經是一個可以綜合各種娛樂的遊樂場，詩人在美國親自觀察到，本來印第安保留區也是人口外流、就業困難，美國政府為了提振經濟，就頒布了《印第安賭博管理條例》，特許那裡的原住民在保護區內經營賭場，促使那邊的觀光產業發展起來，創造很多就業機會。馬祖雖然沒有賭場，但是不是一直都有人在賭博？博弈可以是我們尋求突破交通的手段，也可以是一個著眼於經濟的目的，讓交通成為必要的配套。

恰好二〇〇九年，《離島建設條例》修正案於立法院三讀通過，增列離島除罪化條款，同意各離島只要當地公投通過，就可以考慮設立觀光賭場。雖然公投通過後，還需要再制定《觀光賭場管理條例》，才能讓賭場真正上路，但是許多人已經等不及了。尤其眼看二〇一〇年，曾經同為「亞洲四小龍」的新加坡，為了挽救金融海嘯後衰頹的經濟，果斷打破禁忌，迅速開張兩間國際觀光賭場，同年經濟成長率馬上爬升到全球主要經濟體中的第一名，導致向來焦慮的臺灣媒體輿論上，出現愈來愈多鼓吹臺灣應當向新加坡看齊，趕緊跟進成立博弈特區的聲音。

楊綏生盤算，一旦馬祖的賭場方案過關，說不定能引進國際資本，協助馬祖興建新的機場，至不濟，也能以民意為後盾，要求中央政府配合博弈特區開發，提出預算改善馬祖交通，方便各國觀光客前來馬祖。就算最後一切不了了之，不管怎麼算，馬祖都沒有損失。

設立博弈特區的議題，剛開始並沒有引發太多關注與討論，倒是有許多嗅到商機的生意人，陸續前來縣府投石問路，無不希望將來有機會分一杯羹。號稱背後是跨國博弈資本金沙集團的懷德公司，提出在北竿島設立國際度假村以及觀光賭場的方案，除了在南竿福澳港的街頭掛上招牌，還密集前往其他島嶼進行遊說，開出了「四大保證」的紅利支票：建造南、北竿跨海大橋、興建零能見度也可起降的現代化北竿國際機場、興建馬祖居民子弟學費全免的國際級大學、由縣府提供年度稅收剩餘，發放給設籍居民社會福利金。四大保證由縣長楊綏生在見證人一欄署名。當時馬祖街坊鄰居熱議著，有了賭場之後，未來每人每月可以領到的福利金，估計將從一萬八千元到八萬元不等。

二〇一二年四月二十七日連江縣博弈公投成案，主文為「馬祖是否要設置國際觀光度假區附設觀光賭場」，簡稱「馬祖博弈公投」。突然間，一切彷彿不只是一個假說，而是有可能成真的美夢，或者對反對方來說，是一場迫在眉睫的惡夢。

公投如同命運的交叉口，它所產生的急迫感，引發馬祖前所未有的撕裂與討論聲浪。贊成者認為，裁軍之後沒了阿兵哥生意，馬祖只能坐以待斃，姑且一試沒有什麼損失；反對者則認為，這是攸關島嶼自然生態與社會生態的賭注，有著不可回復的風險。除了在地民眾，已經搬離馬祖多年的旅外鄉親，也紛紛加入這場論戰。所有人同樣懷抱對馬祖的憂慮與關愛，卻出現截然不同的觀點。

經過數個月的宣傳論戰，馬祖博弈公投成為舉國皆知的議題。二〇一二年七月七日，馬祖博弈公投結果出爐，七七六二名符合資格的選民中，投票率大約四成，最後贊成方以一七九五票，五七·二四%的得票率勝出，成為國內第一個也是唯一一個通過相關公投的離島。儘管闖過了公投這關，興建賭場一事，接下來卻因為立法院遲遲無法通過《觀光賭場管理條例》而卡關，未幾，又逢中共官方高調打貪反腐，對國民前往境外賭博祭出嚴格禁令，中共國臺辦發言人范麗青甚至針對馬祖博弈一事，強調「海峽兩岸旅遊合作規範」中有規定，旅行社不得引導和組織旅遊者參與涉及賭博等活動，明確給出了硬釘子。寄望陸客前來賭博的希望落空，懷德公司知難而退，在二〇一六年初悄悄解散。馬祖的博弈之夢，終究無疾而終，不再有人提起。

發動博弈公投的楊綏生，將自己推向風口浪尖，雖然贏了公投，但卻輸了民心。那些原本支持他的公教票因為博弈議題對他不諒解；至於期待博弈可以為馬祖帶來好處的鄉親，也因為後續遲遲等不到下文，對他產生不信任。二〇一四年底，楊綏生尋求連任失利，得票率僅有三三·七五%，輸給同為醫師背景的學弟劉增應。

日後，被外界問及當年懷德公司頗有疑慮的背景，質疑起該公司是否「玩真的」、他又如何看待賭場後續未果時，楊綏生如是說：

懷德的做法是要等我們法案過了以後，再到華爾街立一個案子募股投資，雖然是買空賣空，但至少他們前期也要先丟錢，實際花了多少錢我們不知道，有聽說總共丟了一億多。話說回來，如果懷德不是玩真的，當時我們被騙了，馬祖又有什麼損失？博弈公投過了以後，馬祖的知名度從來沒有這麼高過，一直有外賓來拜訪，想要分一杯羹。公投後我們也按照交通部要求，提出國際度假村開發的整合計畫，連配套我都想好，裡頭最重要的就是將馬祖提升到4C機場。[4]只可惜後來又被拿掉了，我當初就是因為不接受3C機場，才去提公投，想說最少也要換到一個4C機場，但是終究不能如願。

其實第二屆我如果再選上，我知道也會不好做，還會被罵得更慘，因為太多我們不能改變的東西，就像博弈的法源卡在立法院，對岸也從中央開始反對這件事。哪怕就算讓我當總統，當縣長時做不到的事，一樣不能做。社會照著自己的步調走，我們個別努力，只能說結果不一定都能夠照我們預期的走。

離開政壇後，楊綏生投入了他的一人造船事業。他的第一艘船，以浮桶、木條、竹竿和繩索打造而成；第二艘船，則改以木頭為結構拼接組裝，掛上選舉背心縫合

4. 根據世界民航組織的等級區分，機場依照跑道長度、起降機種的最大翼展可作等級區分，跑道長度由短至長可分類為1到4，按機型翼展由小至大可分類為A到F，現行南、北竿機場分屬「接近3C」及「2C」等級，若是提升至4C等級，可允許更大機型之客機起降。

而成的風帆。兩艘船都應用上楊綏生數十年來鑽研交通獲得的知識——船身是一個主船體加上左右各一個輔助船體形成的「三體船」結構——這是當年縣長任內，楊綏生渴望從國外採購，卻屢屢被中央打回票的新型船體結構。

第一艘船在一場颱風之後瓦解，殘骸被沖上灘頭，與海漂垃圾一同被怪手清理掉。第二艘船下水後，最終也不敵潮水和浪湧，沉入水中成了「潛水艇」。

楊綏生的航海夢，有一些已經結束，有一些還沒有開始。

第十章 懂得

當年因博弈公投站在對立面的人，已經可以聊聊從前不支持對方想法的理由。

從縣長室門口走出來時，曹雅評臉上掛滿了眼淚，她還沒有時間搞清楚，自己為什麼會哭個不停，只是突然感覺到，事情的複雜程度，已經超過還是學生的自己所能想像。一時間混亂的心情變化，曹雅評沒辦法跟身旁任何一個人講，完全說不出口，當然更不可能告訴剛才讓她掉淚的縣長楊綏生。在這個時間點上，他們兩個人是對立陣營的敵人——新聞媒體都是這麼塑造的——曹雅評的眼淚只能默默地掉。然而二十三年前，是楊綏生把她從母親的產道裡接生出來，讓她在這世界發出第一聲宏亮的啼哭聲。

由於臺馬之間交通實在太不方便，戰地政務前期，馬祖列島的新生嬰兒多半還是依循傳統，由產婆負責接生，一只曬過太陽的水泥袋捲成盤狀，再墊上衛生紙，就是現成的產檯。直到一九七〇年代中期，才出現像李金梅這樣受過短期訓練的本地助產士，偕同軍方派遣的男性軍醫，慢慢接手接生任務。在曹雅評出生的南竿島上，後來則是由一位被鄉親暱稱為「姆姆」的比利時修女石仁愛，替代了產婆和助產士的角色，接生了上千名嬰兒。直到曹雅評出生前幾年，修女交棒給馬祖第一位醫學院保送生楊綏生，由後者包辦起從婦產科到小兒科的一條龍服務。

對曹雅評來說，楊綏生既是縣長，也是幼時偶爾會跑去對方家中玩耍的鄰居。但是這一回，曹雅評是以「馬祖反賭青年」代表的身分，走進縣長辦公室參與對談，她質疑縣府參與推動的賭場計畫，將會對馬祖的文化、自然和外在形象造成嚴重衝擊，甚至不見得能真正帶動觀光；曾經「坐飛機坐到海裡」的楊綏生，則將自己長年對馬祖交通問題的研究，以及為家鄉找活路的心情，一五一十地闡述。

在那一場對談中，曹雅評第一次意識到自己原本堅固的內心開始動搖。她依舊反對賭博，反對在馬祖興建賭場，但她同時也感受到，眼前的楊綏生是認真想要改善馬祖交通，一切並不是有或沒有賭場那麼簡單而已。問題是，不到一個半月後，馬祖就要舉辦博弈公投，攻守雙方正進入短兵相接的白熱化階段，已經被外界視為反賭青年代表的曹雅評，一時之間竟有種不知道下一步應該怎麼辦的惶然。

世代間的落差

二〇一二年的博弈公投，在向來都是於歷史潮流中「被決定」的馬祖，看似是島民第一次有權「決定」島嶼的命運。率先代表馬祖民間發動公投連署的人，是當時的連江縣商業會理事長林中超，他的立場和楊綏生一致，認為「爭取博弈就是爭取更便利的交通建設」，期望突破因交通而受限的馬祖觀光。林中超說：

一九七六年我跑船時，第一次航行到澎湖，看到澎湖有一個跨海大橋，我那時候就在想，馬祖如果也有一個跨海大橋該有多好！那時候從馬祖到臺灣去還要搭軍隊的補給船，可是澎湖已經有臺華輪了。我去國外看一看，認為馬祖只有做博弈才有辦法發展，不然我們過世了可能橋都還做不起來。

對一部分旅居外地的馬祖鄉親來說，賭場的願景不單單是對建設的渴求，還隱含著擔心家鄉失去戰地身分後，將會失去中央政府關愛的眼神，未來在統獨爭議中，將會陷入隨時「可割可棄」的危機裡。一九四九年出生在東引島，離鄉背井來到臺灣拚事業的電視編劇張龍光，數度透過媒體表達內心不安：

《離島建設條例》開放離島設賭場、遊樂園，這是中央政府在告訴你，沒辦法啦，我養不起你們了，你們自己去吧。養不起怎麼辦，難道要像過去一樣帶著軍隊去搶劫嗎？

當年郝柏村說過：「馬祖就那幾個人，建什麼機場、碼頭？」難道這不代表中央政府多數官員對馬祖的心態嗎？馬祖人要自立、自強，不要長期拖累政府，成為中央的包袱，哪一天，中央揹不起這包袱，把我們甩了。到時叫天不應，叫地不靈，怎一個「慘」字了得？

馬祖一旦失去中央政府的依靠、補助，別說是慢遊，連慢活都活不了。屆時，交通工具因為經費不足停駛，部隊全撤了，居民走光了，坑道變成了蛇洞，碉堡成了鼠窩。現有建好的碼頭沒錢維修，很快就被海浪打壞，到處殘垣斷壁，大船進不了港，只怕連小船靠泊，也找不到一片登陸的地點。

你們告訴我還有哪一條路，比博弈、比觀光更可以拿到錢讓馬祖永續發展下去？我今年六十三歲，請你們不要斷了我老年的歸鄉路。馬祖機場建好了，船有了，沒有人潮，機場廢掉了，船也不要開了。你們告訴我，我怎麼回家？[1]

當時正在臺灣讀研究所的曹雅評，跟其他赴臺求學、工作的年輕人一樣，起初連博弈公投已經連署成案都一無所知。她是湊巧在休假返馬期間，才發現街坊鄰居私下都在對此議論紛紛，只是大家好像一面倒地樂見其成。曹雅評起初的反應是「總覺得哪裡不對勁」，下一個念頭馬上浮起，「應該要有不同聲音去討論」。

我在臺灣讀的是社工系，做的是都市原住民的社工工作，和原住民工作者有過

1. 節錄自二〇一二年六月二十九日，馬祖博弈公投電視公辦公聽會，張龍光代表正方的發言，以及張龍光投書〈我本將心向明月，奈何明月照溝渠。思前：回首馬祖的過去　想後：展望馬祖的未來〉，連江縣政府網站，二〇一六年九月二十九日。

許多關於家鄉發展的討論。我們擔心大型財團的介入，可能會讓地方的小店家消失，或是變得更加規格化，更加相似，和其他地方沒有兩樣。我們也會擔心大型建設可能破壞環境，導致下一代更難接觸到大自然，離島的生態資源很脆弱，一旦破壞了就不容易恢復。

曹雅評立刻和打工的社工單位請了假，利用時下興起的網路社群媒體，快速號召到一群關心相關議題的人，相互串連起來，也讓臺灣的新聞媒體順勢找上門來。這種網路世代興起的組織動員方式，比起二十多年前金馬民主運動人士，冒著風險偷渡紙本連署書，顯然在傳播速度上更有效率。經營《馬祖資訊網》網站多年、但對人群仍有恐慌的劉家國，沒多久也透過網路和曹雅評搭上線，分享他的個人經驗。同樣站在反賭立場的兩人，此前不曾謀面，「八二三金馬愛鄉大遊行」在臺北舉行時，曹雅評還未滿週歲。

一直到那時候，我才知道馬祖曾經有過爭取解嚴的民主運動，身邊的同學幾乎沒人知道，我還算是最早知道的。馬祖雖然在解嚴後做起社區營造，但我們都在讀書，沒有參與到，慢慢也跟地方產生了斷裂。

劉家國告訴曹雅評，他認為馬祖雖然看似解除戰地政務，但是「每一個人心中那個警總都還沒解放，有些恐懼就是來自戰地政務的文化裡面，即使到現在還是存在」。對曹雅評來說，劉家國的一席話，呼應並解釋了她的真實感受。這名曾經會沿街跟親友打招呼的地方小孩，投入反賭倡議後才突然發現，網路上的串連固然容易，真正具挑戰性的，卻是現實生活中一個接一個冒出來的人情阻礙。

當時接觸到很多媒體，上了媒體後被看見的頻率很高，可是大家關注的不是議題，而是先問：「這是誰家小孩？」親戚們覺得我過去一向都是聽話乖巧的小孩，不可能做這種事，大阿姨還一度懷疑「真的是我們家的雅評嗎？」他們擔心我的未來會因此受到影響。我後來想，這應該是某種程度的政治恐懼，擔心自己孩子的未來前途會受阻礙，家人和家族也可能受到牽連。

我爸媽會接到政治人物打來的電話，馬祖的民意代表或政治人物跟民眾很親近，可以一通電話直接打過去家裡。這些權力階級的人，只要有一個政治位置，就會讓人感受到壓迫，也許電話那頭並沒有那個意思，但在接電話的人心中，就是「被長官關切了」。我既不是政治人物，也不是一個有權有勢的人，只是一個年輕人，卻攤在陽光下被所有人指點，讓我一夕成長，可以說是我人生的成年禮。

成為馬祖人

在此之前，博弈公投在馬祖一直沒有形成足夠的公民討論聲量。礙於地方綿密的人際關係，許多反對聲音也不太敢出面表態。但是自從曹雅評主動跳出來串連，媒體總算找到一個可以代表青年世代發聲的人物，加上一名曾在馬祖讀過半年書的十三歲女孩黃玟嵐，發表一封〈馬祖未來不必賭〉的公開信，在網路上迅速傳播開來，一時之間，獲得施力點的反賭一方聲量大增，讓博弈公投突然間不再只是馬祖人的事，社會名人、政黨、政治人物都紛紛表態，臺灣環保、宗教、教育界等人士組成的「反賭博合法化聯盟」，更是大張旗鼓地來到馬祖宣傳反賭。

這些外來團體雖然看似站在同一陣線，但是大家反對賭場設立的理由並不相同，有些團體只是想借題發揮、爭取曝光。曹雅評遇上有人未經同意就竊錄與她的談話，加上其他不愉快的經驗，開始有了猶豫，而在進入縣長室與楊綏生一席長談之後，更讓她開始考慮是不是應該調整策略？她希望大家即便反賭，也不要像部分宗教團體或高舉傳統道德的人士，只把反賭的理由停留在「不想看到人民心靈的墮落」或是「不希望賭博敗壞社會風氣」等道德層面，而是可以回歸到對「發展」本質的思考，一起看見馬祖的真正困境。只是這樣的調整，遇上講究速成的媒體環境，注定徒勞無功。

反賭愈到後期，我發現自己愈來愈沒辦法面對媒體，這時候我已經意識到，島嶼問題太複雜，不是反對或不反對這麼簡單的事情。我希望透過反賭這個機會，讓外面的人理解馬祖遇到的困境，為什麼會在這個時間點出現這樣的選擇？我也希望能從法規層面，全面性地講述這件事，讓更多人知道，原來離島一直都被拿來作為實驗的角色。可是媒體只想造神，不管我準備得再怎麼周全，多麼想把事情講清楚，上了媒體後還是被斷章取義，只有那些有爆點的內容，才會被擷取下來。我特地準備好地方觀點的新聞稿，送到反賭博合法化聯盟，也是被裡頭的人改掉，變成我真正想講的話，完全傳達不出去。

儘管與媒體溝通時遇上挫折，但是參與反賭運動也是一次難得的機會，讓曹雅評能在發放宣傳單、舉辦說明會時，親自觀察島上和她一樣生於斯、長於斯的人們，腦袋裡頭到底是怎麼想的。

同年齡的朋友，大多數和我的想法差不多，可是再往上一點，三十幾歲的哥哥們和父執輩，可能就會傾向支持博弈，覺得賭場能帶來商機，為家鄉創造不同工作機會。我也觀察到，裡頭也有性別差異，馬祖少數反賭的男性，以學者、文化及教育工作者居多，但是會在發傳單時對我握手喊加油的，是家裡有孩子的婆婆媽媽。其他像婦女團體和女性議員，也都是反賭的一分子。我想一來可能是女性特別在意孩子的教育環境，擔心賭場會引來閒雜人等，讓馬祖變得不安全，二來可能也是她們生命經驗的投射。早年馬祖喜愛賭博的男性很多，經常有人賭到家破人亡，最後都是靠老婆在還債。

陸續有人公開加入反賭這一方，裡頭就屬公務人員的立場最為兩難。主動表態反賭，既與縣府高層意見相左，也經常被促賭方抨擊為「捧著鐵飯碗，所以不需要擔心生計」，因而受到鄉親質疑。但若是細究下去，正反雙方的差異，有時也未必和賭博有關，而是對步入後戰地時代的馬祖，有著不一樣的發展願景。

東莒島出身的曹祥官，是在馬祖解除戰地政務那一年，回到家鄉的建設局任職。他到後來才明白，自己之所以能在高中時期，獲得臺灣海洋大學河海工程學系的公費保送名額，原來和楊綏生當年保送醫科一樣，全是因為地方已經出現相關需求，正為未來大興土木預做準備。他回憶道：

我從回到馬祖開始，就一直在做碼頭，馬祖每一座新碼頭還有海堤工程，我當時全都參與了，後來北竿和南竿機場的建設，我也都有參與到。時間一久我就發現到，我們一直在做破壞環境的事情，我們將水泥填入礁石、在海岸邊堆上消波塊，將山上的泥土、石頭、樹木都挖掉，移下來填入海中，原本的沙灘、澳口就不見了，變成一團水泥。雖然我一回來就在工程界上班，但是我一直在想，這些發展對我們馬祖人來說，到底是破壞還是真正有好處？這也是我後來離開工程界的原因。

當時楊綏生縣長提出來一個口號：「讓回家的路更順。」主打透過賭場改善交通，馬祖要有機場、要有道路、要有大橋。……從臺灣回來的路上，我就想，如果馬祖變成賭場，那就不再是家鄉了，我在臉書上貼了一句話：「馬祖不再是馬祖的話，家就不再是家。如果家不是家，更順的路要帶我們去向哪裡？」

因為馬祖是我的家，我不希望它變成賭場。擔心變成賭場後，人的想法和觀念也可能跟著變了，所以希望盡量在愈早的階段就擋下來，不要讓他們有後續想像。家是最珍貴的，不能夠隨意破壞。除了看得見的山海地貌、海裡面的魚蝦，還有看不見的善良純樸民風，這些都很珍貴，一旦被破壞，就回不去了。

促賭和反賭方你來我往的爭辯，在《馬祖資訊網》和社群媒體上鬧得沸沸揚揚，不管是仍然住在島上的居民，或是已經遷居到臺灣、人數更為龐大的旅外鄉親，不約而同都強調自己對「家鄉」的愛。實施了三十多年的戰地政務實驗，讓馬祖列島出現「離開的人」以及「留下的人」，前者在精神生活上無法忘懷馬祖，後者則在物質生活上依賴馬祖，但是最後殊途同歸，他們都成為了「馬祖人」。

高中開始就來到臺灣讀書、生活的電視編劇張龍光，雖然只有在東引島和南竿島相繼生活過十餘年，但在一封支持興建賭場的萬言書中，他寫下自己「成為馬祖人」的轉變，並認為這樣的自己，應該也有資格對家鄉的未來發表意見。

> 先民們在馬祖建屋居住，很少有長期居住、落地生根的打算，賺夠了錢，還是回到大陸老家（當時叫「厝裡」）去擴建祖居或置產。在馬祖建造的大部分民居，屬於閩東文化中的貧民居，很多村莊，根本是土坯加上茅草的貧民窟。
>
> 有的人連死了都不埋在馬祖（我曾祖父是埋在牛角的），有一種房子叫「丁厝」，各位有人聽說過嗎？那是客死在馬祖的人，沒錢把屍體運回老家，暫放懸棺的小屋，通常都在離村莊較遠的地方，支幾根木頭，覆上一些稻草。大家想想看，連死都不願埋在馬祖，

會在馬祖蓋像樣的好房子嗎？

馬祖人的定義是什麼？一定要在馬祖出生？必須在馬祖連續居住三代以上？必須連續在馬祖工作、居住十年、二十、三十年以上？離開馬祖到臺灣去的、到國外去的，全都不是馬祖人？

現在居住在馬祖的鄉親，每一個人的祖祖輩輩都生於斯、長於斯嗎？馬祖原本只是漁民的客居處，本來就是移民島嶼，不分先來和後到，只要心中寶愛馬祖，而付諸行動幫助馬祖的，就是馬祖人。[2]

臺灣的「小馬祖」返鄉

在臺灣同學面前，曹雅評總是稱自己為「小馬祖」，這也是許多馬祖年輕人來到臺灣求學後常用的綽號，方便同學記憶。來自臺北、桃園、高雄的同學，不會稱呼自己是「小臺北」、「小桃園」或「小高雄」，只有馬祖的孩子總是稱呼自己是「小馬祖」或「小馬」。

求學階段，曹雅評還沒想過畢業後是否一定要回馬祖，就這樣繼續留在臺灣也不無

2. 張龍光投書〈我本將心向明月，奈何明月照溝渠。思前：回首馬祖的過去　想後：展望馬祖的未來〉

可能，但在反賭運動期間，一則網路留言讓她感覺難以迴避，留言者質疑道：「假如到時公投沒過，那些遠在臺灣說要捍衛家鄉的人，在開心慶祝之後，會繼續關心這議題的還有幾個？是不是達成保護家鄉的目的之後，全又消失不見了？」喊出「馬祖不要靠財團，而是要靠馬祖人自己來改變」的曹雅評，暫時沒有答案，只能先將這樣的質疑聲放入心裡。

公投前夕，南竿島上舉辦「馬祖反賭人偶踩街遊行」，三、四十位民眾組成的遊行隊伍，帶著自製道具和標語呼口號，穿越大街小巷表達反賭訴求。相較於昔日臺北街頭爭取戰地解嚴時的悲情，或是包圍北竿機場抗議政府蔑視飛安時的憤慨，當天的遊行少了衝撞體制的激情，也不像網路留言般針鋒相對，形式上反而像走一圈傳統的民俗遶境。即便如此，這場僅僅一個小時的遊行，對馬祖人來說仍然是一個重大跨越——當解除戒嚴之後的臺灣人，早已對每年街頭動輒數千場的集會遊行見怪不怪時，這卻是馬祖史上第一次非選舉造勢的「公民遊行」。

踩街遊行沒有帶來逆轉，反賭一方輸了博弈公投，曹雅評也回到研究所繼續學業。過去幾個月的公投攻防，讓她產生許多疑問，還不夠時間好好消化，大約有一年半的時間，整個人陷入難以公開發言的狀態。她意識到自己仍有許多對馬祖不明白的事情，只能選擇先聆聽，也讓她決定以「戰地政務體制下的馬祖漁業及漁民家庭處境」作為研究論文主題，試著重新理解家鄉，理解支持賭場居民的想法。

公投期間，很多旅臺鄉親站在贊成方，他們會在鏡頭前面下跪，打著悲情牌說自己當年離開馬祖很可憐，我慢慢可以理解縣長，但一直無法理解這群人。我想知道戰地政務時期究竟發生什麼事，為什麼這群人當初會被迫離開，後來卻又不願意回來？我不覺得馬祖有他們說的那麼落後，也不想要一直情勒政府，要求國家政策配合我們。

在輔大心理系旁聽時，我瞭解到個人、家庭、社會的衝突或痛苦，可能是來自於歷史的脈絡，我希望此後能從更多視角，把馬祖過去沒有被好好論述的記憶給找回來，讓更多像我這樣的年輕人，能夠理解、認識自己的文化經歷了什麼？發展脈絡是什麼？為什麼會出現現在這些問題？

博弈公投讓馬祖獲得超乎以往的媒體關注度，但是同一年在網路上爆紅的「藍眼淚」熱潮，才是讓馬祖「觀光立縣」願景得以真正實現的原因。這種浮游生物受刺激而發光的自然現象已經存在許久，戰地政務時期甚至還會造成漁民困擾，導致他們下網時捕不到魚，或是在走私時洩漏船隻行蹤。然而，自從社群媒體行銷興起後，視覺效果掛帥，曾經的缺點反倒成了優點，以藍眼淚為主題的美景照片不斷擴散出去，年復一年持續發酵，讓「藍眼淚」幾乎成了馬祖觀光的代名詞，也讓列島的旅遊旺季，從夏季提早到春季。

解除戰地政務後，馬祖花了大約二十年，才在二〇一三年時，首度突破觀光客每年十萬人次的門檻，但是接下來只花了六年，就在二〇一九年翻倍到接近二十二萬人次，曾經一度衰退的小三通人次，同樣重新步上成長軌道。事實證明，即便沒有賭場，馬祖的交通基礎建設一直都在穩定且持續地改善，飛航的機型又進一步提升到七十二人座客機，好讓更多旅客前來馬祖揭開藍眼淚的神祕面紗。楊綏生自己也坦承，馬祖的交通問題大概已經解決了九成，儘管剩下的一成，難度遠遠超過前面的九成。[3]

返回馬祖工作、創業的年輕人，也隨著旅遊業的發展不斷增加，全縣人口數重新突破萬人，和戰地政務剛解除時不足六千人的窘境已經不可同日而語，連年正成長的趨勢，與陷入人口負成長的臺灣剛好形成對照。許多原先十室九空的村落，包括漁民黃鵬武居住的橋仔村在內，紛紛蓋起新的民宿，陸續見到人口回流。

二〇一七年完成論文後，對家鄉有了更多理解的曹雅評，也正式回到南竿島上定居，並且在此結婚生子。她仍然不時自問，面對想要守護的家鄉，「自己應該做什麼？」這是從博弈公投落幕前，就被她擱在心裡的問題，有

3. 如北竿機場的改善案，跑道加航廈改建工程，二〇二四年評估需要三百四十三億，分別要到二〇三六年及二〇四二年才能完工，但對於霧季時的航班取消率，改善程度多寡仍然眾說紛紜，尚未有明確共識。將來經改善後的北竿機場，機場等級也僅從2C提升到3C，距離楊綏生理想的4C等級，仍有一大段距離。另外，連接南北竿島的馬祖大橋，經過多次委外進行可行性評估，工程經費由二〇一六年時預估的八十億，到二〇一八年變一百二十七億，二〇二一年又提高到二百八十八億，對工程難度的評估不斷上升，最新的工期預估要八年。

時好像找到了一些可能，有時又得要重新推翻再來一次。公投剛結束的頭幾年，曹雅評被鄉親們貼上「反賭的那一個」、「愛抗議的那一個」等等標籤，讓她一度不太適應，現在是她準備撕下標籤，並且修補裂痕的時候了。

青年組織化，迎向馬祖的未來

人口數穩定回升的馬祖，多了不少擁有自己想法的年輕人，有些是返鄉就業的本地人，有些是因公前來馬祖就職的外地人，起初大家各自單打獨鬥，但是針對公共議題表達想法時，卻都不免受限於馬祖社會過度緊密的人際關係，很容易被解讀為批評親朋好友，而成為「標靶」。二〇一七年，一群對馬祖公共議題有想法的年輕人成立「馬祖青年發展協會」，透過組織撐開行動空間，避免讓單一個人被貼上標籤。協會成立後，曹雅評被推舉成為第一屆理事長。

> 協會剛開始成立時，遇到很多衝突，當時比較走倡議路線，但是倡議到後來，反而讓長輩與我們之間的距離拉得更遠。我後來也意識到，因為生命經驗、價值觀都不一樣，馬祖的青年世代跟上一代之間有很多衝突，不是只有我遇到而已，但硬要打破上一代的價

值觀，其實是很殘忍的事，他們已經這樣生活了一輩子，沒有必要強迫他們改變。我們需要的是去理解他們，即使讓我們覺得不可理喻的事，背後也一定有其成因。可是理解不代表妥協，而是找出讓他們今天變成這樣的原因，然後包容每個人存在的樣子。後來協會的夥伴們就一邊整修廢棄的國小，一邊做起文化探索，蒐集長輩們在戰地政務時期的記憶。我們邀請長輩進來成為大家的老師，讓新生的馬祖青年可以理解他們的成長經歷，初衷也是希望透過這種方式取得長輩認同，讓世代之間開始有所連結、接觸，乃至理解，然後才能談到下一步的溝通和思考未來。

但光是做到理解，就不是一件簡單的事，即使是協會內部同一個世代的成員，彼此之間都有差異，目標也未必一致，要再往前更進一步做到跨世代溝通，仍然還有一段長路要走。對於馬祖青年該做什麼，其他成員則有不同的行動方式與詮釋。

有別於曹雅評試著和政治保持距離，心理系畢業的劉浩晨，回到家鄉承接父母親經營的民宿後，一面投入旅宿管理，將新的服務流程觀念帶入工作現場，一面也大膽地投入民意代表選舉，成為馬祖第一位代表民進黨參選縣議員的候選人。

我剛回到馬祖時，看到許多讓人不滿的事情，於是，我開始在馬祖的資訊平臺《馬祖資訊網》上發表評論，當時受到不少人關注，激勵我後來也來嘗試投入媒體，建立名為《島引馬祖》的網路論壇與資訊平臺，從寫網站到設計架構全都自己一手包辦。

多年下來，我發現馬祖依舊有太多需要改變的地方，單靠一家民宿很難改變大環境，我認為政治是決定大環境最重要的因素，便想試試看，是否通過參政有機會做到這一點。

《島引馬祖》論壇的經營一直沒有累積到足夠人氣，暫時無法取代劉家國經營的《馬祖資訊網》；二〇二二年的縣議員選舉，劉浩晨也以懸殊的差距鎩羽而歸，即便遭受了種種挫折，他還是沒有後悔參選，認為從中獲得的體會相當深刻。

如果你沒有參選過，你可能不會察覺到你生活中理所當然的一切，背後其實有另一層你平常不會察覺到的世界在運作。

選後檢討我才深刻明白，多合一的選舉，同一時間要選出村長、鄉民代表、鄉長、議員、縣長，等於提供不同公職的參選者，可以彼此換票的空間，一張票經過交換後，可能直接換回四票的效力。馬祖地方小，每一家戶掌握多少票源都清清楚楚，只要有參與換票，投票時都會被要求將圈選的章，蓋在選票上的特定記號範圍，好讓其他換票的盟友，確認你有沒有跑票。我不喜歡馬祖家族之間的人情包袱，不希望參與換票，也不可能買票，但我打算提案改變選舉規則，至少堵住在選票上蓋章做記號的漏洞，提高換票的門檻。

青年投身選舉者，還有同樣在二〇二二年參選村長的周治孝，他在馬祖有個更廣為人知的稱號「周小馬」，同樣源自大學時代身為全班唯一一位馬祖人的過往。

周治孝平時擔任消防員，休假時則會參與推廣馬祖觀光，不但會在社群媒體上分享自己的藍眼淚拍攝成果，是網路上知名的「追淚達人」，也經常發表對於本地觀光業的時政評論。周治孝不害怕衝撞傳統，馬祖青年發展協會成立前，他曾在一場縣長出席的論壇上，直接質問政府官員的青年政策何在？即使後來有了協會串連青年，他仍然想要多管齊下，實驗更多方式，透過各種管道向上溝通。

現在很多年輕人想法跟上一代不一樣，大家在乎的不再是錢，不再是薪水，而是在乎工作是否有趣、CP值高不高，大家都還年輕，有的是時間，即使沒有賺到錢，但只要過程覺得好玩，就會樂於繼續留在馬祖參與。同樣是旅行業，上一代的模式是走團客路線，把價錢壓到很低，以風景漂亮、價格便宜作噱頭，經營也往往是縱向的一條龍；但是新一代可能更喜歡橫向串連，大家各自創業，互相到彼此創業經營的店家坐一坐，分享店家的故事，引導旅客更深度地理解馬祖，進而產生品牌。

我希望能夠引導縣政府的主事者，朝這個方向努力，希望他們能夠真正去瞭解時下年輕人的思維，統計過年輕人的需求後，再進一步提供資源。反過來說，我想馬祖年輕人也需要有個共識，當我們自己在講述經歷時，是不是也要展示我們付出的心血和金錢，並說明這些努力如何在各個層面上幫助了馬祖的鄉親？

雖然周治孝初次投身村長選舉，同樣出師不利，以偌大差距敗北，但是他對馬祖緊密的人際關係並沒有太大反感，反而強調年輕人若要在此生活，還是得正視既存現實，盡量做好理解、合作與溝通，他積極與家族親友協力，連續數年辦理以「清梅足馬」為品牌的健行與運動嘉年華，並且推出了多種特色文創商品，直接切入第一線的大眾消費市場，參與馬祖從戰地轉型觀光的進行式改變。

在大幅倚賴觀光發展的馬祖，如今回鄉的年輕一輩，若非應徵公職，多數都會選擇投身旅宿業，他們對馬祖未來的思考，經常也源自相關工作的現場觀察。

晉升雙寶爸的王元嵩，是北竿島首位旅宿業者王樹欽的長子，三十個年頭過去，家中事業早已熬過開幕時的慘澹冷清，躍升為地區指標性的龍頭業者。而王元嵩對家鄉的認識，卻是從回鄉後才真正開始。

過去上大學時，我都不敢稱自己是馬祖人，因為講到馬祖大家都不知道有什麼，直到返鄉從事旅遊業，愈來愈深入馬祖之後，我總算才知道馬祖有哪些特色，也才能積極地跟人介紹我來自馬祖。

前陣子新聞有報導說，福建要開放陸客來馬祖這邊玩，可是我們理解家鄉後就知道，馬祖的飲食、文化、建築，跟福建那邊其實很類似，他們不會在乎我們這些傳統建築物與人文地景，因為與福建只是大同小異，反而會想買些在家鄉買不到的東西。馬祖不適合走大量遊客，因為我們沒有這個本錢，必須要做精緻、高品質的小團體旅遊，才會是馬祖未來發展的趨勢。

為了適應不斷變化的觀光潮流，王元嵩回鄉後，也要求自己長出多角化能力，除了既有的民宿經營外，他還經營過咖啡廳，並且考取多項證照，身兼導覽解說員、職業大客車司機、救生員、獨木舟教練、SUP教練等多項職位。他就像是島內眾多從事觀光業的年輕人縮影，必須一邊實作，一邊思考家鄉的未來。

從戰地政務時期一元化的社會，進入到多元並存的當代社會，勢必會有一段陣痛的調適過程。有一些馬祖青年，畢業後索性留在臺灣，也有人返鄉幾年後，依舊無法適應，決定再次登出馬祖。儘管如此，他們不少人仍然時時關注家鄉動態，在遠離家鄉的異鄉，實踐本來想在家鄉完成的夢想。關於這些人的近鄉情怯，曹雅評也不是不明白，她自己也經常遇到想跳腳的狀況，卻又不得不在氣頭過後，提醒自己別忘記要做到包容的初衷，不能只是要求長輩包容年輕人，年輕人也要包容長輩，「當你沒辦法包容時，就會活得很痛苦。」

協會活動之外，曹雅評也加入戰地文化考察的行列，探索島上長輩們也不熟悉的軍事空間，並且參與挖掘戰地政務年代，居民們一度被壓抑甚至禁錮的記憶。之於她，這是一份「縫合歷史傷口」的工作。至於曹雅評自己的傷口，也在慢慢結痂復原，當年因博弈公投站在對立面的人，已經可以開始互相打招呼，甚至彼此把話說開，聊聊從前不支持對方想法的理由。同樣的，見到楊綏生時，曹雅評也已經沒有當年那種內在撕裂的感覺了。公投結束十年後，她趁著一次訪談機會主動開口，提及當年走出縣長室時，自己一直掉眼淚的矛盾心情，楊綏生也把自己當年面對中央政府束手無策的痛苦，向她如實坦露。曹雅評猜想，這一席談話，或許也是重新變回「鄰居家叔叔」的楊綏生，與當年接生過的孩子之間，一次遲來的心底和解。那天之後，楊綏生只要又回想起一些什麼，不時就會傳個訊息給曹雅評，對於從政之後的無奈，頗多感慨。

公投前會柔性勸阻，希望曹雅評不要涉入太多的母親，現在也開始會在遇到外人時，主動介紹自己是「曹雅評的媽媽」。自從開始爬梳戰地政務時期的歷史後，曹雅評逐漸也能同理起父母那一輩的親友，瞭解他們內心巨大的不安全感，其實與生存息息相關。有些人為了活下去，必須移居到臺灣打工賺錢，沒有搬走的人，也必須因應軍人消費型態的不斷變化，一直調整、轉換，尋找新的謀生辦法——就像他的父親，從鐘表店開始經營起，營業項目不知道跟著軍隊流行調整過幾回，店裡賣過眼鏡、黑膠唱片、錄音帶、打火機、檳榔，也賣過水晶、天珠、黃金、批發電話卡，中間父親還開過一段時間的計程車，現在又轉行經營特產店，販賣酒品和伴手禮給觀光客。對於未來的不確定，導致許多長輩對金錢的認同，比起對島嶼的認同還要更高，即便早已衣食無虞，仍然一直想著該怎麼賺錢。

心懷不安的長輩們，沒有什麼離不開土地的理由，他們可能在馬祖有房子，在臺灣有房子，在對岸的福州也有房子，對時局的不確定，讓他們需要各處押寶。但是曹雅評知道自己不是這樣的人，她是在上一輩累積的經濟基礎下長大的孩子，成長經驗中已經沒有「明天可能活不下去」的生存恐懼。

她想的是以後。曹雅評想的是，以後，還有以後的以後，怎樣在這座島嶼上一直生根下去。

當代馬祖

本圖輯除另標注外，皆為張良一攝影。

解嚴的海路與天空，馬祖與世界的時空距離日漸縮短中。

在軍管年代，馬祖對外往來困難且受限，隨著政治解嚴，迎來了遷徙的自由。乘載自由的工具，也隨著資源投入，有了大幅度的改善。

往返臺灣的海運從每十天一班，變成每天巡迴基隆、東引與南竿。船體從軍艦、臺馬輪，升級為臺馬之星以及新臺馬輪，雖然單趟仍然得花上七、八個小時，但沒了海上漂流的恐懼，取而代之的是舒適與放鬆的度假感。

原本只有軍機才能僭越的天空，現在南北竿機場加總，每天至少有十個以上的民航班次，單趟航程不到五十分鐘，航線除了臺北，也飛臺中、高雄，航空公司也從一家變成二家。

便捷且頻繁的交通，往來臺馬成為居民一日可及的日常，也提供觀光的動能，更與外面世界的動態趨於同步。隨處可見的便利商店、連鎖餐飲、跨國品牌進駐，島嶼的異質性日漸模糊，解除戰地政務後的馬祖，終究捲進全球化與均質化的潮流。

新臺馬輪

新臺馬輪

旅客蜂擁來到馬祖，觀光業是現今馬祖民間最重要的產業，許多民眾賴其糊口，在馬祖聯外交通改善後，穩定的客源為業者創造不少收益。

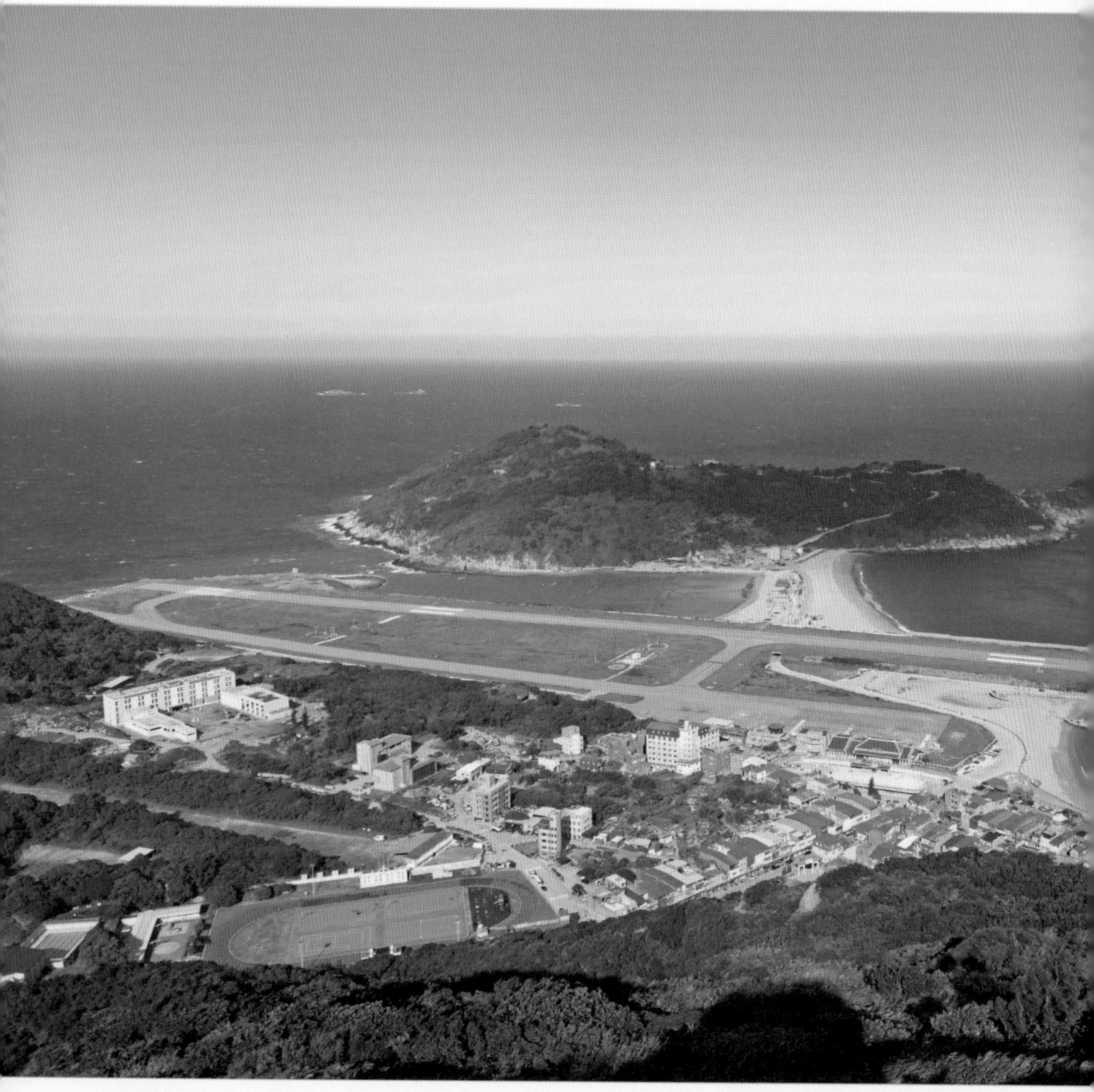

北竿機場

21-03
UNI AIR

連鎖商店陸續進駐馬祖

STARBUCKS COFFEE

後戰地的大構工時代，再一次改變了島嶼的模樣。

在這座未曾真正發生過戰爭的島嶼上，戰爭意味著無止盡的備戰與挖掘，對許多曾經在馬祖服役的人來說，構工是最主要的軍旅經驗。為了隱蔽需求，絕大多數的構工都是往地下挖、往最深處隱藏，經歷漫長的準備戰爭與等待戰爭的過程，形塑馬祖這座由國家權力層層雕琢的戰地島嶼，幽微低調、隱而不現的特質。

然而從戰地轉向發展觀光的路上，馬祖的模樣逐漸不再受限，並且隨著各種發展需求，進入另一個大構工時代。各種公共設施、道路橋梁、建物紛紛破繭而出，破解原本警戒的海岸線，填海造陸向海拓延；林立的建築向上伸展，將原本隱蔽的島嶼，以各色各樣的姿態重新著裝。

連江縣縣民樂活多功能體育館暨社福中心
LIENCHIANG CIVIL SPORTS & SOCIAL WELFARE CENTER

新冠疫情期間，離島報復性旅遊一度讓馬祖旅宿量能供不應求，許多居民加速造屋搶賺一波，本來神比人多的橋仔村，如今成了眾多民宿大興土木的大型工地。

原本倚賴軍人消費的社會，至今進入後戰地，各島駐軍人數銳減，發展觀光業成了共識，人們絞盡腦汁，想要找出馬祖獨有的特色，試圖將它們一一變現。

傳統的閩東式石砌屋，在大移民潮時曾經人去樓空，如今一一被改造成民宿，冠上「馬祖地中海」名號的北竿島芹壁村一炮而紅後，更是帶動一波老屋翻修潮；與媽祖傳統相關聯的過往，被視為宗教商機，巨大的媽祖巨神像在南竿島上矗立起來，許多傳統宗教活動，也瞄準了觀光客的需求，或重生、或改造、或發明。

曾經重兵駐紮的軍事據點，荒廢後也以軍事遺產活化之名，獲得重生契機，吸引老兵、藝文愛好者，以及吸引追求新奇空間體驗的觀光客。既有營舍被改造為書店、旅館、博物館、藝文展覽空間，曾經蒙上神祕面紗的特約茶室，也在重整之後，成為再現往昔禁忌傷痕的策展空間。

南竿島的媽祖巨神像（黃開洋攝）

具有閩東特色的芹壁石頭屋建築，是馬祖重要的觀光賣點。

馬祖國際藝術島「傾聽島嶼的聲音」作品《拜訪瓊麻》(陳宣誠攝)

空間的快速變化，也引發了一些擔憂：有人擔心過度迎合外地消費者，本地傳統將不再傳統；有人憂心軍事遺產的轉譯改造，將會破壞原本的空間紋理與記憶；過多人為介入的建設，可能破壞馬祖原本美麗的自然地景，造成粉飾過度；由官方主導活化的傳統建築和館舍，後續的維運成本，對預算極度仰賴中央補助的馬祖來說，也可能成為未來的一大負擔。

梅石軍官特約茶室，如今成為展覽場所。

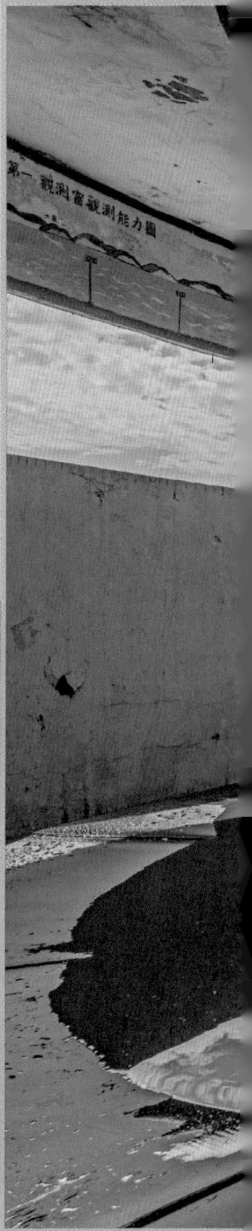

二〇二四年開幕的梅石演藝廳，未來計畫和周遭的特約茶室、工兵教室等戰地文化資產，串連成塊狀的新觀光景區。

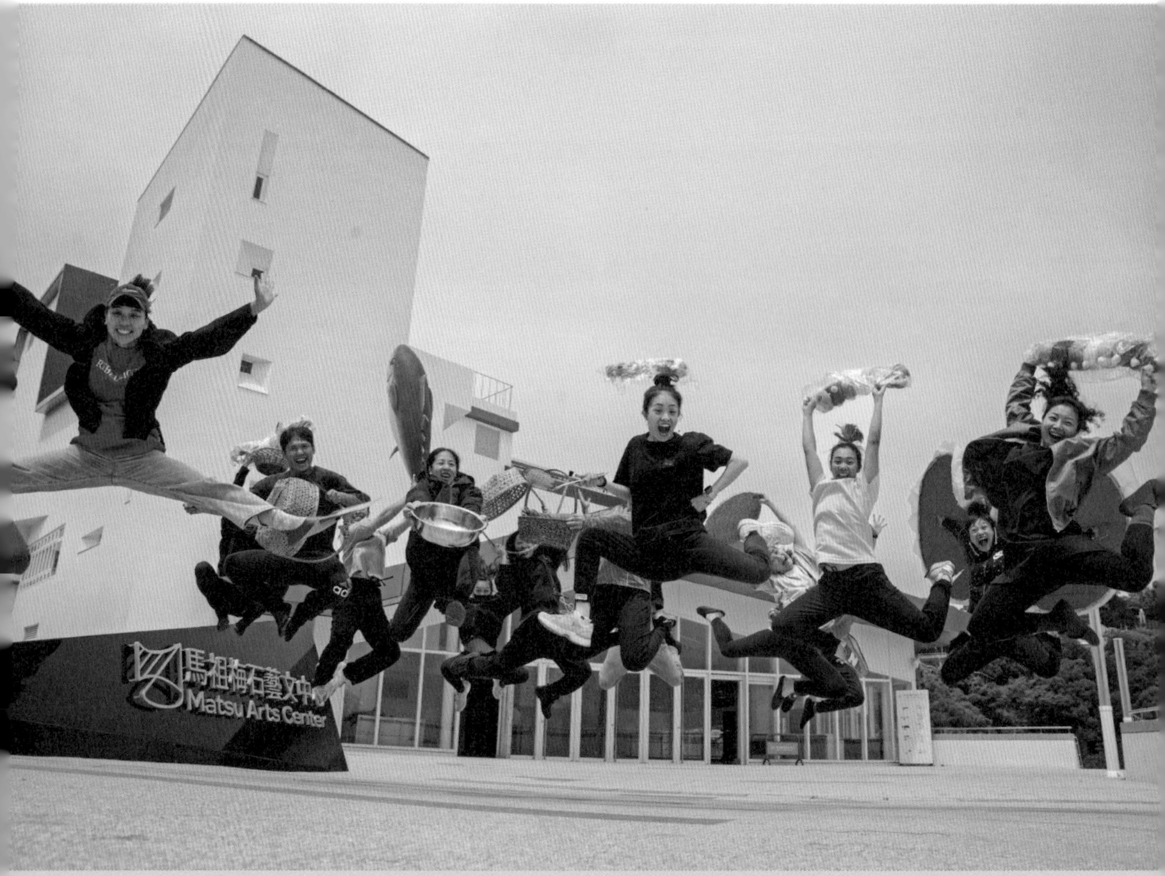

戰地政務時期的生命故事，也陸續被轉化為藝文演出的元素，未來能否永續仍待考驗。

海洋資源逐漸枯竭，東莒福正澳口停泊的許多漁船，其實已經不再作業。

以淡菜和昆布為主的養殖漁業，近年漸漸打響名號，
但也受到中國大陸同類產品走私的汙名化威脅。

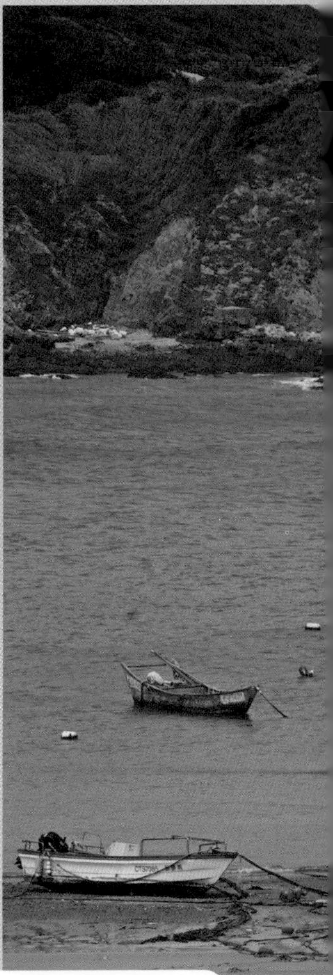

馬祖挑戰人們對於邊界的固定想像。因政治硬生生與福建原鄉隔離超過半世紀後，僅僅一衣帶水的海洋上頭，仍然不斷默默上演著無視邊界的流動戲碼。

以「海上交易」為名的地下經濟，數十年來起起伏伏，卻不曾停歇過，與對岸祕密進行的龍蝦、牡蠣等海產交易，數度躍上媒體版面；然而，福建沿海夜間捕小卷的集魚燈火，卻也成為本地人戲稱「馬祖極光」的綠色光害，對觀賞藍眼淚的觀光商機造成威脅；數量龐大的海砂抽砂船，更是遊走在法律邊線，不只重創海洋生態，也數度被懷疑是馬祖海底電纜遭破壞、連外通訊中斷的元凶之一；至於海漂垃圾和汙染，從來沒有國界之分。

在這片水域上，分屬兩個不同政體的人們，有時偷偷合作，有時私下對抗，有時必須損人利己，卻都可能要在未來，共同承擔海洋資源枯竭的歷史共業。

「馬祖極光」源自對岸漁船的綠色集魚燈

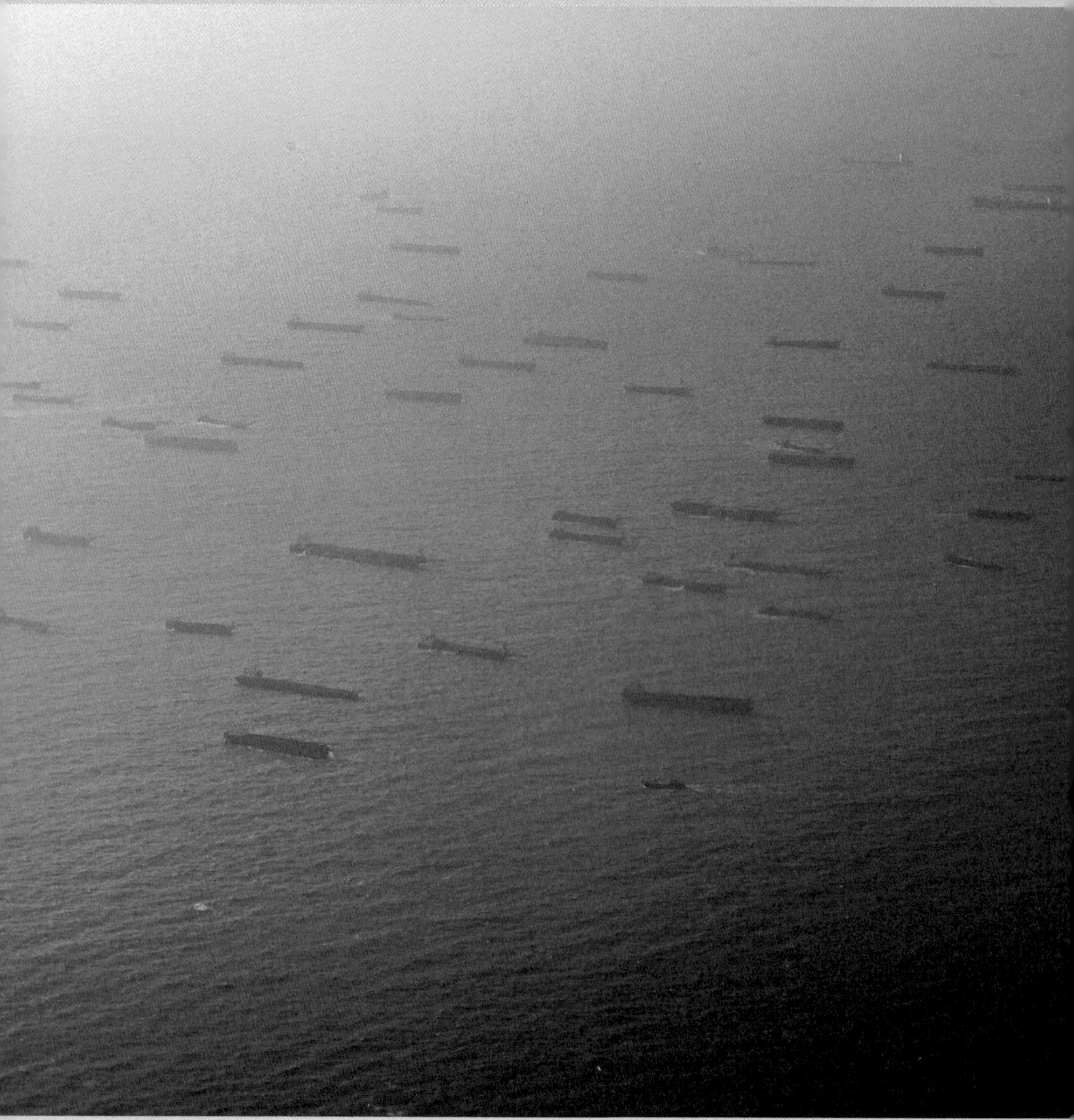

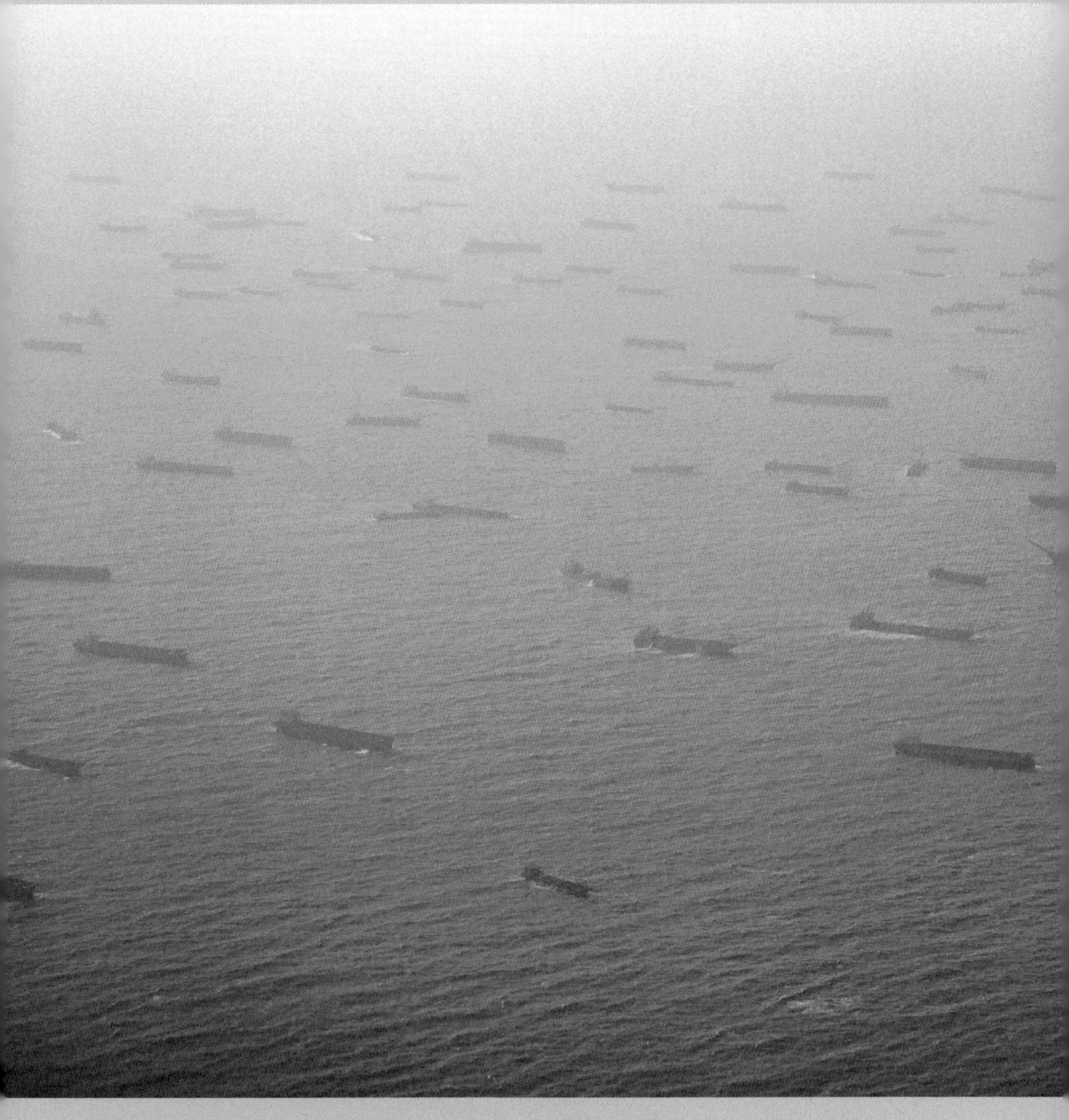

密集的抽砂船，在兩岸的法規中，它們多數都屬違法盜採海砂的業者。

從東莒島上肉眼可見的福建長樂縣海上風力發電機組，凸顯出馬祖與福建在海域上有多麼相近。視野良好的日子，風車後頭的平潭海峽大橋也能看得一清二楚。

戰地政務期間，各島海岸線經常是軍事禁區，出入受到限制，孩子們不容易親近。過去十多年，環境教育抬頭，北竿中山國中發展海洋教育，重新帶領新生代認識島嶼環境。

或許可以說，走過戰地政務後，才讓馬祖人成為了「馬祖人」。

一九四九年以前，並沒有今天所謂的「馬祖人」，即使有，也只是局限在當時被稱為「馬祖島」的南竿島上。兩岸分治後，原先居住在南竿、北竿、東莒、西莒、東引、西引、大坵等島嶼上，往來未必密切的人們，被劃入了同樣的政治體制內，除了原有近似的語言和閩東文化外，又多了「戰地政務」下的共同生活經驗，以及由此衍生出的，共同爭取解除軍管的抗爭記憶，慢慢凝聚出全新的一群「馬祖人」。

來自臺中東勢的楊明珠帶著她的二妹、三妹，陸續落腳馬祖，也都相繼和馬祖男性結婚，婚後三姊妹將父母從臺灣接來南竿島長住。雖然移民來此，一家人還是使用客語聊天。

十五歲後才跟著家人依親入籍馬祖的邱思奇，和福州長大的妻子胡冰燕，從南竿島的市場攤位出發，創立咖啡品牌「小柒 Z.O coffee」，開發出高粱酒咖啡等特色產品，一步一步實現創業夢想。

二〇二四年，僅剩六名學生的東莒國小，其中有兩名的媽媽是印尼籍。

王傳文曾到臺灣打拚多年，還是喜歡馬祖的生活就回來了。他站在家裡以前耕種的土地，後方是北竿坂里天后宮。

移民到桃園八德區的馬祖人，將原鄉的習俗移植到落腳處，但在周遭其他臺灣強勢文化的包圍下，也有傳承危機。

移民到桃園八德區的馬祖人，將原鄉製作繼光餅的手藝帶了過來，維繫少許飲食上的記憶。

馬祖大事記

一九四九年

二月・福州綏靖公署成立，福建全省進行戶口清查和保甲整編。
六月・福建省海上保安第一縱隊在川石島成立，下設五個支隊。
・陸軍第七十四軍約五千人從琅岐島撤退，轉駐南竿。
九月・馬祖守備區指揮部成立，隸屬臺灣警備司令部。
・陸軍第七十四軍撤離南竿，移防平潭。
十月・新六軍增防部隊抵達馬祖，原駐防北竿的福建海上保安第一縱隊移防白犬島。
・北竿芹壁村陳姓民眾在高登海域遭駐軍射擊，腰部中彈當場死亡。
十二月・新六軍軍長戴樸代福建省海上保安第一縱隊向東南軍政長官公署申請一一五七名官兵糧餉，准予溯自十月起發放。

一九五〇年

一月・馬祖指揮部設立馬祖區公所於山隴，轄南、北竿兩鄉。
・海軍聯華艦在白犬島和平潭海域與共軍船十餘艘發生海戰。
三月・國防部任命王調勳為福建人民反共突擊軍總指揮，下轄五個縱隊。
・南竿開設馬祖郵政代辦所，由基隆郵局代管。
八月・共軍突擊浮鷹島，國軍撤守，浮鷹島淪陷。
・共軍突擊登陸西洋島，西洋島失守。
九月・國軍收復西洋島
・北礵島守軍突擊、收復浮鷹島。
十二月・馬祖行政公署成立，改設南竿、北竿、白肯、東湧、四礵、西洋、浮鷹、岱山等八區，每區設有區公所。

一九五一年

三月・美國在臺設立「西方公司」，以白犬島為基地，祕密協助游擊隊進行突擊、心戰、情蒐等工作。

・臺灣銀行在南竿介壽村成立馬祖通匯處

・駐紮白犬島的東海部隊創辦《東海日報》

・東海部隊修建「山海一家」，作為司令部與西方公司駐守之用。

六月・福建省海上保安第一縱隊暨福建人民反共突擊軍改編為福建反共救國軍閩北地區司令部，下轄五個縱隊。

十月・久旱不雨，北竿兩千餘民糧援不繼，民生困苦；前線軍民發起節食濟貧運動。

十二月・金門防衛司令部同意金門與馬祖白犬島施實物交換，金門以鹽、油、糖、香菸等日用品交換白犬鹹魚、木材等土產。

一九五二年

一月・南竿、北竿、白犬等三鄉設區漁會。

五月・國防部總政戰部主任蔣經國首次蒞馬巡視。

・南竿成立馬祖島郵局，辦理信件及掛號業務。同月增設北竿、白犬及東引三處代辦所。

六月・郵局開辦臺灣寄馬祖包裹業務

十月・南竿山隴中正堂竣工

十一月・馬祖守備區指揮部轉屬金門防衛司令部管轄

一九五三年

一月・物資調節處成立

・福建省反共救國軍閩北地區部隊（海保部隊）「海雄」、「北洋」兩艇在閩江口外執行封鎖任務，擊斃一名英國輪船船長，引發涉外事件。

八月・馬祖行政公署撤銷，改制「閩東北行署」。南竿鄉牛角、山隴、鐵板及西尾四村更名為復興、介壽、仁愛及四維村。

・連江縣政府恢復設置於南竿，轄南竿、北竿兩鄉；長樂縣政府設於白犬，轄白肯鎮、東肯鄉，開始辦理戶籍校正，換發國民身分證、編製門牌。

九月・東犬島官兵進駐老頭澳構工時，挖出明代遺蹟，即大埔石刻。
十日・福建省反共救國軍閩北地區部隊（海保部隊）全軍調往金門整訓，防務移交國軍。

一九五四年

三月・羅源縣政府設於東湧鄉
七月・福建省反共救國軍閩北地區部隊（海保部隊）官兵三千餘人調臺撥編國軍第四軍
九月・國防部長俞大維抵馬短暫視察，旋即前往大陳。
十月・中國大陸災胞救濟總會撥款四十餘萬元，採購孟宗大竹八千餘根，配贈馬祖貧困漁民。

一九五五年

二月・南竿第一條縱貫幹線公路通車
三月・國軍整編八十四師配屬一七〇團進駐馬祖，成立馬祖守備區指揮部，直隸國防部。美軍顧問團陸軍顧問組隨同抵馬協防。
四月・總統蔣中正偕夫人宋美齡首度蒞馬巡視
七月・閩東北行署改制「福建省第一區行政督察專員公署」，下轄連江、長樂、羅源三縣。各村設置指導員職缺，一九五八年後改稱副村長。
八月・闢建南竿介壽村至馬祖村公路
九月・中國大陸連江縣漁民邱番子、林永瑞駕船投奔馬祖。
十一月・南竿介壽村（山隴）舊街失火全毀
・海軍馬祖巡防處針對八大島人口、語言文化、生活習慣、交通、出產、氣象、潮汐、沿海形勢等，進行兵要地誌調查。
十二月・東引劃歸海軍總部指揮，成立東引守備區。

一九五六年

一月・馬祖衛生院成立於南竿復興村
・國際救濟物資三百多噸由中國大陸災胞救濟總會運抵馬祖，發放給一萬名居民。

三月・中興酒廠成立於南竿復興村，嚴禁民間私釀老酒。
六月・行政院頒布《金門馬祖地區戰地政務實驗辦法》
七月・馬祖開始實施戰地政務，各島劃歸連江縣管轄。
十月・國防部頒布《金馬地區實驗戰地政務施政綱要》，馬祖戰地政務委員會開始運作。
十一月・縣府成立軍法室，開始審理本縣民刑訴訟案件。
・國軍設馬祖福利處於南竿山隴
十二月・國防部頒布《金馬地區各縣民防總隊編組辦法》，將原有民防部隊改編為縣民防總隊，鄉設民防大隊。
・馬祖戰地警察所成立

一九五七年

三月・馬祖政委會遷址南竿仁愛村（今馬祖日報社），縣政府移駐復興村政委會原址。
六月・連江縣政諮詢代表會成立，全縣選派八位諮詢代表。
七月・馬祖中學成立於南竿中隴山崗，首任校長由指揮官何俊兼任。
九月・《馬祖日報》創刊，四開一張，採鉛字印刷，內容抄用中央社主要電訊。報社設於南竿馬祖村翁成燦宅。
十月・《神鷹日報》（《東湧日報》前身）創刊，以手刻臘紙油印。
・行政院公布《馬祖新臺幣行使辦法》，發行限馬祖地區通用之新臺幣，俗稱「馬幣」。
十二月・馬祖政委會修訂公布「馬祖地區入出境人員攜帶物品規定事項」
・縣府訂定《戰時民眾傷亡撫卹辦法》

一九五八年

五月・馬祖政委會根據《金門馬祖地區物資管制辦法》，凡輸入金馬地區物資均由聯勤總部三軍福利事業管理處統一配售。
六月・馬祖官兵休假中心落成，內設撞球部、桌球部、門市部、沐浴部、理髮部及茶水飲食部。

七月・總統蔣中正蒞馬巡視，特贈手書「枕戈待旦」墨寶，勗勉官兵。
八月・副總統陳誠蒞臨東引巡視，特准東引初中畢業學生以公費待遇，保送十名赴臺灣升讀高中職。
八月・中共軍機活動頻繁，空襲警報不斷。
・八二三金門炮戰；八二五日本「白團」團長白鴻亮赴馬祖指導兵棋演習；八二七美國協防臺灣司令部副司令杜安（Leonder L. Doan）蒞馬訪問。
十月・《中央社》、《中央日報》以及美國《紐約時報》、美國《新聞週刊》等中外記者訪馬。

一九五九年

四月・國防部頒布《金門馬祖地區戰時儲備物資管制辦法》
四月・第一家公營馬祖書店開幕，設址馬祖村八號（舊馬祖日報一隅）。
六月・馬祖廣播電臺開播，設址南竿牛背嶺。
十月・馬祖政委會遷址中興嶺，連江縣政府遷入仁愛村馬祖政委會原址。

一九六〇年

三月・馬祖守備區指揮部發起綠化運動，規定軍民每人植栽十株樹木，以相思樹、苦楝、木麻黃為主。
・馬祖政委會成立發展馬祖地區經濟促進小組，針對漁農工商、交通通信、電化、鄉村等四大部門擬定兩年發展計畫。
四月・連江縣公營客運在南竿開始營業，每小時介壽村、四維村對開一班。
八月・馬祖政委會開放漁民前往無人島嶼採淡菜，以村為單位編組出海作業，並需遵守相關規定。
九月・北竿公共汽車舉行通車典禮，每天行駛四班。
十二月・連江縣漁會冷凍廠完工

一九六一年

一月・珠螺山馬祖軍人公墓舉行落成與忠魂進靈典禮
三月・南竿鄉公所在復興村沒收「摜九」三牲品食品一批，發交貧民使用。（「摜九」為福州方言，指替歲數逢九的親長送禮，以消災解厄、祈求平安。）

六月・南竿梅石村介壽堂電影院、馬祖圖書館舉行揭幕典禮。

七月・西犬特約茶室新建十六間房間於西路文康中心，並開始營業。

八月・設在南竿復興村（牛角）的特約茶室歇業，侍應生遷入梅石村新址繼續營業。原房舍作為中興酒廠之廠址。

十月・南竿福澳村「民享發電所」啟用

十二月・中共宣布停止對金門、馬祖實彈炮擊，改打宣傳彈；我方也開始以宣傳彈回擊。

一九六二年

一月・南竿復興山莊至山隴的中興公路完工

三月・馬祖中學成立兒童棒球隊，於初一、初二各挑十五名，編成「勇士隊」、「洋基隊」，由美軍顧問肯寧漢擔任教練。

五月・南竿馬祖村至介壽村之中正公路舉行通車典禮

十月・南竿中隴至復興村新鋪高級路面竣工通車

・南竿福澳新鋪高級路面竣工通車

・東引介壽堂（現中正堂）完工啟用

十二月・陸軍各專科學校候補軍官班考試，陳金國、劉鏡清錄取，赴臺報到成為馬祖青年從軍之先鋒。

一九六三年

三月・美軍顧問團馬祖首席顧問張積德少校兼任馬祖中學英文教師

六月・臺灣省教育廳同意東引國小畢業生每年免試保送十名，升讀臺灣省立初級中學，並給予公費待遇。

八月・縣府成立國民住宅興建委員會

・北竿上村至白沙、上村經壁山至塘岐、上村經午沙至塘岐三條高級水泥道路舉行通車典禮。

十月・南竿芙蓉澳大陸義胞接待站新廈落成

十一月・介壽村由漁會供電，裝設電燈，為連江縣第二個有電燈的村落。

一九六四年

一月・西犬青蕃村大火，燒毀二十五戶四十餘間民房。
三月・各鄉村開始實施家戶聯保，以五戶聯保為原則。
五月・南竿馬祖村天后宮重修完工
十月・農復會補助開辦學童營養午餐
十一月・陸軍八四五醫院（馬祖軍醫院）新廈落成
・縣府編印《今日連江》刊物，記載連江縣十年以來的縣政建設成果。

一九六五年

五月・馬祖守備區指揮部改制「馬祖防衛司令部」，東引指揮部納入指揮。
・開放南竿山隴、鐵板兩澳口一百五十碼以內，供民眾學習游泳。
・《馬祖日報》遷至仁愛村，停刊一天。
六月・南竿梅石村介壽堂電影院更名中正堂
十月・中興康樂隊更名雲臺藝宣隊
・中國大陸災胞救濟總會祕書長方治率領空飄汽球捐獻委員會、基督教福利會成員十九人抵馬，帶來大批救濟衣物，並施放空飄汽球。

一九六六年

二月・防止民眾收聽中共廣播，馬祖防衛部頒訂管制辦法。
四月・馬祖政委會訂頒《照相機使用管制實施辦法》
・全面實施血型鑑定，減少空襲、炮擊時傷亡災害。
五月・縣府推動捕滅蒼蠅運動，民眾送繳死蒼蠅一市兩，發給獎金一元。
七月・雲臺閣揭幕，總統蔣中正題頒的「枕戈待旦」四字，刻於一座三公尺高、五公尺寬的大屏風上，供軍民瞻仰。
十月・國防部訂頒《軍運艦船搭乘人員辦法》

十二月・西犬青蕃村火災造成四死二傷，房屋三十三棟全毀，兩棟半毀，一百九十二人無家可歸。

一九六七年

四月・馬祖防衛部設立軍犬隊

六月・北竿白沙新復國號接駁船因超載、超重翻覆，十四人罹難。

九月・連江縣社會教育館落成啟用（南竿介壽村）

十一月・縣府貸款每棟三萬元，東犬大坪國宅九棟竣工。

一九六八年

二月・北竿塘岐中正堂電影院揭幕

三月・馬祖政委會修正《赴臺升學獎助辦法》，鼓勵地區青年學成返鄉服務。

四月・配合九年國教，教育部增加保送師大名額為三名。

六月・縣府准許白犬地區漁產運往南竿銷售，規定由新興四號漁船輸運。

七月・馬祖初級中學正式升格福建省立馬祖高級中學，並代辦國民中學。

八月・司法行政部決定設置地方法院連江庭，受理民眾訴訟案件。

・南竿珠螺至清水道路竣工

・南竿清水村的基督教馬祖教會新建工程完工

九月・美軍顧問團馬祖首席顧問卡特中校應邀擔任馬祖高中英文教師

十月・東引第一條水泥道路，南澳碼頭至燈塔主幹道通車。

一九六九年

一月・因應國軍「北海計畫」，於南竿、東引開鑿地下碼頭坑道。

六月・西犬中正堂電影院揭幕，藝宣隊登臺演出。

七月・大坵島正式通電，全島大放光明。

九月・九月二十九日晚間共軍炮彈擊中南竿梅石村中正堂電影院，造成兩人死亡，二十四人受傷。

十月・南竿民眾及學生舉行「仇匪恨匪」活動，共兩千人參加。

・西犬田沃村中正堂啟用，開始放映電影。
十一月・因青蕃村兩次火災而興建的國宅，樓房十九戶、平房十五戶竣工。

一九七〇年

一月・臺灣省勞工保險局成立馬祖聯絡處，開始實施勞工保險制度。
・金門地方法院連江庭首次舉辦公證結婚。
四月・配合地方農業生產，馬祖防衛部訂頒辦法，指導官兵種高粱。
七月・馬祖第一座海水浴場，南竿「逸園」在介壽村隆重揭幕。
八月・首家公私合營的馬祖貨客運汽車運輸行開幕
・西犬島「北海二號小艇坑道」工程在田澳開工
九月・民間成立汽車駕訓班開課，由馬祖防衛部協助訓練。
十月・南竿牛角嶺馬祖酒廠新址，舉行落成典禮。
・馬祖首家「第一汽水廠」於南竿中隴開幕

一九七一年

・全縣人口突破一萬七千人，創下歷年統計最高，此後一路下滑。
三月・中正國中掀起從軍報國熱潮，一百一十九位同學申請。
・南竿介壽堂電影院啟用
六月・馬祖客貨汽車行接辦南竿客運業務，軍中支援交通車停駛。
・南竿鄉民在福澳山坡成立「益壽養牛場」
七月・南竿發電廠完工啟用
・縣府頒布「連江縣流動人口管理辦法」
・南竿民眾三人合資，在山隴舊街創立本縣首家「興盛養雞場」。
九月・福建金門法院連江庭、育幼院、天主堂，同日落成。
十月・東引發電廠完工啟用

・東引第一艘遠洋漁船「東興一號」下水儀式

一九七二年

一月・海軍 AP- 518雲台號交通船首航，行駛臺灣、馬祖、東引。
二月・馬祖防衛部頒布《捕俘水匪作戰獎懲規定》，最高獎金二十萬元。
四月・「連江縣民防指揮部」易名「連江縣民防總隊部」
六月・馬祖電信代辦處開始營業，初期辦理業務電報。
・連江縣首家「欣欣計程車行」試營運，採計次收費。
・往返臺灣出入境證申辦簡化，學生免繳在學證明及其他證明。
十一月・馬祖政委會核定《馬祖地區各中等學校教員聘（派）用辦法》，規定保送師大、師院畢業生須回馬服務四年始准離職。
十二月・雲台號臺馬交通船每航次准許公教及民眾十二名搭乘。

一九七三年

一月・第一屆婦女護理訓練班舉行畢業典禮
三月・東莒中正堂電影院落成
四月・縣府辦理輕重型機車駕照考試，十五人報考，錄取九人。
六月・「連江縣民防總隊部」更名「連江縣自衛總隊」
七月・南竿馬祖村簡易自來水工廠竣工
八月・杜絕民間購用軍油，馬祖政委會訂頒《查禁民間收購軍油辦法》，違者以軍法懲處。

一九七四年

一月・馬祖旅臺同學會及馬祖中學校友會聯合刊物《拓荒者》季刊創刊
二月・馬祖電信局開始受理電話申請登記
三月・馬祖防衛部訂定《馬祖新臺幣行使及匯兌管制辦法》
・馬祖雜魚加工合作社在東莒成立

七月・馬祖電力公司正式成立
十月・馬祖歷史文物館落成啟用
十一月・馬祖政委會開放南竿仁愛村澳口供民眾垂釣
十二月・馬祖漁產運銷合作社成立

一九七五年

一月・南竿山隴社區八棟店寓式國宅完工
三月・東莒福正村民掘獲唐代古錢一批，計六千餘枚。
四月・總統蔣中正去世，軍民一律配戴黑紗，電影院及娛樂業停止營業。
六月・南竿仁愛村天后宮修建工程舉行落成慶典
七月・北竿發電廠竣工全面供電
九月・連江縣民防自衛隊一百六十人赴臺參加國慶閱兵

一九七六年

一月・馬祖高中遷至介壽中心國校舊址，國中部併入介壽國民中小學。
三月・連江縣首次辦理土地總登記，開始受理，登記範圍僅限房屋座落位置範圍以內。
・南竿介壽、福澳、清水、馬祖四村店鋪式國宅動工興建。
四月・馬祖漁產運銷合作社集資購建八十噸級馬祖一號漁船，自基隆首航南竿。
五月・連江縣物資供應處北竿分處正式對外營業
・莒光物資分處在東莒成立
七月・南竿首家「唯一機器洗染廠」在福澳村開幕。
八月・南竿中興嶺首座集餐飲、住宿、遊樂功能之雲台山莊，對外營業。
九月・《馬祖日報》附設黎明書店南竿山隴介壽商場開幕。
十二月・舉行首屆村長選舉，全縣選出二十三位村長，投票率高達九九％。

一九七七年

五月・政委會頒布《馬祖地區開放夜間捕魚作業實施要點》，有條件開放夜間捕魚。
七月・南竿介壽村、福澳村新建國宅示範商店工程完成驗收。
八月・南竿福澳公和、復興、美都、賽寶和北竿塘岐國光等五家批發商店，在基隆共組雲台公司，辦理統購業務。
九月・東引國民住宅「九棟」完工
十月・政府融資貸款興建的南竿馬祖村四十七棟國宅竣工，抽籤分配住宅。
十二月・開始實施鄉級地方自治，舉行第一屆鄉長及鄉民代表選舉。

一九七八年

二月・南竿天主堂區依搦斯修女創辦「寶血幼稚園」
三月・北竿國軍英雄館落成
四月・南北竿、莒光二十六艘漁船及一百九十四名漁民組成船團，前往東引捕撈黃魚。
五月・南竿馬祖村光武堂電影院落成啟用
七月・馬祖物資處西莒物資配銷站開業
・縣府開放清水、仁愛兩澳口供民眾游泳。
・副村長改由縣府招考地區青年充任
十一月・東引南澳地區簡易自來水工程竣工，開始供水。
十二月・居民齊集介壽廣場舉行愛國自強團結大會，譴責美國與中共建交。

一九七九年

一月・《今日馬祖》季刊問世
・臺視公司赴東引拍攝《海闊天空》電視劇，演出林國淦返鄉服務故事。
二月・縣府辦理縣府前山隴菜圃測繪及重劃工作
三月・東引南澳國宅工程施工坍方，士兵三人走避不及殉職。該國宅命名「三義村」。

四月・南北竿、東西莒漁船四十五艘，漁民三百三十八人組成船團，前往東引捕撈黃魚。
九月・馬祖北竿芹山播音站開播，執行心戰喊話任務。
十月・南竿介壽獅子市場開業
十一月・民營「三友養菇場」在南竿清水村成立
十二月・南竿地區民用自動電話開始裝機
・全縣最大的水利工程勝利水庫竣工

一九八〇年

一月・西莒發電廠開始供電
二月・南竿仁愛村綜合市場落成啟用
三月・南竿「大漢據點」開挖完成
四月・南北竿、東西莒三十四艘漁船及兩百四十七名漁民組成船團，前往東引捕撈黃魚。
五月・東莒發電廠完工，開始供電。
七月・基隆「永隆煤氣行」在南竿設廠分裝瓦斯，開始營業。

一九八一年

一月・設址西莒青蕃村山海一家的臺灣銀行委託莒光財務作業組成立。
九月・東引酒廠出品「千歲酒」、「黃龍酒」、「風溼藥酒」在臺發售。
・臺北市動物園贈送梅花鹿五頭，運抵南竿。

一九八二年

一月・北竿公車開始營運
・南竿馬祖村后澳的「三民畜牧場」完工，飼養牛隻與梅花鹿。
・南竿馬祖村舊街大火，造成人員傷亡，房屋毀損嚴重。
三月・首次編纂的《連江縣誌》第一、二冊出版。

五月・南竿梅石村更名清水村，重新編鄰。
・為保障本地養雞戶，馬祖政委會公告禁止臺灣雞蛋進口。
六月・馬祖高中成立職教實驗班，設漁撈、養殖兩科，免試入學。
七月・南竿自來水廠開始供水
八月・北竿惠民市場落成啟用
九月・東、西莒之間交通船「莒光一號」開航。
・北竿塘岐村開始全面供應自來水
十一月・北竿塘岐村「清同治八年閩浙總督鹽政告示碑」運抵南竿，放置於馬祖歷史文物館。

一九八三年

一月・馬祖國軍醫院遷入南竿仁愛村新院區
・北竿電信代辦處電傳打字電報啟用
三月・馬祖旅臺同鄉會受理民眾以電話申請返鄉登記船票
四月・連江縣首座垃圾焚化爐完工，位於南竿復興村後山。
五月・莒光鄉話傳電報啟用
七月・基隆電信局設立「東引電信代辦所」，提供電報服務。
八月・馬祖政委會籌組「馬祖文化工作隊」
・連江縣婦女會組成「縫紉征衣隊」，巡迴南竿為駐軍官兵縫補衣服。
九月・南竿清水村的勝利書齋開幕。馬祖文化工作隊南竿介壽堂首演。
十月・南竿鄉成功山民眾第一公墓竣工
十一月・《馬祖之光》月刊創刊

一九八四年

一月・連江縣政府舉辦縣徽徵選，介壽國中教師張信義設計作品獲選。
三月・北竿首座幼稚園「寶血幼稚園」開學

・維護造林成果，馬祖政委會頒布禁止放養山羊規定。
・莒光鄉公車舉行通車典禮
五月・美國《世界日報》報導，中華民國儲蓄率居世界第二，東引平均儲蓄率是臺灣本島的七倍，居全國之冠。
六月・馬祖地區首座漁產加工廠在南竿清水村成立
八月・中國大陸災胞救濟總會贈送北竿坂里「大同二村」居民十八棟房屋產權
十月・東引指揮部開辦東引市內自動電話，全鄉裝機率達八一・二%。
・南竿首家卡拉OK「歡樂島咖啡屋」在介壽商場開張
十二月・馬祖第一座標準網球場「中興網球場」啟用

一九八五年

一月・北竿首批公用電話十六部啟用
三月・東引指揮部首度舉辦軍中優秀士官兵家屬探親參訪
・縣府公告廢止「市斤」改用「公斤」
四月・馬祖政委會核定南竿、北竿、莒光等三鄉各准予進口計程車十輛。
・縣府開放自用貨車進口
六月・南竿津沙公園落成
十月・北竿中正公園落成
・南竿福澳碼頭完工啟用
十二月・馬祖黎明書店遷往福澳村，併入陸軍文具供應站經營。

一九八六年

一月・《馬中青年》創刊號發行
四月・馬祖防衛部規定，嚴禁官兵涉足卡拉OK。
三月・北竿指揮部裝設完成綜合電視天線，提供民眾申請使用。

五月．海軍AP-526「新康艦」交通船首航馬祖
．東引自來水管路通水
．東、西引中柱橋連堤完工通車。
．馬祖政委會發行首期《馬祖畫刊》
七月．馬祖首座加油站「南竿梅石加油站」啟用
．縣府頒布《錄放影機輸進管制實施要點》，開放錄放影機進口。
十月．莒光鄉「青蕃村」更名「青帆村」，「嘮叨澳」改稱「樂道澳」。
．東引指揮部開放民間經營錄影帶出租店

一九八七年

四月．「臺引一號」貨船首航東引，加入海運行列。
五月．東引指揮部管制電視遊樂器進口
七月．臺灣地區解除戒嚴，不包括金門、馬祖、東沙、南沙等外島。
九月．縣府開放牛肉、水果自由進口。
．政委會簡化「馬祖地區民眾往返各離島登記手續」，取消向村公所申辦出港單。
．馬祖政委會頒布《馬祖地區毛豬共同運銷辦法》
十月．福建金門地方法院連江庭及連江檢察官辦公室成立，受理轄內刑事案件，不再由軍法審判。
十二月．西莒青帆村二十間國宅完工
．入出境證件業務移交連江縣警察局辦理

一九八八年

一月．國防部核定，連江縣電價調降五〇%，並開始採用分段式收費。
．總統蔣經國逝世，公教人員與學生綴佩黑色喪章，娛樂場所停業三天。
二月．南竿福澳國民住宅落成
五月．《今日馬祖》月刊首期革新版出刊

七月・縣府宣布停徵貨物入出境規費
・連江縣警察局宣布，宵禁時間民眾在村內可自由走動。
八月・東莒島燈塔登列國家二級古蹟，東湧燈塔與大埔石刻登列國家三級古蹟。
・中央銀行修正《馬祖新臺幣行使辦法》，解除匯兌限制。
十二月・「慈航輪」首航，每天往返莒光—南竿一航次。
・連江縣各界代表聯合發表聲明，反對金馬撤軍。
・縣府解除女性不得出海作業規定

一九八九年

一月・「金門馬祖與臺灣地區往返同意書」單次使用放寬為每年使用五次，並取消手續費。
三月・馬祖政委會開放糯米自由進口
五月・馬祖政委會開放特砂糖自由進口
六月・南、北竿、莒光、東引民眾互訪活動展開，首發團莒光鄉民五十人抵北竿、高登參訪。
・追悼中國大陸六四天安門死難同胞，馬祖各界舉行追悼會，各機關學校降半旗一天。
八月・縣府宣布開放未請領牌照之全新自用小客車（含客貨兩用車）及機車進口
・縣府宣布收音機解禁，民眾可自由持有。
・金馬民眾在臺北發起「八二三金馬愛鄉大遊行」
十一月・政委會宣布宵禁延至晚間十二點，超過十二點仍須通行證。
十二月・南竿儲水澳水庫旁公園命名為勝天公園

一九九〇年

一月・連江縣第一屆民選縣政諮詢代表暨第四屆鄉長、村長及鄉民代表等四項公職人員選舉。
三月・國防部開放馬祖地區ＫＶ頻道直撥衛星電視接收器（俗稱小耳朵）。
・財政部海關總署同意開放東莒島燈塔、東湧燈塔供民眾參觀。
四月・縣府解除營業貨車管制，開放自由進口。

・馬祖政委會宣布簡化搭乘漁船往返離島手續，准予持身分證向港口申辦臨時出港申請單。

七月・馬祖政委會宣布原籍馬祖民眾往返臺灣，除役男外，免申請入出境證，可憑身分證或戶口名簿影本進出。

十月・兩岸首度進行中國大陸偷渡客遣返作業

十一月・中國大陸偷渡客一百三十人抵馬，首度進駐中國大陸人民收容中心。

一九九一年

一月・政委會宣布開放肉鴿進口，但需籠飼，不可放飛。

二月・卡式長途直撥電話亭啟用，開放馬祖單向電話直撥臺灣。

・連江縣育幼院舊址改建的連江山莊整修完成，提供膳宿服務。

三月・南竿北海坑道整修完成，開放參觀。

・金馬地區五名諮詢代表赴立法院請願，要求終止戰地政務，反對金馬繼續戒嚴。

五月・馬祖防衛部宣布馬祖地區實施臨時戒嚴

・「金馬愛鄉聯盟」赴立法院抗議金馬二度戒嚴，夜宿立法院群賢樓大門口十一天。

六月・高登、亮島對臺灣單向直撥電話啟用。

九月・全縣各軍郵局開辦傳真郵件，停辦電傳電報業務。

十二月・連江快輪搭載一百四十餘人從淡水港首航駛抵福澳碼頭

一九九二年

五月・財政部同意金馬地區酒類可自由輸入臺灣

六月・行政院核定馬祖綜合建設方案

七月・《馬祖之光》月刊創刊

八月・新舊任縣長交接，新任縣長首次由馬祖人士曹常順出任。

十月・不堪長期虧損，連江快輪暫停開航。

十一月・臺馬海底光纖電纜完工

・金馬解除臨時戒嚴，並撤銷戰地政務，實施地方自治。
十二月・馬祖選出首席區域立委曹爾忠進入國會

一九九三年

一月・國防部、交通部及內政部訂定《金門馬祖地區開放觀光辦法》。
二月・馬祖防衛部開放南竿鐵堡據點參觀
四月・馬祖村天后宮媽祖鑾駕首次出巡，繞行南竿全島長達十五小時，三百多人參加。
五月・國防部總政戰部宣布，民眾搭乘海軍AP艦取消簽具切結書。
六月・金馬地區無線電叫人收訊器業務（BBC）啟用。
七月・縣府核定「馬祖海運行」、「北竿海運行」行駛南北竿航線。
十一月・曹常順當選第一屆民選縣長

一九九四年

一月・永興航空公司臺馬航線開航，每日往返北竿機場與松山機場四班。
・《金門馬祖地區戰時儲備物資管制辦法》廢止
・舉行第一屆縣議員及第五屆鄉長選舉
二月・金馬地區開始徵兵
六月・中國大陸文化表演團體「福州閩劇院一團」抵馬演出
八月・馬祖軍醫院與縣立醫院簽署「馬祖地區軍民醫療支援合作協定」
十一月・國防部解除莒光地區要塞堡壘管制，公告莒光地區為重要軍事設施管制區。
十二月・南竿馬祖村光武堂官兵休閒娛樂中心開幕

一九九五年

一月・東莒少尉軍官李朋峰失蹤，莒光指揮部舉行「碧海演習」。
二月・金馬地區各島駐軍成立副食品供應站
二月・馬祖日報社辦理第一屆馬祖日報文學獎

四月・連江縣首家有線電視業者「祥通有線播送系統」成立
・抗議長期滯留馬祖，南竿東、西靖廬中國大陸偷渡客絕食抗議。
八月・內政部、國防部會銜頒布《金馬自衛隊員補償辦法》
九月・首家旅行社「永嘉旅行社馬祖分公司」於北竿成立
十月・民進黨主席施明德蒞馬參訪，並為立委參選人魏耀乾助選。
十二月・首家「金東來保齡球館」於東引開業

一九九六年

二月・臺灣、國華航空首航臺馬航線，每日往返北竿與松山機場。
三月・臺灣舉行首屆民選總統大選，引發臺海飛彈危機。
・因應中國大陸軍事演習，各島舉行軍民聯合防空演習。
四月・國華航空在北竿馬鼻灣墜海，五人罹難，一人失蹤，十一人獲救。
・北竿民眾百餘人在北竿航空站前拉白布條抗議，強烈要求政府改善飛安。
六月・因應連江壹號開航，「馬祖連江航業有限公司」成立。
十月・北竿大坵島火燒山，延燒二十小時，全島近半燒毀。
十二月・臺電核能後端營運處在北竿、東莒舉辦「低放射性核廢料最終處置場說明會」。莒光鄉列為最終處置場之一，縣府表達反對立場。

一九九七年

一月・莒光鄉民眾在縣府大樓前拉白布條，抗議臺電選址。
・馬祖觀光協會成立
二月・臺電退回低放射性核廢料最終處置場址徵選作業同意書
五月・臺馬客貨輪採購案，縣府購買日本籍「新九州輪」，完成議價。
七月・縣府宣布，除東引外，南北竿、東西莒海域開放娛樂漁業活動。
・馬祖電力公司併入臺灣電力公司

八月・國華航空公司從臺北飛馬祖客機在北竿壁山撞山，機上十六人全數罹難。

・北竿民眾逾百人聚集北竿機場抗議，要求政府改善飛安。

九月・臺馬輪免費載運民眾往返臺馬完成試航

十一月・南竿海水淡化廠揭牌啟用

・劉立群當選第二屆民選縣長

一九九八年

三月・亞太航空、德安航空公司直昇機首航臺北—馬祖航線。

・馬祖藝文協會成立

七月・臺灣及大華兩家航空公司併入立榮航空，經營臺北—馬祖航線。

・《連江水》月刊創刊

八月・大坵島全面撤軍，成為無人島。

九月・海保部隊退除役老兵及遺族千餘人前往立法院陳情，要求政府補發一九四九至一九五四年間欠發之薪餉。

一九九九年

三月・行政院核定連江縣為國內第六座國家級風景特定區

・《馬祖日報》電子報網站成立，提供線上閱覽。

・歷史文物館拆除，原址改建馬祖民俗文物館。

六月・南竿牛角參加全國城鄉新風貌特展，榮獲最佳特色、最佳團隊獎。

・雲台文化協會成立

九月・建設局設立馬祖城鄉工作室，專職縣城鄉規畫及聚落保存業務。

・雲門舞集創辦人林懷民率「雲門舞集2」抵馬，演出全本《薪傳》。

十二月・《國軍軍事勤務致人民傷亡損害補償條例》公布實施

・行政院核定馬祖列島燕鷗保護區為國家第十二處野生動物保護區。

二〇〇〇年

一月・馬祖野鳥學會成立
二月・縣府推動聚落保存，《閩東建築傳統風貌補助辦法》公布實施。
三月・立法院通過《離島開發建設條例》，行政院設置離島建設基金。
六月・鳥類攝影家梁皆得拍攝燕鷗生態紀錄片，在北竿中島發現兩隻「神話之鳥」黑嘴端鳳頭燕鷗。
七月・馬祖高中首度在臺灣辦理招生
八月・第一階段聚落保存，北竿芹壁五間古厝修復工程動工。
十二月・警政署入出境管理局馬祖服務站，開始接受連江縣民眾赴中國大陸申請。
・《試辦金門馬祖澎湖與大陸地區通航實施辦法》生效

二〇〇一年

一月・「馬祖—馬尾—湄洲平安進香團」五百一十三位民眾搭乘臺馬輪，完成歷史性直航。
二月・曾遭治安機關不當羈押的南竿鄉民曹常來，金門地方法院判賠兩百九十二萬元，創下戒嚴時期不當審判賠償連江縣民首例。
四月・中國大陸「海峽號」快輪首度靠泊南竿福澳港，遣送十名臺灣通緝犯，並接回兩百餘名中國大陸偷渡客。
・比利時籍石仁愛修女離馬返鄉，南竿民眾舉辦感恩歡送茶會。
六月・南竿鄉清水集合式住宅正式動工
十一月・馬祖鼓板協會成立
十二月・陳雪生當選第三屆民選縣長

二〇〇二年

一月・金門地檢署連江檢察官辦公室起訴因選舉而大量遷入的「幽靈人口」五百零二人
三月・第一家縣府委外經營閩東建築老屋「依嬤的店」在南竿復興村（牛角）開張
・縣府與馬祖防衛部共同推動國軍島嶼互訪活動，第一梯次南竿六十七位國軍官兵前往莒光兩日遊。
五月・馬祖村天后宮重建落成啟用
・中國大陸連江閩劇團在馬祖村廣場舉行首場公演
六月・東引一九五旅採管制方式，開放一線天、國軍歷史文物館、安東坑道、燕秀潮音等四個觀光景點。
・放寬金馬小三通人員中轉資格，福建臺商、金馬居民在臺眷屬及原籍金馬的旅臺鄉親，均可經由金馬往返中國大陸。
九月・連江縣第一個社區發展協會「牛角社區發展協會」成立

二〇〇三年

一月・南竿機場啟用
・北竿機場開放夜航
二月・《馬祖日報》全彩發行
四月・防範SARS，小三通暫停，縣府派專船接回滯留中國大陸五十九名旅客。
・東引、北竿海水淡化廠完工。
六月・首屆海上龍舟賽在東莒猛澳港舉行
七月・南竿后澳水庫工程預定地清出上百顆地雷及信管
九月・連江縣珠螺軍人紀念園區落成啟用
十月・南竿珠山發電廠新建工程動工

二〇〇四年

一月・馬祖民俗文物館開館
二月・教育部核准連江縣設立銘傳大學公共事務學系碩士在職專班
三月・福山照壁更名枕戈待旦紀念公園，舉行揭牌儀式。
七月・兩馬小三通航線增班，週一至週五每天開航兩班。

十一月・北竿戰爭和平紀念公園設立
十二月・首次電視公辦政見發表會，三名立委候選人參加。

二〇〇五年

一月・連江縣攝影學會成立
六月・十一位連江籍畫家作品「馬祖畫派紀元展」於馬祖民俗文物館展出
九月・全縣汙水下水道工程動工
十月・臺灣銀行馬祖分行在南竿福澳港開辦人民幣兌換業務
十一月・第一本馬祖歌謠選集《月光光》出版
・馬祖首家民間遊覽車公司「馬祖交通公司」成立
十二月・陳雪生當選第四屆民選縣長

二〇〇六年

三月・統一超商7-11首度在連江縣設店，介壽與清水兩家加盟店開張。
四月・馬祖綜合福利園區落成啟用
十月・媽祖昇天祭首度在南竿馬祖村天后宮舉行
十二月・馬祖「芙蓉海畫會」成立

二〇〇七年

一月・軍郵局改制為普通郵局
二月・兩馬小三通創下單日六航次，單向七百九十九人次，開航以來新紀錄。
五月・衛生局首度遴選連江縣優良旅館民宿
十月・馬祖防衛指揮部配合馬祖高中五十週年校慶，舉辦第四季萬平操演火炮射擊。

二〇〇八年

一月・「馬祖旅遊解說協會」成立
・南竿介壽村軍友街發生大火，多處民宅燒毀受損。

三月・「馬祖悠遊卡」啟用，憑卡可搭乘南、北竿公車。
六月・東莒島燈塔重新啟用
・小三通擴大實施，國人及外籍人士可持護照經金馬地區進出中國大陸。
八月・統一超商 7-11 東引門市開幕，為統一超商全國最北門市。
・「垃圾運臺計畫」試運，連江縣垃圾由貨船載運送往基隆焚燒。

二〇〇九年

一月・立法院通過《離島建設條例》修正案，明定離島地區可以依公民投票之結果開放博弈賭博事業。
・馬祖民俗文物館新設「馬祖考古展示區」開幕
二月・東引國小、東莒國小入選《商業周刊》百大特色小學。
・馬祖戰地文化列名臺灣世界遺產潛力點
五月・旅臺鄉親李小石揹媽祖神像登上世界最高峰珠穆朗瑪峰
十月・媽祖巨神像完工
十一月・首屆「馬祖文學獎」舉辦
十二月・楊綏生當選第五屆民選縣長
・南竿珠山發電廠落成啟用

二〇一〇年

一月・連江縣籍情報人員王長勇病逝福建莆田監獄，骨灰運抵桃園國際機場，三百多人接機。
三月・戰爭和平紀念公園主題館揭幕
六月・石仁愛修女在比利時家鄉逝世，馬祖南竿天主堂舉行追思會。
・南竿馬祖村「門前山祈福坑道」開幕
七月・南竿北海坑道首度推出獨木舟體驗活動
九月・南竿仁愛村「廢電池山」汙染區開挖及清運作業開工
十二月・馬防部開放雲台山軍情館、大炮連二四〇炮陣地及勝利山莊供本國籍遊客參觀。

二〇一一年

二月・「建國百年—馬祖擺暝文化祭」

四月・連江縣市內電話撥打臺灣均改採市內電話計費

五月・農委會特有生物中心證實北竿雌光螢與莒光黃緣雌光螢屬全球新物種

七月・馬防部舉辦高登「登島六十週年」，突擊隊長李承山回訪。

・中國大陸福建省「小三通自由行首發團」，一百一十一人蒞馬參訪。

八月・「藍海的故鄉—馬祖音樂會」於國家音樂廳舉行

・連江縣府與行政院文建會首度合辦「馬祖國際和平論壇」

二〇一二年

四月・臺灣懷德公司以4C機場、南北竿大橋、馬祖大學及回饋金等保證，遊說馬祖進行博弈公投。

五月・確定亮島人為距今八三二〇年至八〇六〇年前人種。指定「亮島尾遺址群」為縣定遺址。

七月・「馬祖博弈公投」結果，贊成票一七九五張，反對票一三四一張。

・亮島「島尾一號」挖出一具仰身肢葬完整人骨，命名「亮島人二號」。

十一月・縣府舉辦「終止戰地政務二十週年」論壇、展覽與音樂會。

・新臺馬輪命名網路票選活動，「臺馬之星」獲決選第一名。

二〇一三年

一月・博弈公投引發戶籍遷馬潮，半年破千。

三月・中國大陸《大陸居民赴臺灣地區旅遊管理辦法》明文禁止賭博

五月・縣府針對閒置營區啟動申請撥用與再利用

九月・縣府公告禁用章魚籠、螃蟹籠採捕海洋生物。

十月・「媽祖宗教園區」啟用

十一月・《馬祖心情記事》音樂劇首演

二〇一四年

四月・CNN報導藍眼淚現象獲選世界十五大自然奇景之一
五月・「媽祖在馬祖」臺馬信眾千人祈福踩街
八月・中研院考古團隊下水探勘百年沉船蘇布倫號
十一月・福澳碼頭擴建工程竣工
・劉增應當選第六屆民選縣長
十二月・「亮島人」與馬祖史前文化於國立歷史博物館展出

二〇一五年

六月・生態賞鷗之旅首航，體驗群鷗飛舞震撼。
七月・內政部統計，跨國聯姻比例金馬全國最高。
八月・臺馬之星啟航，營運初期狀況不斷。
十一月・舉辦首屆「馬祖國際馬拉松」
・馬祖心情記事2《藍眼淚》音樂劇首演
十二月・還地於民里程碑，地政所發出首張公有地返還土地所有權狀。
・小三通第二條航線，北竿白沙—黃岐航線啟航。

二〇一六年

一月・中國大陸漁船違法越界捕魚頻傳，漁民抗議。
四月・南竿北海坑道首辦音樂會
・南竿率先實施路燈管制，以便欣賞「藍眼淚」。
五月・墾丁國家公園管理處贈梅花鹿，增加原有族群基因多樣性。
七月・漁民座談會，縣府首度提出休漁獎勵措施。
・仁愛、津沙澳口海漂垃圾，四天清出粗估總重達三百零八公噸。
八月・南竿介壽堂土地糾紛判決確定，民眾勝訴。

二〇一七年

一月・南竿仁愛示範住宅開放購屋登記
三月・東引指揮部同意一線天坑道開放參觀
四月・大坵船班正式啟航
四月・民俗文物館重新開館，亮島遺址展區正式揭幕。
六月・東莒島大埔石刻四百年
六月・「馬祖青年發展協會」成立
九月・海保部隊重返馬祖，多位成員及後代今回返莒光駐紮地。
十一月・馬祖心情記事3《寶姨》音樂劇首演
十二月・星巴克馬祖門市開幕

二〇一八年

七月・西莒「山海一家」會館正式揭牌營運
八月・縣府審議通過指定馬祖地質公園
九月・金板境天后宮重修落成
十一月・劉增應當選第七屆縣長
十二月・南北竿跨海大橋進行評估規劃

二〇一九年

一月・《國家語言發展法》通過，閩東語納入本土語言。
三月・中國大陸抽砂船頻繁越界盜採，連江地檢署首次法拍中國大陸越界抽砂船。
六月・縣民樂活多功能體育館暨社福中心開工動土
九月・海洋大學馬祖校區北竿坂里揭牌開學
十一月・馬祖心情記事4《相約十五暝》音樂劇首演
十二月・南竿福澳港客運吞吐量突破八十萬大關

・臺馬空中客運量突破四十萬大關

二〇二〇年

二月・新冠疫情爆發，禁止小三通入境
・文化部授證，「馬祖擺暝」正式登錄全國重要民俗。
・大坵梅花鹿減口方式不當引爭議
七月・郵輪「探索夢號」推出跳島行程
・馬祖戰地文化景觀登錄連江縣文化資產
・旅客數飆升，馬祖用水量創歷史新高。
八月・民進黨連江縣黨部成立

二〇二一年

三月・遊客爆量，水情嚴峻，水廠協請軍方執行西水東運任務。
六月・「亮島島尾考古遺址」獲文化部指定為第十一處國定考古遺址。
七月・新冠疫情影響停航五十日，北竿機場復航。
八月・馬祖大橋新建工程綜合規劃舉辦南北竿說明會
十一月・成大師生田野調查，橋仔發現康熙年間石刻界碑。
・馬祖心情記事5《重返前線一九七九》音樂劇首演
十二月・大木作匠師陳元元登錄連江縣文化資產技術保存者
・議會通過《連江縣光害管制自治條例》，為臺灣立法管制光汙染的首例。

二〇二二年

二月・東引島首次出現肉眼可見不明飛機低空飛過，軍方研判是「民用型定翼雙槳飛行器」。
・馬祖舉辦首屆國際藝術島「島嶼釀」
四月・往返臺北馬祖客輪南北之星啟航，單趟航程三・五小時。

五月・臺馬第二海底電纜遭外籍船隻下錨損毀，網絡中斷多日。
六月・民進黨連江縣黨部史上首次推十人參選地方公職
七月・中國大陸抽砂船盜採砂石案判決，船長等八人遭判刑、船沒入。
十一月・縣府舉辦「終止戰地，三十而立」系列活動
・北竿塘岐首宗民間集合式住宅，每坪二十五萬秒殺完售。
・王忠銘當選第八屆民選縣長
・首位民進黨籍候選人詹庭語當選馬祖公職人員（北竿鄉民代表）

二〇二三年

一月・小三通恢復通航，旅客僅限金馬地區居民及陸配。
二月・臺馬第三海底電纜斷訊多日無船可修，改以微波頻寬備援。
三月・第二家民營航空公司華信航空開闢臺馬航線
・海巡查獲走私龍蝦出口案，裁罰金額創馬祖史上最高。
四月・中央全額補助十一．四億的新臺馬輪正式營運，臺馬輪退役。
六月・南竿機場航廈改善工程完工
八月・卡努颱風過境，各澳口湧進大量海漂垃圾，積沙積水嚴重。
九月・馬祖舉辦第二屆國際藝術島「生紅過夏」
十月・行政院核定馬祖福澳港國內商港三十億經費
十一月・南竿鄉生命園區舉行首例環保樹葬儀典
十二月・仁愛一四七示範住宅竣工

二〇二四年

一月・總統暨立委選舉，連江縣政黨不分區國民黨得票超過六成，民眾黨二成一，民進黨約百分之八。
一月・臺北港—南竿「南北之星」不堪虧損停駛，改採包船經營。
二月・中國大陸漁船入侵大坵島進行作業

三月・中國漁船頻繁在金門馬祖海域越界，海上衝突升高。
・北竿機場擴建案與馬祖大橋爭議聲起
四月・馬祖—馬尾海上貨運直航
・中國不派船接人，非法入境陸客遣返遙遙無期。

※本書大事記資料來源：一九四九至二〇一二年內容，主要參考《連江縣志》大事記，並參照《馬祖日報》歷史資料庫；二〇一二至二〇二四年內容，主要參考《馬祖日報》每日新聞，並輔以《馬祖資訊網》與媒體報導。

後記

寫給馬祖的備忘錄

廖億美

一九九六年初，一個寒冷的冬日清晨，我跟著兩位臺灣反核運動前輩搭上前往馬祖的班機。那是一架僅有十九人座的小型客機，歷經將近一個小時的空中飄移，飛機搖搖晃晃地降落在北竿機場。隨後我們坐上計程車，一路奔馳穿過北竿島的丘陵起伏，來到島另一端的白沙碼頭，趕搭開往南竿福澳港的交通船。然而南竿並不是此行的終點，這一趟我們是為宣導核廢料議題而來，目的地是馬祖列島最南方的島嶼——東莒。

這一年，馬祖才剛解除戰地政務實驗三年，舉目所見仍是滿滿的戰地烙印——隨處可見的軍人、標語以及戰備工事；軍方協建的水泥建築形成村落的主要街廓，街上的小吃店、文具店、軍用品店、卡拉OK也多是為了供應軍人消費而存在；窄小的船艙混合著柴油、嘔吐物以及阿兵哥的悶臭味，形成一種令人難以承受的「戰地氣息」。特別是在東北季風的呼嘯中，刺骨寒冷伴隨著乘風破浪的暈眩翻攪，島嶼與海洋連成灰撲撲的一片。短短三天，經過天空、島嶼、海上的輾轉，我彷彿進入一個全然陌異的世界，這種陌異的感覺，不僅僅是空間的，更包含著時間的維度，以及刻骨的身體記憶。

這場猶如夢境的馬祖行，本以為終將只是存放在內心深處的生命片段，但也許是所謂「念念不忘，必有回響」，十二年後的秋天，在馬祖最宜人的季節，因為一個突如其來的工作機會，我再度踏上這座島嶼，意外地開始長達十餘年的冰山探索，進而埋下催生本書的伏筆。

小說家海明威以其著名的「冰山理論」作為寫作原則。所謂「冰山理論」就是只讓八分之一的體積浮出海面，將其他八分之七隱藏在海面之下。若想看到冰山的全貌，讀者就得自己潛入水中。

我認識、理解馬祖這座戰地島嶼的歷程，亦如閱讀一部以「冰山理論」寫就的作品。一開始看見那些已被釋出、可被接近的軍事構建、設施、景觀，只是浮在海面上的八分之一；再往下探索，那些隱藏在山壁中、岩層裡、地底下，或者以各種偽裝遮蔽的據點、坑道、地下場所，彷彿是一般人所身處、所能接觸的馬祖之外，另一個平行運作的宇宙。然而這可見的物質性空間，依舊僅是海面下的一部分，那些循著時間的軌跡隱藏在水面下未說出口的、或是意在言外的戰地經歷，與蘊藏其中的故事及遭遇，仍然是巨大的留白。

究竟當時真實的處境為何？馬祖人如何回望那段過去、如何講述這段歷史、甚至如何建構屬於自己的觀點？我試圖從文獻中尋找答案，但官樣文章以外的描述寥寥可數；或嘗試從訪談閒聊中，請長輩談談那時候與軍政府之間的互動，但他們所提及的隻字片語，或者單調地有如政令宣導，或者混雜著戲謔的輕描淡寫，甚或是欲言又止的自我檢查。

漸漸的，我開始理解這種難以名狀的糾結甚或集體性失語，附著在一個獨特的框架與情境：馬祖經歷了一場「未曾真正發生卻無所不在的戰爭」。在漫長等待戰爭的時間裡，戰場彷彿成為了劇場，產生一種戲劇性的荒謬感；而相較於動盪混亂的不安，戰地政務更像是一種特殊但慣常的生活方式，各種動員、規範、訓練是生活中必要的按表操課，那些專制系統下的權力邏輯，雖然造成尊嚴與人性的壓抑、挫敗與扭曲，但久而久之多數人也就接受這是社會運作的潛規則，而將之內化、與之共存。受控制但也受保護的安定，或許也是一種「比較級的幸福」。

上述觀點僅是我作為一個在後戰地時期才進入馬祖的局外人的解讀，在長達近半世紀的軍管歲月中，對於不同階段世代與價值取向的馬祖人而言，仍存在著相異的視角、感受與認知。而這些散落的記憶與評價，隨著時間推移，社會整體氛圍更趨解放，旅外以及本地的馬祖作家開始書寫自己的馬祖故事，也有愈來愈多戰地經驗被述說與聆聽，但是形諸文字紀錄留存且能夠被親近閱讀的卻極為少數。

二〇二二年，馬祖終止戰地政務三十週年，在連江縣政府文化處的支持下，我們發起「在馬祖生存的三十種姿態」共筆計畫，邀集許多具有馬祖背景的寫手共同企劃書寫，廣泛地訪談各個島嶼、不同世代、各行各業的人物，試圖描繪歷經混沌、高壓、穩定、鬆綁，馬祖人如何活出各色各樣的生存樣貌。每一個破碎的、個人化的生命歷程，恰恰說明與反映了馬祖戰地經歷的獨特性：這不是關於兩方對峙下直接衝突、交戰的經驗，而是在準備戰爭與等待戰爭的漫長歲月裡，非日常的日常如何進行的點點滴滴。

一個個人生際遇的此起彼落，映照著馬祖歷史之河的流動。這些被寫下來的故事，不僅是大家共同完成的筆記，也是本書得以成形的序曲。於是我們順著時間的軸線，以每個不同階段所面臨的關鍵議題為引，作為發展各章節的問題意識，並以一至四位主述人物的生命故事推動時代與議題的開展與鋪陳，完成這本聚焦在巨大的戰地框架如何影響島民生存方式，以及在這個方式之下，發展出的生存姿態與社會意識的馬祖備忘錄。

「戰地之框」是改變馬祖命運的起點，即使在形式上移除後的三十餘年，它的遺緒依然幽微深遠，因為不被提起，不被記憶，自然也無從放下。如何能與這個倏忽落下卻又久久盤旋的「戰地之框」真正告別，希望本書會是另一個起點。

感謝共筆小組成員林冰芳、邱筠、陳泳翰、黃資婷、黃開洋、曹雅評、曹辰瑩、蔡佳蓉為馬祖留住冰山之下的眾聲喧譁；特別感謝邱筠在本書前階段的寫作投入與貢獻。

感謝接受我們訪談並不吝分享所知所感所見所聞的每一位受訪者，你們的名字或許沒有一一出現在本書的文字裡，但你們走過的人生，都為時代做了最好的注解。

受訪名單（依筆畫序）

王元嵩　王詩經　王樹欽　王瀚緯　王惇蕙　任惠雲　吳依水　李金梅

李榮光　林秀　林祖炘　林春仁　林家菊　林金木　林平銀　林英佺
林順雄　林孟瑾　周治孝　胡海棠　唐亞勳　陳天喜　陳敬忠　陳珠龍
陳雄官　陳世朝　陳秋華　陳連明　陳發清　陳依淡　陳水梅　陳水官
陸朝文　曹天金　曹玉興　曹木利　曹木水　曹常容　曹爾忠　曹爾慶
曹鳳金　曹雅評　曹祥官　曹祥如　曹祥壽　黃碧華　黃鵬武　張良衛
張瑩金　張龍德　楊綏生　劉家國　劉美珠　劉浩晨　劉寶明　劉增秀
劉建國　劉詠心　鄭淑英　鄭夏娟　潘建國　薛瑀儂　謝德　謝銘

似霧非霧的馬祖故事

陳泳翰

二〇一二年，我第一次來到馬祖，當時一見鍾情的感覺，而今記憶猶存。多年以後，因緣際會到馬祖從事社區工作，一晃眼六個年頭過去，這塊土地還是像俄羅斯娃娃一樣，掀開一層之後還有一層，總是予人全新發現，讓我經常處於「原來如此！」或「竟然如此！」的詫異狀態之中。

空檔時，馬祖的長輩與朋友們，經常不吝惜也不設防地分享各自的生命故事。每一則故事都有其動人之處，然而有時又會令人納悶，不同故事裡頭暗藏的線索，似乎常常相互矛盾，時間點上對不起來。

比方說，一名我百分之百信任的漁民，曾經提過他在一九八〇年代尾聲，因緣際會涉入走私的經歷，他相信自己應該是當年全東莒島最早接觸走私的漁民；然而，另一名我偶遇的老兵，在回憶軍旅生涯時也篤定地聲稱，至少在一九八〇年代初期，他就已經目睹東莒島上有漁船在從事走私了。兩則證言在時間點上落差了將近十年，然而當事人對自己的記性都頗有信心，難以判別孰是孰非。諸如此類框架大抵雷同，但細節彼此牴觸的敘事，過去數年我不知聽了多少，要裝傻忽略也不是不行，但心裡總有些過不去的地方。

直到二〇二二年，我接獲這份採集戰地政務時期口述歷史的任務，當下便隱隱然有一個直覺，這或許是個機會，讓我有個正當理由，透過團隊合作更全面地訪談與比對，找出那把足以解開故事連環套的鑰匙。而今回顧，我的預感大體上是準確的。

就像前面那則走私的故事，放回戰地政務的時代脈絡後，我以為的矛盾之處，竟然全都說得通了。起初，我想當然爾地認為，馬祖所謂的「走私」，毋庸置疑一定是和中國大陸之間的暗地往來，就這個定義來說，在東莒島上確實如本地漁民所言，是一九八〇年代末才開始出現的現象。然而，我始料未及的是，一九八〇年代初，走私也真真確確存在於這座島上，只不過交易對象不是中國大陸，而是歸屬同一個政權的臺灣。正是因為在戰地政務制度下，連從臺灣本島輸入馬祖的貨品都受到嚴格管制，也都要額外抽稅，才會有人為了更低廉的價格，或為了吃上剛碾好的新鮮白米，以漁船作掩護鋌而走險，私下進口掩人耳目。換句話說，先前老兵的指證歷歷，同樣可以被信賴，差別只在彼此對「走私」的定義不太一樣罷了。

今天確實很難想像，同在一個國家內，不同縣市間的商品往來，怎麼會被定義為走私？然而這正是馬祖在戰地政務時期經歷過的真實，尤有甚者，當年即便同樣在馬祖所屬的連江縣內，東引島製作的高粱酒，若是賣到南竿島來，也是於法不容的行為。這些畸形的制度，都有其誕生的時代背景，但若沒有深思細究，就會像早先的我一樣，受困在詞語的障眼法和時間的迷魂陣中。

我不敢說自己已從迷霧中全然脫身，但經過近兩年的訪談與其後的成書撰稿，我畢竟獲得了類似鑰匙的幾份指引，多少可以理解早些年我其實還不那麼理解的幕後原委。也是因為走過這一遭，我更加意識到馬祖戰地政務經驗的特殊性，它就像一場小島限定的全面性政治與社會實驗，不只改變了一整代人的命運，甚至影響人們的思維模式，乃至於人際關係的運作型態。由於島嶼的尺度夠小，足夠讓變化的烙印更清晰地浮現，我相信對任何寫作者以及研究者來說，這段運作三十餘年的特殊體制，仍是一處豐富的礦脈，尚有許多故事、教訓、模式、學問值得被挖掘與精煉。

更難能可貴的是，馬祖可說是研究者們夢寐以求的田野地——眾多熱愛家鄉的文史工作者，早已投入大量心力，蒐羅了極其豐富的書面與口述歷史材料，大幅降低進入馬祖研究的障礙。作為一名生活在數位時代的寫作者，我尤其感謝其中兩個人的遠見，他們同時也是本書受訪者。

謝謝吳依水先生擔任《馬祖日報》社長期間，將過刊的《馬祖日報》一一掃描，免費放上網路提供下載，令人得以管窺戰地政務時期的馬祖面貌；謝謝劉家國先生在獨立經營的《馬祖資訊網》上，將如今已不易取得的前人著述、地方誌、期刊報導等材料，盡其所能地全文上網，儘管這些歷史內容難以創造變現流量，他仍視為一己使命。我希望兩位受訪者知道，他們開啟的方便之門，讓後進者如我有多麼珍惜與感謝。

站在這一時代浪尖上的我們，會比過去的自己更加保守嗎？

黃開洋

二〇一六年，我因為撰寫論文的緣故來到馬祖，並在後續觀光役服務期間，累積許多與當地人、事、物的第一線互動經驗。記得第一次因為工作踏上高登島時，我以為自己已經比很多馬祖人瞭解更多——因為弔詭之處在於，由於這裡的前線身分，許多馬祖人無法踏上同屬馬祖的其他島嶼，在時光流逝中遺忘自己土地的歷史。即便如此，在塵封的檔案中，我找到許多有關馬祖從一個漁業島嶼轉變為戰地島嶼的線索。從一紙紙的公文和日記檔案中，我發現了過去的吉光片羽，這讓我重新審視馬祖的歷史與人文，甚至產生新的認識。

站在這一時代浪尖上的我們，會比過去的自己更加保守嗎？相信讀完本書的讀者已經瞭解到，近七十年中，馬祖的歷史無疑是臺灣歷史的一部分，同樣經歷了從開放走向管制，再從戒嚴走向解嚴的歷史進程，其命運在當代已經與臺灣、澎湖、金門密不可分，成為這個共同體所承載的歷史之一。過去在稱為南北竿塘、白犬、東湧島嶼上生活的人，於「馬祖」這個概念誕生後，逐漸成為「馬祖人」，並在戰地前線的壓力下，做出各種生命抉擇。而今，馬祖列島與臺灣本島作為已經「共居」七十載的家人，無論是馬祖人還是臺灣人，在閱讀完本書後，希望都能相互從歷史與情感連結的角度，產生新思考與對話未來的可能性。

對我來說，「戰爭之框」這個概念，是學者汪宏倫所提出的一個深具意義的觀點。他指出，一場戰爭的發生，除了在創造的結構框架內進行外，還有來自外來視角和不同角色行動者的詮釋，這些詮釋基於媒體再現等角度的傳播，最終透過歷史經驗與情感連繫的認知框架，產生截然不同的解讀。換句話說，同一場戰爭，可能因為不同的觀點，而呈現出完全不同的結果。在馬祖，我們又該如何框住這場凝聚於這座島嶼之上，卻未曾真正發生過的戰爭呢？這本書無法給出明確的答案，只能引導讀者——甚至包含身為作者的我們——從不同角度繼續重新審視這段歷史。

事實上，馬祖從頭到尾就是一座剛性的「地質史島嶼」。它的花崗岩構造，象徵了戰地的剛韌。這種地質特性，似乎也體現了馬祖人在戰地生活中的堅韌。然而，當我們從本書第一章駐軍帶隊長官林蔭的日記中，發現他在這段歷史中的痛苦與責難時，我們會看到這與當地居民所描述的生活形成了完全不同的景象。這讓我們不禁思考：這位長官所描述的子弟兵之拚命，是否也是另一種「馬祖人」的生活處境呢？兩者的經歷看似截然不同，但它們都深深嵌入了這座島嶼的歷史中，成為我們解讀這段歷史不可忽視的多重面向。

我在各種檔案文件中發現的，還有臺馬之間深刻的情感連繫。在戰地時期，許多馬祖人因與駐軍結合形成「臺馬家庭」，有的決定一起赴臺灣闖天下，有的則從臺灣吸收了新潮思想，將社會抗爭帶回仍受軍方箝制的馬祖。這些家庭與個人的經驗呈現出，共同體的範疇不僅限於公民身分，還包括共同經歷的事件以及其所孕育出的情感與思想交流。雖然臺馬之間充滿迥異的近代史發展與分歧的認同意識，但正因為如此，我們更應該試圖理解，如何在這種背景下尋求共同體的未來。

看完本書的臺灣人可能會對馬祖人和自己的關係更加猶疑／游移，發現原來地理距離遙遠的馬祖和臺灣本島並非毫無關聯，在戒嚴體制下仍有不少人員往來、貨物運補、思想交流，和整體國家社會的變遷緊緊相繫，從而對自我和馬祖產生新的關係定位。但是，這種基於歷史沉澱出的社會關係，在另一方面也帶給許多馬祖年輕人疑惑。對於當代的馬祖年輕人來說，影響馬祖甚深的是「五同」概念（同村、同廟、同學、同姓、同宗）。「五同」首見於二〇〇九年《馬祖日報》〈選舉年　理性選民睜大眼〉與〈選親戚、選政黨，還是選賢與能？〉兩篇社論中，曾參選連江縣長的陳財能，在碩士論文裡仔細描述了五同與馬祖人的政治認同關係。這些關係在軍管年代形成了深厚的人情壓力，如陳財能在論文中所述，「軍政一元化的制度性安排下，五公五同關係被收編其中，每一個人日常生活中的一切，都必須交出，供『黨國』司令官『無常』（無償）使用。」但其同時也是在社會監控與自我箝制下，以拉幫結黨的造反精神對抗軍事管制的勇氣源泉。今天，五同分類依然深植馬祖人的心中，甚至演化出將「同好」代替「同廟」、「同事」代替「同學」的不同版本，代表馬祖緊密人際網絡的社會運作基礎。

我常常掙扎是否能自稱為馬祖人，畢竟我從小不在這裡長大，沒有俗稱叔伯同學（tsyk-pák-tŏung-oh，同學的同學、朋友的朋友）的傳統社交網絡。但接觸許多馬祖年輕人後，我發現馬祖在軍事管制壓力消退、逐漸「陸地化」的過程中，「五同」從社群支持的基礎，變成一種公私難以劃界的關係下的壓力來源。當來自長輩叔伯同學關係指導公眾事務的壓力到來，淹沒年輕人基於不同世代經驗對島嶼的理想抱負，有人選擇默默承受，有人選擇建立好自己的舒適圈，還有人則選擇到臺灣重新出發。不過，正如當年許多馬祖家庭勇敢離開故土遷往臺灣，重新開始他們的生活一樣，這種不怕改變、勇於創新的務實性格，仍然帶來強大韌性，深植於這片土地。在這樣的背景下，關於馬祖人的故事還在書寫著，世代交織下馬祖人所做的決定，將決定馬祖的未來。

回望過去，我們或許會問自己，是否在某些時刻，比過去的自己更加保守了？這裡的自己不只指向不同世代的馬祖人，也指向每一位讀者。每次當訪談完長者，聽聞他們的經歷與見證時，總會有一個聲音在我心底提醒：我們不能忘記初衷。希望每一位讀者看完本書後，也能與我一樣，重新思考這片土地的歷史與未來，並堅守心中的信念，不斷前行。

Voice

春山之聲 061

戰地之框：
從漁村到預備戰地的魔幻時光，在軍管實驗下成為馬祖人

作者　陳泳翰、廖億美、黃開洋
圖片　連江縣政府文化處、阮義忠、張良一、劉家國、陳宣誠、黃開洋
總編輯　莊瑞琳
責任編輯　莊舒晴
行銷企畫　甘彩蓉
業務　尹子麟
裝幀設計　徐睿紳
地圖製作　黃暐鵬
章名頁插圖　莊舒婷
內頁編排　張瑜卿
法律顧問　鵬耀法律事務所戴智權律師

合作出版單位　連江縣政府
發行人　王忠銘
總策畫　吳曉雲
執行策畫　翁珮慈、陳繼宗

出版　春山出版有限公司
地址　116臺北市文山區羅斯福路六段297號10樓
電話　(02) 2931-8171
傳真　(02) 8663-8233

總經銷　時報文化出版企業股份有限公司
地址　桃園市龜山區萬壽路二段351號
電話　(02) 2306-6842
製版　瑞豐電腦製版印刷股份有限公司
印刷　搖籃本文化事業有限公司

初版一刷　2024年10月
定價　540元
ISBN　978-626-7478-23-3（紙本）
978-626-7478-22-6（EPUB）
978-626-7478-21-9（PDF）
GPN　1011301267

國家圖書館出版品預行編目（CIP）資料

戰地之框：從漁村到預備戰地的魔幻時光，在軍管實驗下成為馬祖人／陳泳翰、廖億美、黃開洋著
—初版．—臺北市：春山出版有限公司，2024.10
—面；17×23公分．—（春山之聲；061）
ISBN 978-626-7478-23-3（平裝）
1.CST: 人文地理　2.CST: 歷史　3.CST: 連江縣
733.9/145.4　113012035

春山 出版　填寫本書線上回函

EMAIL SpringHillPublishing@gmail.com
FACEBOOK www.facebook.com/springhillpublishing/

All Voices from the Island

島嶼湧現的聲音